ORTHODOXIE
EN DE RELIGIE VAN DE TOEKOMST

UITGEVERIJ ORTHODOX LOGOS

ORTHODOXIE
EN DE RELIGIE VAN DE TOEKOMST

Vader Serafim Rose

Nederlandse vertaling en redactie door:
Kevin Custers

Uitgevers Maxim Hodak & Max Mendor

Boekomslag design en layout door:
Max Mendor

© 2024, Uitgeverij Orthodox Logos, Nederland

www.orthodoxlogos.com

ISBN: 978-1-80484-122-8
ISBN: 978-1-80484-123-5

Niets uit deze uitgave mag worden verveelvoudigd en/of openbaar gemaakt door middel van druk, fotokopie, microfilm of op welke andere wijze ook zonder voorafgaande schriftelijke toestemming van de uitgever.

VADER SERAFIM ROSE

ORTHODOXIE
EN DE RELIGIE VAN DE TOEKOMST

UITGEVERIJ ORTHODOX LOGOS

INHOUDSOPGAVE

Voorwoord voor de vijfde Engelstalige uitgave 9
   1. De totstandkoming van dit boek 10
   2. De helderheid van een kerkvaderlijke geest 12
   3. De invloed van dit boek in Rusland
      en de rest van de wereld 14
   4. Standvastige getuige 16

Voorwoord 18

Introductie 23
   1. Het 'dialoog met niet-christelijke religies'. 23
   2. De 'christelijke' en niet-christelijke oecumene. 30
   3. 'Het nieuwe tijdperk van de Heilige Geest' 33
   4. Het huidige boek 36

I De 'monotheïstische' religies 38

II De kracht van de heidense goden 45
   1. De aantrekkingskracht van het hindoeïsme. 46
   2. Een oorlog van dogma. 51
   3. Hindoeïstische plekken en gebruiken 55

4. De evangelisatie van het Westen 61

5. Het doel van het hindoeïsme: de universele religie . . . 68

III Een fakirs 'wonder' 73

IV Oosterse meditatie dringt het christendom binnen . . . 79

1. 'Christelijk yoga' 81

2. 'Christelijk zen' 86

3. Transcendente meditatie 90

V Het 'nieuwe religieuze bewustzijn' 98

1. Hare Krishnas in San Francisco 100

2. Goeroe Maharaj-ji in de Houston Astrodome 103

3. Tantra yoga in de bergen van New Mexico 106

4. Zentraining in Noord-Californië 110

5. De nieuwe 'spiritualiteit' vs. het christendom 116

VI 'Tekenen uit de hemel' 120

1. De sciencefictiongeest 122

2. Het wetenschappelijk onderzoek
naar ufowaarnemingen 129

3. De zes categorieën van ufowaarnemingen 138

4. Een verklaring voor het ufofenomeen 153

5. De betekenis van ufo's 165

VII De 'charismatische opleving' 173

1. De 20e-eeuwse pinksterbeweging 175

2. De 'oecumenische' geest
   van de 'charismatische opleving'. 178

3. 'Spreken in tongen' 184

4. 'Christelijke' mediamiek 188

5. Spirituele misleiding 206

   A. De houding ten opzichte
      van 'spirituele' ervaringen 209

   B. Fysieke aanvullingen op
      de 'charismatische' ervaring 216

   C. 'Spirituele gaven' waar
      de 'charismatische' ervaring mee gepaard gaat. . . 223

   D. De nieuwe 'uitstorting van de Heilige Geest' . . . 229

VIII Conclusie: De geest van het einde der tijden 236

   1. De 'charismatische opleving' als een teken des tijds. . 236

      A. Een 'Pinksteren zonder Christus' 237

      B. Het 'nieuwe christendom' 240

      C. 'De wederkomst van Jezus is aanstaande'. 243

      D. Moet de orthodoxie zich overgeven
         aan de apostasie? 248

      E. 'Kinderen, het is het laatste uur'. 252

   2. De religie van de toekomst. 256

Epiloog: Jonestown en de tachtigerjaren 264

Epiloog voor de vijfde Engelstalige uitgave: verdere
ontwikkelingen rondom de totstandkoming van
de religie van de toekomst 271

   1. De newagebeweging 271

2. De wederopleving van het heidendom 273

3. De opmars van hekserij 275

4. De zuurdesem van newagespiritualiteit 279

5. De Toronto-zegen 285

6. Ufo's binnen de huidige tijdgeest 292

7. Het plan voor het nieuwe tijdperk 297

8. Globalisme 301

9. Een gedenatureerd christendom 306

10. De vage verwachte komst van de 'nieuwe mens' . . 311

11. Conclusie 315

Register 317

VOORWOORD VOOR DE VIJFDE ENGELSTALIGE UITGAVE

Op 10 mei, 1976, reed vader Serafim Rose naar zijn huis in het St. Herman Klooster in de bergen van Noord-Californië. Hij kwam uit Oregon, waar hij zojuist een levering van zijn eerste gepubliceerde boek, *Orthodoxie en de religie van de toekomst*, had opgepikt–een boek welks schokgolven door heel de geestelijke wereld te voelen zouden zijn, met name in Rusland. Het betrof een studie van hedendaagse religieuze fenomenen, van de symptomen van het 'nieuwe religieuze bewustzijn' die de weg vrijmaakten voor een enkele wereldreligie en die het begin inluidden van een 'demonisch Pinksteren' aan het einde der tijden. Nimmer was er zulk een doordringende analyse van de 20e-eeuwse spirituele stromingen geschreven, daar deze tot op heden door niemand zo nauwkeurig waren bestudeerd aan de hand van de eeuwige wijsheid van de kerkvaders.

Gedurende het begin en midden van de zeventigerjaren, toen vader Serafim zijn boek schreef, werden velen van de fenomenen die hij beschreef beschouwd als zijnde onderdeel van louter een abnormaal 'franjegebied' van de samenleving. Maar hij voorzag wat ons te wachten stond: hoe dit franjegebied meer en meer de hoofdstroom zou gaan vormen. Hij zag de beangstigende eensgezindheid achter een breed scala aan ogenschijnlijk uiteenlopende fenomenen en zag het eindresultaat hiervan aan de horizon opdoemen. Terwijl hij zich in gezelschap van zijn vers gedrukte boek zuidwaarts begaf–het boek dat het masker zou doen afblazen van de meest subtiele vormen van de demonische bedriegerijen van onze tijd–was het toepasselijk dat hij zou stoppen in de nucleus van het neoheidendom in Amerika: Mount Shasta. Deze berg, door sommigen beschouwd als een heilige berg van de oorspronkelijke Indiaanse bewoners, diende voor lange tijd als een centrum van occulte activiteiten en nederzettingen die daar in opmars waren. Vader Serafim reed met zijn lading boeken gedeeltelijk de berg op en, terwijl hij daar in de schaduw van deze enorme berg stond, op een plek waar regelmatig heidense festivals werden gehouden, begon hij paasliederen te zingen, en liederen over de wederopstanding van Christus en Zijn overwinning op Satan en de wet van de dood. Een gedachte kwam in hem op die hem al eerder was toegekomen: 'Een orthodoxe priester zou deze berg moeten komen zegenen met wijwater!'[1] Later, na zijn priesterwijding, keerde hij inderdaad terug om de berg te zegenen. Maar dit boek zou meer teweegbrengen: het zou bergen verzetten.

1. *De totstandkoming van dit boek*

De zaden van *Orthodoxie en de religie van de toekomst* droeg vader Serafim al geruime tijd met zich mee. In het begin van de zestigerjaren was hij aan een monumentale taak begon-

....

[1] Uit v. Serafims *Chronicles of the St. Herman Brotherhood*, inzending van 10 mei, 1976.

nen, namelijk het schrijven van *Het koninkrijk der mensen en het koninkrijk Gods*, waarin de wijsgerige, geestelijke en sociale stromingen van de afgelopen 900 jaar zouden worden getraceerd en welke een grote sectie zou bevatten met de titel 'Orthodox christelijke spiritualiteit en de "nieuwe spiritualiteit"'. Jarenlang drong zijn monastieke kompaan hem erop aan zijn *magnum opus* te voltooien, maar vader Serafim strubbelde tegen onder het voorwendsel dat het, tezamen met zijn andere taken binnen hun broederschap van St. Herman, een te grote onderneming was en dat het bovendien veel te intellectueel en abstract van aard was. 'Wij hebben behoefte aan iets praktischer,' zou hij hebben gezegd. Tegen deze tijd was zijn kennis van het orthodoxe christendom aanzienlijk gegroeid, zowel door studie als door persoonlijke strijd, en was hij beter in staat de pseudospiritualiteit te contrasteren met een indrukwekkende kijk op het ware, sobere en verlossende spirituele leven. Ironisch genoeg, hoewel zowel zijn innerlijke als uitwendige kennis sinds de zestigerjaren sterk was toegenomen, werden zijn geschriften er niet complexer of onbevattelijker op, maar juist toegankelijker, begrijpelijker, basaler en bondiger.

In 1971 begon vader Serafim losse hoofdstukken voor *Orthodoxie en de religie van de toekomst* te schrijven en te verzamelen, waarna hij deze publiceerde in het tijdschrift van het broederschap *The Orthodox Word*. Vier jaar later, op Goede Vrijdag, 9 mei, 1975, voltooiden de vaders de eerste uitgave van het boek. Deze was binnen een dusdanig korte tijd uitverkocht dat zij in augustus een tweede uitgave moesten drukken en een derde al in mei daaropvolgend. Een uitgebreide uitgave werd gepubliceerd in 1979. Het boek had een gevoelige snaar geraakt; het klooster ontving talloze brieven en bezoeken van mensen die na het lezen van het boek uit een spirituele misleiding waren bevrijd.[2]

2. *De helderheid van een kerkvaderlijke geest*

In de afgelopen eeuw legde de Russisch orthodoxe filosoof Ivan Kireyevsky uit hoe de verwerving van de kerkvaderlijke geest de persoon in staat stelt hetgeen voor andere verborgen ligt te aanschouwen: 'Een orthodoxe geest staat op het kruispunt waar alle wegen bijeenkomen. Hij kijkt zorgvuldig langs elk van de wegen en observeert, vanuit zijn unieke uitkijkpunt, de staat, de gevaren, de toepassingen en de uiteindelijke bestemming van elk van deze wegen. Hij bestudeert elke weg vanuit een kerkvaderlijk perspectief terwijl zijn persoonlijke overtuigingen, niet in hypothetisch maar in werkelijk contact komen met de omliggende cultuur.' Deze woorden zijn een exacte omschrijving van vader Serafim en verklaren waarom zijn geschriften nu zo profetisch lijken. Het was niet dat hij een door God geïnspireerde profeet was aan wie de mysteries van de toekomst waren geopenbaard. Nee, hij had de orthodoxe kerkvaderlijke geest verworven, de geest van de vroege kerkvaders, waarmee hij het eindpunt–de algemene spirituele trend–van de cultuur waarin hij leefde kon aanschouwen.

Toen vader Serafim gedurende het midden van de zeventigerjaren schreef over de gevaren van de neopagaanse cultussen, waren er ook andere 'cultuswaarnemers' actief (al werd er toen nog niet op zulk een grote schaal naar hen geluisterd als toen Amerika in 1979, in de nasleep van de slach-

....

[2] Sommigen van deze ontmoetingen zijn omschreven in *Father Seraphim Rose: His Life and Works*, St. Herman of Alaska Brotherhood, Platina, Calif., 2003, pp. 688-90.

ting van Jonestown, werd getroffen door de 'cultusangst'). Zonder het kerkvaderlijke principe van het geestelijke leven, waren zij echter niet in staat de onderliggende vereniging te bemerken achter fenomenen zoals de ufo's, oosterse religies *en* de 'charismatische' beweging–van welke allen over mediamieke technieken beschikken teneinde het contact leggen met gevallen zielen in verschillende gedaanten.

Nu de *newagebeweging* zo zichtbaar en invloedrijk is geworden, zijn er door christelijke auteurs meerdere 'waarschuwingsboeken' geschreven. In 1983, een jaar na het overlijden van vader Serafim, werd een van deze boeken een bestseller onder de protestantse christenen: *De verborgen gevaren van de regenboog: de newagebeweging en de komende tijd van verdrukking en benauwdheid*, door advocaat Constance E. Cumbey. Ofschoon ook dit boek niet is geïnspireerd door kerkvaderlijke principes en derhalve enige overdrijvingen kan bevatten, werd het door de christelijke wereld ontvangen als een broodnodige openbaring die de onbekende feiten van de oorsprong van de newagebeweging blootlegde, en over de religieuze, politieke, economische, gezondheids- en milieuorganisaties die gezamenlijk toewerken naar de 'nieuwe wereldorde'. Nadat het boek was uitgegeven, begon Constance Cumbey aan een promotietour waarvoor zij vele malen op televisie en radio verscheen, interviews gaf en debatteerde met prominente newageleiders zoals Benjamin Creme. Toen, in 1988, stuitte zij op *Orthodoxie en de religie van de toekomst*. Dit boek, dat geschreven was door een van haar voorgangers binnen haar vakgebied, was een openbaring voor haar. Aan het broederschap van St. Herman schreef zij het volgende: 'Een onbekende weldoener stuurde mij ongeveer een jaar geleden een exemplaar van vader Rose zijn boek en ik beschouw het als een van de belangrijkste boeken dat ik tot nu toe over dit onderwerp heb gelezen. Het lezen van vader Rose zijn woorden voelt als het drinken van vers water na lange tijd door de modder te hebben gewaad! Tijdens mijn publieke lezingen en radio-interviews heb ik het dan ook aan menigeen aangeraden.'[3]

3. De invloed van dit boek in Rusland en de rest van de wereld

Van de veertig boeken die door het broederschap van St. Herman werden uitgegeven gedurende vader Serafims leven–twintig in het Engels en twintig in het Russisch–was *Orthodoxie en de religie van de toekomst* veruit het populairst. Op het moment van schrijven telt het boek maar liefst negen Engelstalige uitgaven.

In Rusland heeft het boek zelfs een vele malen grotere invloed gehad dan in Amerika. Toen hij nog in leven was, ontdekte vader Serafim dat zijn boek vanachter het IJzeren Gordijn naar het Russisch was vertaald, maar helaas zou hij de verbluffende gevolgen van deze vertaling nooit meemaken. Na zijn dood werd het namelijk duidelijk hoe de Russische vertaling (of vertalingen) onder de gelovigen heimelijk doorheen heel Rusland waren verspreid in de vorm van ontelbare overgetypte manuscripten. De levens van duizenden werden veranderd nadat dit boek hen wakker schudde voor de spirituele gevaren van hun tijd. Het boek is met name openbarend voor het hedendaagse Rusland, waar, ten gevolge van zeventig jaar aan gedwongen materialisme, een achtergestelde samenleving ten prooi valt aan de toenemende invloed van de misleidende spirituele trends.

....

[3] Brief van Constance E. Cumbey aan het broederschap van St. Herman of Alaska, 8 juli, 1988.

Na het 'openstellen' van de Oost-Europese landen, werden delen van het beruchte 'ondergrondse' manuscript van *Orthodoxie en de religie van de toekomst* gepubliceerd in Russische kranten. Ook de hoofdstukken over 'Een fakirs wonder en het Jezusgebed' en die over het ufofenomeen kwamen boven water, ingeleid met biografische informatie over vader Serafim. In beide gevallen werden de artikelen bewust gepubliceerd om bepaalde behoeftes te vervullen, daar oosterse religies en ufo-ervaringen in Rusland enorme belangstelling trokken. Zoals de kranten beaamden, is vader Serafims verklaring voor deze fenomenen aannemelijker gebleken dan welke andere theorie dan ook. Een Russische gelovige, Mikhail Scherbachev van de uitgeverijafdeling van het Patriarchaat Moskou, verwoorde het juist: 'Vader Serafims boek laat zien dat deze ogenschijnlijk "onverklaarbare" fenomenen *wel degelijk* verklaard kunnen worden aan de hand van de solide, betrouwbare en precieze theorie van de orthodoxe kerkvaderlijke leer.'

Uiteindelijk, in 1991, werd het volledige boek in grote getale uitgegeven in Rusland. Sindsdien zijn er meerdere Russische uitgaven gedrukt en gedistribueerd. Tezamen met vader Serafims *De ziel na de dood*, is dit boek vandaag de dag een van de meest gelezen geestelijke boeken in Rusland. Het is door het hele land niet louter verkocht in boekenwinkels en kerken, maar zelfs in de ondergrondse (metro) en op boekentafels op straat.

In het midden van de negentigerjaren begon het boek ook uitgegeven te worden in andere landen–voornamelijk in orthodoxe landen, waar het voor een wijdverspreide belangstelling heeft gezorgd. Het boek kent inmiddels uitgaven in het Grieks, Servisch, Roemeens, Bulgaars, Georgisch, Lets en Frans. Het zevende hoofdstuk van het boek, dat over de 'charismatische beweging', is tevens naar het Maleisisch vertaald en uitgegeven in India.

4. Standvastige getuige

Ofschoon vader Serafim over het algemeen ingetogen was en bewust alle sensatiezucht vermeed, zouden sommige lezers de conclusies die hij trekt in dit boek als onnodig ernstig kunnen beschouwen. Wat dat betreft, net als het geval is in al zijn gepubliceerde geschriften, was hij niet iemand die zich inhield. Daar het verraad van de christelijke waarheid–van het overduidelijke tot het uiterst subtiele–overal om hem heen plaatsvond, was hij de mening toegedaan dat hij het zich niet kon veroorloven om de spreekwoordelijke fluwelen handschoenen te dragen; op papier zou hij standvastig moeten zijn.

Ondanks zijn ernst omtrent zijn schrijven over demonische misleidingen door welke de goedwillende mens tot eeuwige verdoemenis zou kunnen worden geleid, was vader Serafim liefdevol en barmhartig in zijn pastorale benadering van de individuele mens. Deze persoonlijke, een-op-een zorg voor zijn medemens komt naar voren in zijn brieven, dagboeken en adviezen die zijn geciteerd in zijn biografie, *Father Serafim Rose: His Life and Works*. Het huidige boek, daarentegen, betreft een ondubbelzinnige verklaring en is geschreven met een specifiek doel voor ogen voor de wereld in het algemeen. Daar vader Serafim zich vasthield aan deze doelstelling zonder er ook maar enigszins van af te wijken, is zijn boek er in de loop der jaren in geslaagd talloze mensen uit hun zelfgenoegzaamheid te trekken, hen het geestelijke leven serieus te doen nemen en hen een forse duw in de juiste richting te geven. Zij zijn door het boek geconfronteerd met de realiteit dat er inderdaad een spirituele oorlog gaande is, een strijd om zielen, en dat zij goed moeten opletten dat zij *nauwgezet wandelen* (Efe. 5:15) opdat zij niet de gratie Gods waardoor zij hemelwaarts worden geleid, zullen verliezen.

Moge God dit boek blijven toepassen om hen die in het duister ronddwalen te verlichten en om hen die zich in het licht begeven eraan te herinneren hoe recht en smal het pad is dat zij dienen te bewandelen–het pad naar het eeuwige leven.

Hiëromonnik Damascene
St. Herman van Alaska Klooster
Platina, Californië
September 2004

VOORWOORD

Elke vorm van ketterij heeft zijn eigen 'spiritualiteit', zijn eigen kenmerkende benadering van het praktische spirituele leven. Derhalve heeft het rooms-katholicisme tot voorkort altijd een duidelijk onderscheidbare eigen piëteit gehad, gebonden aan het 'heilige hart', het pausdom, het vagevuur en aflaten, de openbaringen van verscheidene 'mystici' en dergelijke; en een zorgvuldige orthodoxe aanschouwer zou in dergelijke aspecten van de moderne Latijnse spiritualiteit de praktische gevolgen kunnen opmerken van de theologische misvattingen van Rome. Ook het fundamentalistische protestantisme heeft een eigen benadering tot het gebed, zijn kenmerkende hymnen, zijn benadering tot de spirituele 'wedergeboorte'; en in al deze kan worden opgemerkt hoe diens fundamentele misvattingen op de christelijke leer worden toegepast. Het huidige boek gaat over de 'spiritualiteit' van de oecumene: de voornaamste ketterij van de twintigste eeuw.

Tot voorkort leek de oecumene iets zo kunstmatig en syncretisch te zijn dat het niet over een eigen spiritualiteit beschikte; de 'liturgische' agenda van zowel grote als kleine oecumenische bijeenkomsten leek niets meer te zijn dan een uitvoerige protestantse zondagsdienst.

Maar de oecumene heterodoxie–het geloof dat er niet één zichtbare Kerk van Christus is, maar dat deze pas nu wordt opgericht–is van dien aard dat het de ziel onder diens invloed openstelt voor bepaalde geestelijke houdingen die, te zijner tijd, een typische oecumene 'piëteit' en 'spiritualiteit' in deze ziel teweeg zullen brengen. Vandaag de dag lijkt dit immers plaats te vinden daar de oecumene houding betreffende de religieuze 'verwachting' en 'zoektocht', beloond begint te worden met het optreden van een zekere 'geest' die religieuze voldoening verschaft aan de schrale zielen van het oecumenische niemandsland, en die resulteert in de kenmerkende 'piëteit' die niet langer slechts protestants van toon is.

Het schrijven van dit boek ging, in 1971, van start met een onderzoek naar de nieuwste 'oecumenische' mode–het aangaan van een 'dialoog met niet-christelijke religies'. Vier hoofdstukken over dit onderwerp werden in 1971 en 1972 gepubliceerd in *The Orthodox Word*, waarin voornamelijk verslag werd gedaan over de gebeurtenissen die plaatsvonden tussen het eind van de zestigerjaren en het begin van 1972. De laatste van deze hoofdstukken betrof een gedetailleerde discussie over de 'charismatische wedergeboorte' die, op dat moment, zojuist door een aantal orthodoxe priesters in Amerika was overgenomen en welks beweging werd omschreven als een vorm van 'oecumenische spiritualiteit' met inbegrip van duidelijk niet-christelijke religieuze ervaringen.

Met name dit laatste hoofdstuk wekte veel belangstelling onder het orthodoxe volk en wist een aantal over te halen om niet deel te nemen aan deze 'charismatische' beweging. Anderen, die reeds hadden deelgenomen aan 'charismatische' bijeenkomsten, verlieten de beweging en getuigden van veel van de conclusies die in het artikel over deze beweging werden getrokken. Afgaand op het tijdschrift van vader Eusebius Stephanou, *The Logos*, heeft de 'charismatische wedergeboorte' in Amerikaanse 'orthodoxe' parochiën in zijn volledigheid de taal en de technieken van het protestantse Réveil overgenomen en is diens onorthodoxe aard voor iedere serieuze aanschouwer duidelijk geworden. Ondanks de protestantse mentaliteit van zijn vaandeldragers, is de 'charismatische wedergeboorte' als 'geestelijke' beweging echter wel degelijk meer dan louter protestantisme. De karakterisering die van deze beweging in het artikel werd gemaakt als een vorm van *'christelijke' mediamiek*, en die tevens werd bevestigd door een aantal van diens toeschouwers, brengt het in verband met de nieuwe 'oecumenische spiritualiteit' uit welke een nieuwe, niet-christelijke religie wordt geboren.

In de zomer van 1974 ontving een van de Amerikaanse kloosters van de Russisch Orthodoxe Kerk Buiten Rusland een bezoek van een jongeman die naar een van diens monniken was geleid door de 'geest' die hem continu begeleide. Het verhaal van deze jongeman ontvouwde zich gedurende zijn kortstondige bezoek: hij kwam van een conservatief protestantse achtergrond die hij als spiritueel onvruchtbaar beschouwde, en zijn ogen waren geopend voor 'spirituele' ervaringen door zijn pinksterkerkelijke grootmoeder: zodra hij de Bijbel die zij aan hem geschonken had aanraakte, ontving hij 'spirituele gaven'–het opvallendste was dat hij werd bijgestaan door een onzichtbare 'geest' van wie hij precieze instructies ontving over waarnaartoe hij moest lopen en rijden; tevens was hij in staat om naar believen anderen te hypnotiseren en te laten zweven (een talent waar hij speels gebruik van maakte om zijn atheïstische kennissen de stuipen op het lijf te jagen). Af en toe twijfelde hij of zijn 'gaven' wel van God afkomstig waren, maar deze twijfels werden weggenomen zodra hij stilstond bij het feit dat zijn spirituele 'onvruchtbaarheid' was verdwenen, dat zijn 'spirituele wedergeboorte' was veroorzaakt door zijn contact *met de Bijbel* en dat hij een leven leek te lijden dat rijk was aan gebed en 'spiritualiteit'. Nadat hij in dit klooster kennis had gemaakt met de orthodoxie, en met name na het lezen van het artikel over de 'charismatische wedergeboorte', gaf hij toe dat hij daarin de eerste grondige en duidelijke verklaring had gevonden voor zijn 'spirituele' ervaringen; hoogst waarschijnlijk, zo gaf hij toe, was zijn 'geest' kwaadaardig. Deze realisatie leek hem echter niet in zijn hart te raken en hij verliet het klooster zonder zich te laten bekeren tot de orthodoxie. Tijdens zijn volgende bezoek twee jaar later, deed deze man uit de doeken dat hij de 'charismatische' bezigheden had opgegeven als zijnde te beangstigend en dat hij nu tevreden was met het beoefenen van zenmeditatie.

Dit nauwe verband tussen de 'christelijke' en 'oosterse' spirituele ervaringen is kenmerkend voor de hedendaagse 'oecumenische' spiritualiteit. Voor deze tweede uitgave is er veel toegevoegd met betrekking tot de oosterse religieuze cultussen en hun hedendaagse invloed, alsmede met betrekking tot een belangrijk 'seculair' verschijnsel door welke zelfs onder de niet-religieuze mens een 'nieuw religieus bewustzijn' wordt geschapen. Geen van deze vormt van zichzelf een cruciaal component binnen de spirituele structuur van de hedendaagse mens; maar elk van deze is wel op zijn eigen manier kenmerkend voor het streven van de hedendaagse mens naar het vinden van een nieuw spiritueel pad–los van het christendom van gisteren–en de som der delen onthuld een beangstigende eensgezindheid welks eindstadium pas nu aan de horizon lijkt op te doemen.

Kort na de publicatie van het artikel over de 'charismatische wedergeboorte', ontving *The Orthodox Word* een brief van een geëerbiedigde Russisch orthodoxe ecclesiastische schrijver die goed onderlegd was in de orthodox theologische en spirituele literatuur, waarin hij schreef: 'Hetgeen u hier hebt omschreven is de religie van de toekomst, de religie van de antichrist'. Hoe meer deze en soortgelijke vormen van een valse spiritualiteit grip weten te krijgen op zelfs de nominale orthodoxe christenen, hoe meer men huivert bij het aanschouwen van het bedrog waar de spiritueel onvoorbereide christen door kan worden beetgenomen. Dit boek dient als een waarschuwing aan hen en iedereen die een bewust orthodox christelijk leven tracht te leiden in een wereld die wordt bezeten door onreine geesten. Het betreft geen uitvoerige behandeling van deze religie, die nog niet haar volmaakte vorm heeft aangenomen, maar in plaats daarvan een voorafgaande verkenning van de spirituele tendensen die, zo lijkt het inderdaad, de weg vrijmaken voor een waarachtige religie van antichristendom, een religie die van buitenaf 'christelijk' lijkt te zijn, maar die gestoeld is op een heidense 'inwijdingservaring'.

Moge deze omschrijving van het alsmaar duidelijker en schaamtelozere werk van Satan, de prins der duisternis, te midden van de 'christenen', bij orthodoxe christenen de angst inboezemen om de gratie Gods te verliezen en hen terug te laten keren naar de zuivere bronnen van het christelijke leven: de heilige geschriften en de spirituele leer van de orthodoxe kerkvaders.

INTRODUCTIE

1. Het 'dialoog met niet-christelijke religies'

Het tijdperk waarin wij leven is spiritueel uit balans, *wanneer vele orthodoxe christenen, heen en weer geslingerd door de golven en meegesleurd door elke wind van leer, door het bedrog van de mensen om op listige wijze tot dwaling te verleiden* (Efe. 4:14). De tijd lijkt inderdaad te zijn aangebroken waarin de mens *de gezonde leer niet zal verdragen; maar dat zij zullen zoeken wat het gehoor streelt, en voor zichzelf leraars zullen verzamelen overeenkomstig hun eigen begeerten. Ze zullen hun gehoor van de waarheid afkeren en zich keren tot verzinsels* (2 Tim. 4:3-4).

Men leest met verbijstering over de laatste handelingen en verkondigingen van de oecumenische beweging. Op het hoogste niveau, houden de orthodoxe theologen, als de vertegenwoordigers van de *American Standing Conference of Orthodox Bishops* en andere officiële orthodoxe organen, geleerde 'dialogen' met rooms-katholieken en protestanten en geven zij 'gezamenlijke verklaringen' af betreffende zulke onderwerpen als de eucharistie, spiritualiteit, en dergelijke–zonder de heterodoxen er ook maar op te wijzen dat de Orthodoxe Kerk de enige Kerk van Christus is waar allen tot geroepen worden; dat louter háár mysteriën door de gratie Gods geschonken zijn; dat de orthodoxe spiritualiteit enkel kan worden begrepen door zij die het binnen een orthodoxe kerk hebben ervaren; dat al deze 'dialogen' en 'gezamenlijke verklaringen' een academische karikatuur vormen van het ware christelijke betoog–een betoog dat de verlossing der zielen als diens streven heeft. Vele van de orthodoxe deelnemers aan deze 'dialogen' weten of vermoeden dat dit inderdaad geen plek is voor de orthodoxe getuige, dat überhaupt de atmosfeer van het oecumenische 'liberalisme' al om het even wat voor waarheid zij daar mogen ontvangen tenietdoet; maar zij zwijgen, daar de hedendaagse 'tijdgeest' vaak sterker is dan de stem van het orthodoxe bewustzijn. (Zie *Diakonia*, 1970, n. 1, p. 72; *St. Vladimir's Theological Quarterly*, 1969, n. 4, p. 225; etc.)

Op een alledaagser niveau, worden oecumenische 'conferenties' en 'discussies' georganiseerd, vaak met een 'orthodoxe spreker' of zelfs met de viering van een 'orthodoxe liturgie'. De aanpak van dergelijke 'conferenties' is vaak zo dilettantisch van aard, en de algemene houding jegens hen schiet zo in ernst tekort, dat in plaats van dat deze conferenties de 'vereniging' waar hun organisatoren zo naar verlangen bevorderen, zij in werkelijkheid dienen ter bevestiging van een onoverbrugbare kloof tussen de ware orthodoxie en de 'oecumenische' zienswijze. (Zie *Sobornost*, Winter, 1978, pp. 494-98, etc.)

Op het niveau van een daadwerkelijke onderneming, maken de oecumenische activisten gebruik van het feit dat de intellectuelen en theologen besluiteloos zijn en niet verankerd liggen in de orthodoxe traditie, en gebruiken zij hun eigen woorden betreffende de 'fundamentele overeenkomst' over sacramentele en dogmatische kwesties als een excuus voor het uitvoeren van flamboyante oecumenische handdelingen, niet uitgezonderd het uitreiken van de heilige communie aan afvalligen. Deze staat van verwarring, op zijn beurt, geeft de oecumenische ideologen de mogelijkheid om loze uitspraken te doen welke de standaard theologische kwesties reduceren tot het niveau van een goedkope komedie, zoals wanneer patriarch Athenagoras zichzelf toestond het volgende te zeggen: 'Vraagt uw vrouw u ooit hoeveel zout zij op haar eten moet doen? Beslist niet. Zij beschikt over de onfeilbaarheid. Laat de paus dit ook hebben, als hij wilt' (*Hellenic Chronicle*, 9 april, 1970).

De geïnformeerde en welbewuste orthodoxe christen zou zich kunnen afvragen: waar zal dit alles op uitkomen? Kent het verraad, het denatureren en de zelfontkenning van de orthodoxie dan geen grenzen?

Het is nog niet al te zorgvuldig geobserveerd waar dit alles toe zal leiden, maar de algemene richting van het pad is logischerwijs duidelijk. De ideologie achter de oecumene, die tot zulke oecumenische handelingen en verkondigingen als de bovenstaande heeft geleid, is een reeds welomschreven vorm van ketterij: de Kerk van Christus bestaat niet, niemand beschikt over de Waarheid, de Kerk wordt pas nu opgericht. Het vergt echter maar weinig overweging om te zien dat de zelfopheffing van de orthodoxie, van de *Kerk van Christus*, tegelijkertijd de zelfopheffing van het christendom zelf is; dat wanneer niemand *de* Kerk van Christus is, de som van alle cultussen ook niet *de* Kerk zal zijn, niet in de zin waarin Christus haar heeft opgericht. En als alle 'christelijke' organen met elkaar in verhouding staan, dan staan zij allen samen ook in verhouding met vele andere 'religieuze' organen en kan de 'christelijke' oecumene enkel eindigen in een syncretische wereldreligie.

Dit is inderdaad het onverholen doel van de maçonnieke ideologie waaruit de oecumenische beweging is voortgekomen, en deze ideologie heeft inmiddels dusdanig vat gekregen op zij die deelnemen aan de oecumenische beweging, dat een 'dialoog' en een uiteindelijke vereniging met de niet-christelijke religies nu de logische volgende stap zijn geworden voor het hedendaagse gedenatureerde christendom. De volgende zijn een aantal van de vele recente voorbeelden die gegeven zouden kunnen worden als wegwijzers naar een 'oecumenische' toekomst *buiten het christendom*.

1. Op 27 juni, 1965, werd er een 'Religieuze convocatie voor wereldvrede' gehouden in San Francisco naar aanleiding van de twintigste verjaardag van de oprichting van de Verenigde Naties in die stad. Onder het toeziend oog van 10.000 toeschouwers, werden er toespraken gehouden over het 'religieuze' fundament van wereldvrede door hindoeistische, boeddhistische, islamitische, joodse, protestantse, katholieke en orthodoxe vertegenwoordigers, en hymnen van alle geloven werden gezongen door een 2.000-stemmig 'interreligieus' koor.

2. In de officiële verklaring van haar negentiende clerus-lekencongres (Athene, juli 1968), verklaarde de Griekse aartsdiocees van Noord- en Zuid-Amerika: 'Wij geloven dat de oecumenische beweging, ondanks dat het van christelijke oorsprong is, een beweging moet worden waarmee alle religies bijeenkomen.'

3. De 'Temple of Understanding, Inc.', een Amerikaanse stichting die in 1960 werd opgericht als een soort 'Associatie van Verenigde Religies' met als doel 'het opbouwen van de symbolische Tempel in verschillende delen van de wereld' (exact in lijn met de leer van de vrijmetselarij), heeft verscheidene 'topconferenties' gehouden. Tijdens de eerste, in Calcutta in 1968, werd door de Latijnse trappist Thomas Merton (wie op zijn terugreis van de conferentie per abuis in Bangkok werd geëlektrocuteerd) verklaard: 'Wij vormen

reeds een nieuwe vereniging.' Tijdens de tweede, in Genève in april 1970, kwamen tachtig vertegenwoordigers van tien wereldreligies bijeen om zulke onderwerpen te bespreken als 'Het project voor het stichten van een wereldgemeenschap van religies'; de secretaris-generaal van de Oecumenische Raad, dr. Eugene Carson Blake, leverde een toespraak waarin hij de leiders van alle religies opriep zich te verenigen; en op 2 april vond er een 'niet eerder voorgekomen' supraconfessionele gebedsdienst plaats in de Sint-Pietersbasiliek die door de protestantse pastoor Babel werd omschreven als 'een grootse dag in de geschiedenis van religies', en tijdens welke 'iedereen in zijn of haar eigen taal bad overeenkomstig de gebruiken van de religie die hij of zij vertegenwoordigde' en waarbij 'de gelovigen van alle religies werden uitgenodigd te leven binnen de cultus van dezelfde God', waarna de dienst werd beëindigd met het 'Onze Vader' (*La Suisse*, 3 april, 1970). Het promotiemateriaal dat door de 'Temple of Understanding' werd verspreid toont aan dat er ook orthodoxe vertegenwoordigers aanwezig waren tijdens de tweede 'topconferentie' in de Verenigde Staten in de herfst van 1971, en dat metropoliet Emilianos van het patriarchaat Constantinopel lid is van het 'internationaal comité' van de Tempel. De 'topconferenties' bieden orthodoxe afgevaardigden de gelegenheid in discussies te treden teneinde 'het scheppen van een wereldgemeenschap van religies' om zo 'de bewerkstelliging van de mensheid haar droom van vrede en begrip te doen versnellen' in lijn met de filosofie van 'Vivekananda, Ramakrishna, Ghandi, Schweitzer', alsmede die van de oprichters van verschillende religies; en ook de afgevaardigden namen deel aan de 'niet eerder voorgekomen' supraconfessionele gebedsdiensten tijdens welke 'iedereen bad overeenkomstig de gebruiken van de religie die hij of zij vertegenwoordigd'. Wij kunnen ons louter afvragen wat er omgaat in de ziel van een orthodoxe christen die deelneemt aan dergelijke conferenties en tezamen met moslims, joden en heidenen bidt.

4. Vroeg in 1970 werd door de Oecumenische Raad een conferentie gesponsord in Ajaltoun, Libanon tussen hindoes, boeddhisten, christenen en moslims en tijdens een daarop volgende conferentie in Zurich in juni van hetzelfde jaar, bestaande uit tweeëntwintig 'theologen' van de ER, werd de noodzaak voor een 'dialoog' met de niet-christelijke religies verkondigd. Tijdens de bijeenkomst van het centraal comité van de ER in Addis Ababa in januari van dat jaar, choqueerde metropoliet Georges Khodre van Beiroet zelfs de meeste protestantse afgevaardigden, toen hij opriep tot niet louter een 'dialoog' met deze religies, maar de Kerk van Christus ver achter zich liet en negentien eeuwen aan christelijke traditie vertrapte door christenen op te roepen 'het authentieke spirituele leven van de ongedoopten te verkennen' en hun ervaring te verrijken met het 'rijkdom van een universele religieuze gemeenschap' (Religious News Service), daar 'het enkel Christus is wie als licht wordt ontvangen wanneer de gratie Gods op bezoek gaat bij een brahmaan, een boeddhist of een moslim die zijn eigen geschriften leest' (*Christian Century*, 10 februari, 1971).

5. Het centrale comité van de Oecumenische Raad gaf, tijdens diens bijeenkomst in Addis Ababa in januari van 1971, goedkeuring en bemoediging aan het zo regelmatig mogelijk organiseren van bijeenkomsten tussen vertegenwoordigers van alle religies, daarbij specificerend dat er 'in het huidige stadium prioriteit mag worden verleend aan bilaterale dialogen van een specifieke aard'. Overeenkomstig deze richtlijn werd er medio 1972 een groots christen-moslimdialoog georganiseerd waarbij zo'n veertig vertegenwoordigers van bei-

de partijen betrokken waren, inclusief een aantal orthodoxe afgevaardigden (*Al Montada*, januari-februari 1972, p. 18).

6. In februari 1972, vond er een volgend 'niet eerder voorgekomen' oecumenische gebeurtenis plaats in New York toen, volgens aartsbisschop Iakovos van New York, voor het eerst in de geschiedenis de Grieks-Orthodoxe Kerk (Grieks-Orthodoxe Aartsdiocees van Noord- en Zuid-Amerika) een officieel theologisch dialoog met de joden organiseerden. Na twee dagen van discussies werden er definitieve resultaten geboekt die als symptomatisch beschouwd kunnen worden voor de toekomstige gevolgen van het 'dialoog met niet-christelijke religies': de Griekse 'theologen' stemden toe om 'hun liturgische teksten te herzien met het oog op het verbeteren van verwijzingen naar joden en het jodendom in die gevallen waar deze negatief of vijandelijk worden bevonden' (Religious News Service). Komt de achterliggende bedoeling van het 'dialoog' niet steeds duidelijker naar voren?–om het orthodoxe christendom te 'hervormen' conform de wereldse religies.

Deze gebeurtenissen vormden het begin van het 'dialoog met niet-christelijke religies' aan het eind van de zestiger- en het begin van de zeventigerjaren. Sindsdien hebben dergelijke gebeurtenissen zich verveelvoudigd en zijn 'christelijke' (en zelfs 'orthodoxe') discussies en erediensten met vertegenwoordigers van niet-christelijke religies aanvaard als zijnde normaal binnen het hedendaagse leven. Het 'dialoog met niet-christelijke religies' is onderdeel geworden van de intellectuele mode van de dag; het vertegenwoordigt het huidige stadium van de oecumene in diens progressie naar een universeel religieus syncretisme. Laat ons nu de aandacht richten op de 'theologie' en het doel van dit versnellende 'dialoog' en zien hoe het verschilt van de 'christelijke' oecumene dat tot dusverre heeft standgehouden.

2. De 'christelijke' en niet-christelijke oecumene

De 'christelijke' oecumene mag, op zijn best, gezien worden als zijnde representatief voor een oprechte en begrijpelijke misvatting aan de kant van protestanten en rooms-katholieken–namelijk het niet erkennen dat de zichtbare Kerk van Christus reeds bestaat, en dat zij daarbuiten staan. Het 'dialoog met niet-christelijke religies' is echter iets geheel verschillend, daar het in plaats daarvan representatief is voor een bewuste afwijking van zelfs dat deel van het oprechte christelijke geloof en bewustzijn waar sommige katholieken en protestanten zich aan vasthouden. Het is het product, niet van simpele menselijke 'goede bedoelingen', maar van een diabolische 'suggestie' die enkel grip kan krijgen op zij die reeds zo ver van het christendom zijn afgeweken, dat zij feitelijk heidenen zijn: aanbidders van de *god van deze eeuw*, Satan (2 Kor. 4:4), en aanhangers van om het even welke intellectuele mode deze machtige god hen mee weet te bezielen.

De 'christelijke' oecumene is voor diens fundament afhankelijk van een vaag, maar desalniettemin waarachtig gevoel van een 'gemeenschappelijk christendom' dat gedeeld wordt door velen die niet al te veel nadenken over, of gevoelens hebben voor, de Kerk, en welke zich op de een of andere manier richt op het 'opbouwen' van een kerk bestaande uit al deze onverschillige 'christenen'. Maar op welke gemeenschappelijk ondersteuning kan het 'dialoog met niet-christenen' rekenen? Op welke mogelijke grond kan er sprake zijn van enige vereniging, hoe losbandig ook, tussen christenen en zij die niet louter Christus niet kennen, maar zij die–zoals het geval is met de hedendaagse vertegenwoordigers van de niet-christelijke religies die in contact zijn met het christendom–bewust Christus *ontkennen*? Zij die, zoals metropoliet Georges Khodre van Libanon, aan het hoofd staan van de avant-garde van de orthodoxe apostaten (een naam die volkomen gerechtvaardigd is wanneer deze wordt toegepast op zij die zich radicaal afkeren tegen het geheel van de orthodox christelijke traditie) en spreken over het 'spirituele rijkdom' en 'authentieke spirituele leven' van de niet-christelijke religies; maar enkel door de betekenis van woorden grof geweld aan te doen en door de eigen fantasieën te projecteren op andermans ervaringen, kunnen deze personen het opbrengen te zeggen dat het werkelijk 'Christus' en 'gratie' zijn die de heidenen vinden in hun geschriften, of dat 'iedere martelaar voor de waarheid, ieder mens die wordt vervolgd voor waar hij in gelooft, zal sterven in gemeenschap met Christus.'[1] Zelf zullen deze mensen (zij het een boeddhist die zichzelf in brand steekt, een communist die sterft voor de 'goede zaak' waarin hij oprecht gelooft, of wie dan ook) nooit zeggen dat het 'Christus' is die zij ontvangen of voor wie zij sterven, en het idee van een onbewuste bekentenis of ontvangenis van Christus strijkt in tegen de aard van het christendom zelf. Wanneer een zeldzame niet-christen wel beweert 'Christus' te ervaren, zal dit louter mogelijk zijn op de manier zoals deze door swami Vivekananda wordt omschreven: 'Wij hindoes tolereren niet slechts, maar verenigen onszelf met elke religie, biddend in de moskee van de mohammedaan, vererend voor het vuur van de zoroastriër en knielend voor het kruis van de christen'–dat wil zeggen, als louter een van de zovele valide spirituele ervaringen.

....

[1] *Sobornost*, zomer 1971, p. 171.

Nee: 'Christus', ongeacht hoe deze naam wordt geherdefinieerd of geherinterpreteerd, kan niet dienen als de gemeenschappelijke noemer binnen het 'dialoog met niet-christelijke religies', maar kan op zijn best louter worden toegevoegd als een nagedachte aan een vereniging die elders wordt ontdekt. De enig mogelijke gemeenschappelijke noemer onder alle religies, is het volkomen vage concept van het 'spirituele', door welke de religieuze 'liberalen' inderdaad de vrijwel grenzeloze mogelijkheid tot nevelig theologiseren wordt verschaft.

De toespraak van metropoliet Georges Khodre aan de bijeenkomst van het centrale comité van de ER in Addis Ababa in januari van 1971, kan worden opgevat als een vroege, experimentele poging tot het uiteenzetten van een dergelijke 'spirituele' theologie van het 'dialoog met niet-christelijke religies'.[2] Met het stellen van de vraag 'of het christendom werkelijk zo inherent intolerant is voor andere religies als tot op heden algemeen is verkondigd', doelt de metropoliet, naast een aantal van zijn absurde 'projecties' van Christus op andere niet-christelijke religies, op het belangrijkste punt: namelijk dat het de 'Heilige Geest' is, beschouwd als volledig losstaand van Christus en Zijn Kerk, die werkelijk als de gemeenschappelijke noemer dient voor alle wereldse religies. Verwijzend naar de profetie dat *Ik Mijn Geest zal uitstorten op alle vlees* (Joël 2:28), zegt de metropoliet, 'Dit moet worden opgevat als duidend op een Pinksteren dat van meet af universeel is.... De komst van de Geest in de wereld is niet ondergeschikt aan die van de Zoon.... De Geest handelt en past Zijn energie toe overeenkomstig Zijn eigen economie en wij zouden, vanaf dat punt bekeken, de niet-christelijke religies kunnen beschouwen als punten waar Zijn inspiratie

---

[2] De volledige tekst kan gevonden worden in *ibid.*, pp. 166-74.

werkzaam is' (p. 172). Wij moeten, zo gelooft hij, 'een ecclesiologie en een missiologie ontwikkelen waarin de Heilige Geest een verheven plek inneemt' (p. 166).

Dit alles vormt natuurlijk een zekere ketterij die de aard van de Heilige Drie-eenheid ontkent en geen ander doel heeft dan het gehele concept en de realiteit van de Kerk van Christus te ondermijnen en te vernietigen. Waarom zou Christus een Kerk hebben opgericht als de Heilige Geest onafhankelijk van niet alleen de Kerk, maar ook van Christus Zelf handelt? Desalniettemin wordt deze vorm van ketterij vooralsnog vrij voorzichtig en behoedzaam gepresenteerd, ongetwijfeld met als doel de reactie van andere orthodoxe 'theologen' te testen alvorens het uitdrukkelijker voort te zetten.

In werkelijkheid is de 'ecclesiologie van de Heilige Geest' al geschreven–en nog wel door een 'orthodoxe' denker, een van de erkende 'profeten' van de hedendaagse 'spirituele' beweging. Laat ons derhalve zijn ideeën verder bestuderen opdat wij het totaalbeeld dat hij schept van de aard en het doel van de grootschaligere 'spirituele' beweging waarin het 'dialoog met niet-christelijke religies' plaatsvindt, kunnen waarnemen.

3. 'Het nieuwe tijdperk van de Heilige Geest'

Nikolaj Berdjajev (1874-1949) zou in een normale tijd nooit worden beschouwd als een orthodoxe christen. Hij zou het best omschreven kunnen worden als een gnostisch-humanistische filosoof wie zijn inspiratie eerder haalde uit de westerse sektariërs en 'mystici' dan uit ook maar enige orthodoxe bron. Dat hij zelfs tot op de dag van vandaag binnen sommige orthodoxe kringen een 'orthodoxe filosoof' of zelf 'theoloog' wordt genoemd, is een trieste weerspiegeling van de religieuze onwetendheid van onze tijd. Wij zullen hier citeren uit zijn geschriften.[3]

Met minachting neerkijkend op de orthodoxe kerkvaders, op de 'monastieke ascetische geest van de historische orthodoxie', zelfs op het geheel van het 'conservatieve christendom door welke... de spirituele krachten van de mens louter naar berouw en verlossing worden geleid', zocht Berdjajev in plaats daarvan de 'innerlijke kerk', de 'Kerk van de Heilige Geest', de 'spirituele kijk op het leven die, in de achttiende eeuw, onderdak vond in de maçonnieke loges'. 'De Kerk', zo geloofde hij, 'verkeert vooralsnog in een louter potentiële staat' en is 'onvoltooid'; en hij keek uit naar de komst van een 'oecumenisch geloof', een 'volheid van geloof' door welke niet enkel christelijke organen zouden worden verenigd (daar 'het christendom in staat zou moeten zijn om in een verscheidenheid van vormen te bestaan binnen de Universele Kerk'), maar ook 'de gedeeltelijke waarheden van alle ketterijen' en 'alle humanistische creatieve bezigheden van de moderne mens... als een religieuze ervaring die geconsacreerd zal zijn in de Geest'. Een 'nieuw christendom' nadert, een 'nieuw mysticisme, dat diepgaander zal zijn dan onze religies en hen allen zal verenigen'. Want 'er is een groots spiritueel broederschap ... waar niet louter de oosterse en westerse kerken toe behoren, maar ook al zij wiens wil naar God en het Goddelijke is gericht, allen, in feite, die streven naar een vorm van spirituele verhevenheid'–dat wil zeggen, mensen toebehorend aan elke religie, cultus en religieuze ideologie. Hij voorspelde de komst van 'een nieuwe en laat-

....

[3] Zoals wordt geciteerd in J. Gregerson, 'Nicholas Berdyaev, Prophet of a New Age,' *Orthodox Life*, Jordanville, New York, 1962, n. 6, waarin volledige verwijzingen worden gegeven.

ste openbaring': 'het nieuwe tijdperk van de Heilige Geest', die de voorspelling van Joachim van Fiore, de 12e-eeuwse Latijnse monnik wie de twee tijdperken van de Vader (het Oude Testament) en de Zoon (het Nieuwe Testament) de weg zag vrijmaken voor een laatste 'derde tijdperk van de Heilige Geest', zou doen herleven. Berdjajev schrijft: 'De wereld begeeft zich in de richting van een nieuwe spiritualiteit en een nieuw mysticisme waarin er niet langer sprake zal zijn van het ascetische wereldbeeld.' 'Het succes van de beweging richting christelijke vereniging veronderstelt een nieuw tijdperk in het christendom zelf, een nieuwe en diepgaande spiritualiteit die een nieuwe uitstorting van de Heilige Geest zal betekenen.'

Deze superoecumene fantasieën hebben overduidelijk niets gemeen met het orthodoxe christendom, dat overigens door Berdjajev werd verafschuwd. Ondanks dat, zal ieder die zich bewust is van het hedendaagse religieuze klimaat zien dat deze fantasieën overeenkomen met een van de voornaamste stromingen van het hedendaagse religieuze gedachtegoed. Berdjajev lijkt inderdaad een 'profeet' te zijn of, beter gezegd, gevoelig te zijn geweest voor een stroming van religieus denken en voelen die in zijn tijd nog niet dusdanig aan het oppervlakte lag, maar die vandaag de dag de bijna-dominante stroming is geworden. Overal hoort men over een nieuwe 'beweging van de Geest', en nu nodigt een Grieks-Orthodoxe priester, vader Eusebius Stephanou, de orthodoxe christenen uit zich aan te sluiten bij deze beweging, wanneer hij schrijft over 'de hedendaagse krachtige uitstorting van de Heilige Geest' (*The Logos*, januari 1972). Elders in dezelfde uitgave (maart 1972, p. 8) doet de adjunct-hoofdredacteur Ashanin niet louter een beroep op de naam, maar ook op het programma van Berdjajev: 'Wij raden de geschriften van

Nikolaj Berdjajev aan, de grootse spirituele profeet van onze tijd. Dit spiritueel genie ... [is] de grootste theoloog binnen de spirituele creativiteit.... Nu de cocon van de orthodoxie is gebarsten.... leidt Gods Goddelijke Logos Zijn mensen naar een nieuw begrip van hun geschiedenis en hun taak in Hem. *The Logos* [is de] boodschapper van dit nieuwe tijdperk, van het nieuwe postuur van de orthodoxie.'

4. Het huidige boek

Dit alles vormt de achtergrond van het huidige boek, dat een onderzoek betreft naar de 'nieuwe' religieuze geest die in onze tijd ten grondslag ligt en inspiratie verleent aan het 'dialoog met niet-christelijke religies'. De eerste drie hoofdstukken bieden een algemene benadering tot niet-christelijke religies en hun radicale verschillen ten opzichte van het christendom, zowel in de theologie als in het geestelijke leven. Het eerste hoofdstuk betreft een theologisch onderzoek naar de 'God' van de religies uit het nabije oosten waarmee de christelijke oecumenisten zich hopen te verenigen op grond van 'monotheïsme'. Het tweede behandelt de krachtigste van de oosterse religies, namelijk het hindoeïsme, op basis van een uitvoerige persoonlijke ervaring die eindigde in de conversie van de schrijver van het hindoeïsme naar het orthodoxe christendom; tevens biedt het een interessante beoordeling van wat het 'dialoog' met het christendom betekent *voor het hindoeïsme*. Het derde hoofdstuk bevat een persoonlijk verslag van de ontmoeting van een orthodoxe priestermonnik met een oosterse 'wonderdokter'–een directe confrontatie van de christelijke en niet-christelijke 'spiritualiteit'.

De daarop volgende vier hoofdstukken betreffen specifieke onderzoeken naar een aantal van de belangrijke spirituele bewegingen van de zeventigerjaren. Hoofdstukken vier en vijf bestuderen het 'nieuwe religieuze bewustzijn', waarbij de nadruk wordt gelegd op de 'meditatie'-bewegingen waar vandaag de dag vele 'christenen' door gegrepen worden (alsmede meer en meer 'ex-christenen'). Hoofdstuk zes werpt een blik op de spirituele implicaties van een ogenschijnlijk niet-religieus fenomeen van onze tijd door welke het 'nieuwe religieuze bewustzijn' gevormd wordt, zelfs onder de mensen die zich ver verwijderd wanen van enige religieuze belangstelling. In het zevende hoofdstuk wordt uitvoerig gesproken over de meest controversiële religieuze beweging onder de hedendaagse 'christenen'–de 'charismatische' beweging–en wordt er getracht diens aard te definiëren in het licht van de orthodoxe spirituele leer.

In de conclusie worden het belang en het doel van het 'nieuwe religieuze bewustzijn' behandeld in het licht van de christelijke profetie betreffende het einde der tijden. De 'religie van de toekomst', waar deze naar wijzen, wordt uiteengezet en gecontrasteerd met de enige religie die er onverzoenlijk mee in strijd is: het ware orthodoxe christendom. De 'tekenen des tijds' zijn maar al te duidelijk terwijl wij het beangstigende tijdperk van de tachtigerjaren naderen; laat de orthodoxe christenen, en allen die hun zielen wensen te redden in de eeuwigheid, deze woorden ter harte nemen en er conform naar handelen!

I

DE 'MONOTHEÏSTISCHE' RELIGIES

HEBBEN WIJ DEZELFDE GOD ALS DE NIET-CHRISTENEN?

Door v. Basile Sakkas

'Het Hebreeuwse en islamitische volk, en de christenen ... deze drie uitingen van een identiek monotheïsme spreken met de meest authentieke en oeroude, zelfs de dapperste en meest verzekerde stemmen. Waarom zou het niet mogelijk kunnen zijn dat de naam van dezelfde God, in plaats van het veroorzaken van een onverenigbare oppositie, tot een wederzijds respect, begrip en vreedzame co-existentie zou kunnen leiden? Zou de verwijzing naar dezelfde God, dezelfde Vader, zonder vooroordeel over theologische kwesties, ons niet kunnen leiden naar de ontdekking van wat zo overduidelijk en toch zo moeilijk is–dat wij allen zonen van dezelfde Vader zijn, en dat wij derhalve allen broeders zijn?'

Paus Paul VI, *La Croix*, 11 Aug., 1970

Op donderdag, 2 april, 1970, vond een grootse religieuze manifestatie plaats in Genève. Binnen het raamwerk van de tweede conferentie van de 'Associatie van Verenigde Religies', werden de vertegenwoordigers van de tien grootste religies uitgenodigd voor een bijeenkomst in de Sint-Pietersbasiliek. Dit 'gemeenschappelijk gebed' was gebaseerd op de volgende motivatie: 'De gelovigen van al deze religies zijn uitgenodigd om zij aan zij te leven binnen *de cultus van dezelfde God!* Laat ons derhalve zien of, in het licht van de Schrift, dit een geldige stelling is.

Om deze kwestie beter te kunnen toelichten, zullen wij ons beperken tot de drie religies die elkaar in het historisch oogpunt in deze volgorde hebben opgevolgd: het jodendom, het christendom en de islam. Deze drie religies maken aanspraak op eenzelfde oorsprong: als aanbidders van de God van Abraham. Derhalve is het een zeer wijdverspreide opinie dat, daar wij allen aanspraak maken op het nageslacht van Abraham (de joden en de islamieten lichamelijk en de christenen spiritueel), wij allen de God van Abraham als onze God hebben en wij drieën allen (ieder op zijn eigen manier, natuurlijk) *dezelfde God* aanbidden. Deze God, daarom, vormt in zekere zin ons punt van vereniging en 'wederzijds begrip', en dit, op zijn beurt, nodigt ons uit tot het hebben van een 'broederlijke relatie', zoals groot-rabbi dr. Safran benadrukt, door de psalm te parafraseren: 'Ai, hoe lief'lijk is 't, dat broeders tezamen nederzitten....'

Vanuit dit oogpunt is het duidelijk dat Jezus Christus, God en Mens, de Zoon Die samen met de Vader eeuwig is en geen begin kent, Zijn incarnatie, Zijn kruis, Zijn glorieuze wederopstanding en Zijn verschrikkelijke wederkomst–slechts secundaire details worden die ons er niet van zullen kunnen weerhouden om ons te 'verbroederen' met zij die Hem beschouwen als 'een simpele profeet' (volgens de Koran) of als 'de zoon van een prostituee' (volgens bepaalde almoedische tradities)! Derhalve zouden wij Jezus van Nazareth en Mohammed op gelijke hoogte kunnen plaatsen. Ik zou niet weten welke christen die zijn naam waardig is dit binnen zijn geweten zou kunnen aanvaarden.

Er zou gezegd kunnen worden, wanneer wij het verleden slechts vluchtig in beschouwing nemen, dat binnen deze drie religies men het eens zou kunnen worden over het feit dat Jezus Christus een buitengewoon en exceptioneel wezen is en dat Hij door God werd gezonden. Maar wij, christenen, als Jezus Christus niet *God* is, kunnen hem ook niet als 'profeet' beschouwen of als iemand die is 'gezonden door God', maar louter als een ongeëvenaarde bedrieger, daar Hij Zichzelf de 'Zoon van de Gezegende' verklaarde en Zich derhalve *op gelijke hoogte* plaatste met God (Marcus 14:61-62). Volgens deze oecumenische oplossing op het supraconfessionele niveau, zou de Drie-eenheid van de christenen hetzelfde zijn als het monotheïsme van het jodendom, van de islam, van de eeuwenoude ketterse Sabellius, van de moderne anti-trinitairen en van bepaalde illuministische sekten. Er zouden niet Drie Personen binnen dezelfde Godheid zijn, maar een enkel Persoon, voor sommigen onveranderd, voor anderen eindeloos van 'masker' veranderend (Vader-Zoon-Geest)! En ondanks dat zou men volhouden dat we het hier over '*dezelfde God*' hebben.

Hier zullen wellicht sommigen uit naïviteit voorstellen: 'Toch bestaat er voor de drie religies een gezamenlijke kwestie: alle drie bekennen *God de Vader!* Maar volgens het heilige orthodoxe geloof is dit een absurditeit. Wij bekennen te allen tijde: 'Glorie aan de Heilige, Consubstantiële, Levengevende en *Ondeelbare* Drie-eenheid.' Hoe zouden wij de *Vader* van de *Zoon* kunnen scheiden als Jezus Christus beaamd dat *Ik en de Vader zijn* Één (Joh. 10:30); en als Johannes de apostel, evangelist en theoloog, de apostel der

Liefde, duidelijk beaamd: *Ieder die de Zoon loochent, heeft ook de Vader niet* (1 Joh. 2:23).

Maar zelfs als wij alle drie God *Vader* noemen: wiens vader is Hij dan werkelijk? Voor de joden en de moslims is Hij de Vader van de mens wat betreft de *schepping*; terwijl voor ons christenen Hij, bovenal, *vóór de grondlegging van de wereld* (Joh. 17:24) *de God en Vader van onze Heere Jezus Christus* is (Efe. 1:3). En door Christus zijn wij er, aangaande de *verlossing*, toe bestemd *om als Zijn kinderen aangenomen te worden* (Efe. 1:5). Welke gelijkenis bestaat er dan tussen het goddelijke vaderschap van het christendom en de andere religies?

Anderen zouden kunnen zeggen: 'Hoe dan ook, Abraham aanbad de ware God; en de joden door Isaac en de moslims door Hagar zijn de afstammelingen van deze ware aanbidder van God.' Hier zal men verscheidene punten moeten verduidelijken: Abraham aanbad God geenszins in de vorm van het unipersoonlijke monotheïsme van de andere, maar in de vorm van de Heilige Drie-eenheid. Zo lezen wij in de Schrift: *Daarna verscheen de Heere aan hem bij de eiken van Mamre ... en boog zich ter aarde* (Gen. 18:1-2). In welke vorm aanbad Abraham God? In de unipersoonlijke vorm, of in de vorm van de Goddelijke Drie-eenheid? Wij orthodoxe christenen vereren deze manifestatie van de Heilige Drie-eenheid uit het Oude Testament op Pinksteren, wanneer wij onze kerken versieren met takken die de eeuwenoude eiken vertegenwoordigen, en wanneer wij in hun midden tevens het icoon van de drie engelen vereren, precies zoals onze vader Abraham het vereerde! Vleselijke afstamming van Abraham kan voor ons geen nut hebben, tenzij wij niet geregenereerd worden door de doopwateren in het geloof van Abraham. En het geloof van Abraham was het geloof in Jezus Christus, zoals de Heer Zelf heeft gezegd: *Abraham, uw vader, verheugde zich er sterk op dat hij Mijn dag zou zien, en hij heeft die gezien en heeft zich verblijd* (Joh. 8:56). Zulks was ook het geloof van de profeet en koning David, wie de Hemelse Vader zijn Consubstantiële Zoon hoorde aanspreken: *De Heere heeft gesproken tot mijn Heere* (Ps. 109:1; Hand. 2:34). Zulks was ook het geloof van de drie geknevelde mannen in de vurige oven toen zij werden gered door *een zoon van de goden* (Dan. 3:25); en van de heilige profeet Daniël, die het visioen had van de tweeledige aard van Jezus Christus in het mysterie van de incarnatie, toen de Mensenzoon tot de Oude van Dagen kwam (Dan. 7:13). Dit is waarom de Heer, tegen de (biologisch onweerlegbare) afstammelingen van Abraham, zei: *Als u Abrahams kinderen was, zou u de werken van Abraham doen* (Joh. 8:39), en met deze 'werken' wordt bedoeld *dat u gelooft in Hem Die Hij gezonden heeft* (Joh. 6:29).

Wie zijn dan de *afstammelingen* van Abraham? De zonen van Isaac volgens het vleselijke, of de zonen van Hagar de Egyptenaar? Is Isaac of Ismaël de afstammeling van Abraham? Wat leert de Schrift ons via de mond van de goddelijke apostel? *Welnu, zo zijn de beloften aan Abraham en aan zijn nageslacht gedaan. Hij zegt niet: En aan de nageslachten, alsof er sprake zou zijn van velen; maar van één: En aan uw nageslacht; Dat is Christus* (Gal. 3:16). *Als u van Christus bent, dan bent u Abrahams nageslacht en, overeenkomstig de belofte, erfgenamen* (Gal. 3:29). Derhalve werd Abraham in Jezus Christus *een vader van een menigte van volken* (Gen. 17:5; Rom. 4:17). Na zulke beloften en zekerheden, wat voor betekenis heeft een vleselijke afstamming van Abraham dan nog? Volgens de Schrift wordt Isaac niet als het *zaad* of de *afstamming* beschouwd, maar enkel als *het beeld van Jezus Christus.* In tegenstelling tot Ismaël (de zoon van Hagar; Gen. 16:1), werd Isaac geboren in de wonderlijke 'vrijheid' van een steriele moeder, op oude leeftijd en tegen de wetten van de natuur in, vergelijkbaar met de geboorte van onze Redder, Die op miraculeuze wijze werd geboren uit een maagd. Hij beklom de heuvel van Moria net als Jezus Golgotha beklom, terwijl hij op zijn schouders het hout voor het offervuur met zich meedroeg. Een engel verloste Isaac van de dood, net zoals hoe een engel de steen wegrolde om ons te laten zien hoe de tombe leeg was en de Opgestane niet langer daar was. In het uur van het gebed ontmoette Isaac Rebecca op het veld en leidde haar de tent van zijn moeder Sarah binnen, net zoals Jezus Zijn Kerk zal ontmoeten op de wolken om Haar de hemelse kastelen binnen te leiden, het Nieuwe Jeruzalem, het thuisland waar zo naar verlangd wordt.

Nee! Wij hebben niet dezelfde God als de niet-christenen! De *sine qua non* voor het kennen van de Vader, is de Zoon: *Wie Mij gezien heeft, heeft de Vader gezien; niemand komt tot de Vader dan door Mij* (Joh. 14:6,9). Onze God is een vleesgeworden God, *wat wij gezien hebben met onze ogen, wat wij aanschouwd hebben en onze handen getast hebben* (1 Joh. 1:1). Het onstoffelijke werd voor onze verlossing stoffelijk, zoals Johannes Damascenus zegt, en Hij heeft Zichzelf in ons *geopenbaard*. Maar wanneer heeft Hij Zich geopenbaard aan de hedendaagse joden en moslims, zodat wij mogen veronderstellen dat zij God kennen? Als zij een volledig begrip hebben van God zonder Jezus Christus, dan is Christus voor niets vleesgeworden, gestorven en herrezen!

Volgens de woorden van Christus zijn zij nog niet volledig *tot de Vader gekomen*. Zij zijn in staat zich *voorstellingen* te maken van de Vader; maar deze voorstellingen bevatten niet de ultieme, supranationale openbaring van God die door Jezus Christus aan de mensheid is geschonken. Voor ons christenen is God *ondoorgrondelijk, onbegrijpelijk, onbeschrijfbaar* en *onstoffelijk*, volgens de woorden van Basilius de Grote. Ten behoeve van onze verlossing werd Hij (voor zover wij met Hem verenigd zijn) begrepen, beschreven en stoffelijk door de *openbaring* in het mysterie van de incarnatie van Zijn Zoon. *Aan Hem komt de eer toe, tot in alle generaties, tot in alle eeuwigheid. Amen.* En dit is waarom Cyprianus van Carthago beaamd dat hij die niet de Kerk als Moeder heeft, ook God niet heeft als Vader!

Moge God ons behoeden voor de apostasie en de komst van de antichrist, waarvan de voorafgaande tekenen zich met de dag vermenigvuldigen. Moge Hij ons behoeden voor de grote verdrukking die zelfs de uitverkorenen niet zullen kunnen verdragen zonder de gratie van Hij Die deze dagen zal verkorten. En moge Hij ons behoeden in de 'kleine kudde', het 'overblijfsel gelaten naar de verkiezing der genade', zodat wij, net als Abraham, ons mogen verheugen in het licht van Zijn gezicht, door de gebeden van de meest heilige Moeder Gods en eeuwige maagd Maria, van alle hemelse heerscharen, de wolk der getuigen, profeten, martelaren, gezagsdragers, evangelisten en biechtvaders die tot de dood trouw zijn gebleven, die hun bloed hebben vergoten voor Christus, die ons hebben verwekt door het evangelie van Jezus Christus in de doopwateren. Wij zijn hun zonen–zwak, zondig en onwaardig, dat is zeker; maar wij zullen nimmer onze hand uitsteken naar een *vreemde god*! Amen.

V. Basile Sakkas
La Foi Transmise, 5 april, 1970[1]

---

[1] Voor deze vijfde editie hebben de redacteurs een aantal theologische verduidelijkingen gebruikt in dit hoofdstuk.

II

DE KRACHT VAN DE HEIDENSE GODEN

DE AANSLAG VAN HET HINDOEÏSME OP HET CHRISTENDOM

Door een bekeerde orthodoxe christen

> *Alle heidense goden zijn demonen.*
> Psalm 95:5

Het volgende artikel is gebaseerd op de ervaring van een vrouw die, na haar middelbare school te hebben afgerond in een rooms-katholiek klooster, twintig jaar lang een volgeling is geweest van het hindoeïsme, totdat zij zich uiteindelijk, met de gratie Gods, bekeerde tot het orthodoxe christendom, daar haar zoektocht naar de waarheid eindigde in de Russisch-Orthodoxe Kerk. Momenteel woont zij op de Westkust. Moge haar woorden de ogen openen van de orthodoxe christenen die wellicht geneigd zijn de blinde 'liberale' theologen te volgen die nu zelfs binnen de Orthodoxe Kerk de kop opsteken, en die in respons op de aanslag op de Kerk van Christus door het neoheidendom een 'dialoog' willen aangaan met zijn magiërs, en zich neigen aan te sluiten bij hun aanbidding van de heidense goden.

1. De aantrekkingskracht van het hindoeïsme

Ik was nog maar zestien jaar oud toen twee gebeurtenissen de koers van mijn leven veranderden. Ik kwam naar het Dominicaanse Katholieke Klooster in San Rafaël (Californië) en kwam daar voor het eerst in aanraking met het christendom. Ook kwam ik in datzelfde jaar in aanraking met het hindoeïsme via een hindoeïstische monnik, een swami, die al snel mijn goeroe zou worden. Een strijd had zich voltrokken, al zou ik dat voor bijna twintig jaar niet inzien.

In het klooster werden mij de standaard waarheden van het christendom bijgebracht. Hierin ligt de kracht voor de nederigen en de valstrik voor de hoogmoedigen. De heilige Jakobus schreef dan ook waarlijk: *God keert Zich tegen de hoogmoedigen, maar aan de nederigen geeft Hij genade* (Jak. 4:6). Maar o, wat was ik trots; ik weigerde de erfzonde en de hel, en had hier vele, vele tegenargumenten voor. Een uiterst liefdadige kloosterzuster overhandigde mij echter de sleutel toen ze zei: 'Bid voor de gave van het geloof.' Maar de scholing van de swami had reeds vat op mij gekregen, en ik beschouwde het als vernederend om bij iemand, zelfs God, te smeken om wat dan ook. Maar pas vele jaren later herinnerde ik mij wat ze had gezegd en ontsproot het zaadje van het christelijke geloof dat in mij was geplant uit een eindeloze zee van wanhoop.

Na verloop van tijd werden de onderwerpen van de boeken die ik met mij meebracht naar school, allen gewikkeld in een witte omslag, ontdekt. Boeken als de *Bhagavad-Gita*, de *Upanishads*, de *Vedantasara*, de *Ashtavakra Samhita*... In zekere zin was mijn geheim naar buiten gekomen, maar er werd weinig van gezegd. De zusters dachten ongetwijfeld dat het een fase was die wel zou overgaan, zoals dat inderdaad het geval is met de meeste intellectuele verwaandheden van meisjes. Maar een brutale non vertelde me de waarheid; een zeer onpopulaire waarheid die u vandaag de dag nog maar weinig te horen zult krijgen. Ze zei dat ik naar de hel zou gaan als ik in het hindoeisme zou sterven, nadat mij de waarheid van het christendom was geopenbaard. Sint Petrus verwoorde het aldus: *Want door wie iemand overwonnen is, van hem is hij ook een slaaf geworden. Want als zij de besmettingen van de wereld ontvlucht zijn door de kennis van de Heere en Zaligmaker Jezus Christus, maar daarin opnieuw verwikkeld raken en daardoor overwonnen worden, dan is voor hen het laatste erger geworden dan het eerste. Het zou immers beter voor hen geweest zijn dat zij de weg van de gerechtigheid niet gekend hadden, dan dat zij, nadat zij die hebben leren kennen, zich weer afkeren van het heilige gebod dat hun is overgeleverd* (2 Petrus 2:19-21). Wat verafschuwde ik die Zuster voor haar onverdraagzaamheid. Maar als zij vandaag de dag nog zou leven, zou ik haar met al mijn hart bedanken. Want wat zij mij vertelde, bleef aan me knagen, zoals de waarheid dat vaak doet, en het zou mij uiteindelijk naar de volledigheid van de heilige orthodoxie leiden.

Het belangrijkste wat mij in het klooster werd geschonken, was een meetlat waarmee ik uiteindelijk tot de ontdekking zou komen dat het hindoeïsme bedrog was.

De situatie is sterk veranderd sinds ik van school ben. Wat een geïsoleerd geval van hindoeïsme was, heeft zich ontwikkeld tot een ware epidemie. Vandaag de dag moet men over een intelligent begrip van de hindoeïstische dogmatiek beschikken, wil men jonge christenen behoeden voor het plegen van spirituele zelfmoord wanneer zij in aanraking komen met oosterse religies.

De aantrekkingskracht van het hindoeïsme beslaat het volledige spectrum; het heeft verleidingsmiddelen voor elk lichamelijk vermogen en doet een beroep op elke zwakte, met name hoogmoed. En daar ik erg hoogmoedig was, zelfs op zestienjarige leeftijd, waren het deze waar ik het eerst slachtoffer van werd. De erfzonde, de hel en het probleem van lijden verontrustten mij. Ik had deze concepten nog nooit serieus genomen voordat ik naar het klooster ging. De swami legde mij vervolgens een 'intellectueel bevredigend' alternatief voor elke ongemakkelijke christelijke dogma voor. De hel was uiteindelijk niets meer dan een tijdelijke staat van de ziel die werd veroorzaakt door ons eigen slechte karma (vroegere daden) in dit of een vorig leven. En een eindige oorzaak kon natuurlijk geen oneindig gevolg hebben. De erfzonde werd op wonderlijke wijze omgevormd tot de oorspronkelijke goddelijkheid. Dit was mijn geboorterecht, en niets dat ik ooit zou kunnen doen, zou dit glorieuze einde tenietdoen. Ik was goddelijk. Ik was God: 'de Oneindige Dromer die eindige dromen droomt.'

Wat betreft het probleem van lijden beschikt de hindoeistische filosofie genaamd Vedanta over een uiterst elegant filosofisch systeem om daar mee af te rekenen. In een notendop was lijden maya of illusie. Het had geen werkelijk bestaan–en bovendien beweerden de Advaitin het zelfs te kunnen bewijzen!

Op een ander gebied spreekt het hindoeïsme aan tot de uiterst respectabele misvatting dat de mens te perfectioneren is: door educatie (het goeroesysteem, onder hun voorwaarden) en door 'evolutie' (de constante progressieve spirituele ontwikkeling van de mens). Tevens wordt er een argument gemaakt vanuit het perspectief van culturele relativiteit; dit ontvangt vandaag de dag zoveel respect dat het een waarachtige zonde is geworden (voor zij die niet in zonden geloven) om elke vorm van relativiteit in twijfel te trekken. Wat zou redelijker kunnen zijn, zo zeggen zij, dan verschillende naties en volkeren die God op een eigen manier aanbidden? God is immers God, en de verscheidenheid aan vormen van verering zorgt voor een algemene religieuze 'verrijking'.

Maar het pragmatisme is wellicht de overtuigendste aantrekkingskracht. De gehele filosofische opbouw van het hindoeïsme wordt ondersteund door de praktische religieuze instructies die de discipel ontvangt van zijn goeroe. Met deze gebruiken wordt de discipel uitgenodigd de filosofie te verifiëren aan de hand van zijn eigen ervaring. Niets hoeft te worden aanvaard op basis van geloof. En in tegenstelling tot populaire opvattingen, zijn er ook geen mysteries–louter een enorme hoeveelheid esoterische materie–en is geloof derhalve ook niet noodzakelijk. Je wordt verteld: 'Probeer het en zie of het werkt.' Deze pragmatische aanpak is uitermate verleidelijk voor de westerse geest. Het lijkt zo 'wetenschappelijk'. Maar vrijwel elke student komt onmiddellijk terecht in de drogreden van anekdotisch bewijs: als de gebruiken blijken te werken (en zij werken ook daadwerkelijk), dan gelooft hij dat het systeem klopt en, impliciet, dat het dus goed is. Maar dit is natuurlijk niet logisch. Het enige dat met zekerheid kan worden gezegd is: als zij werken, dan werken zij. Maar wanneer dit niet wordt ingezien, kunt u begrijpen hoe ook maar de kleinste paranormale ervaring de arme student een enorme overtuigingskracht geeft.

Dit brengt mij tot het laatste verleidingsmiddel dat ik zal benoemen, namelijk 'spirituele ervaringen'. Deze zijn paranormaal en/of diabolisch van aard. Maar wie van de beoefenaars is in staat om waanideeën te onderscheiden van ware spirituele ervaringen? Zij beschikken niet over een meetlat. Maar ga er niet van uit dat wat zij zien, horen, ruiken en aanvoelen tijdens deze ervaringen het resultaat is van simpele mentale afwijkingen. Want dat zijn zij niet. Zij zijn wat binnen onze orthodoxe traditie *prelest* wordt genoemd. Een belangrijk woord, daar het precies verwijst naar de staat van de persoon die hindoeïstische 'spirituele ervaringen' heeft. De Nederlandse lexicon bevat geen precies equivalent van de term *prelest*. Het beslaat een wijd scala aan valse spirituele ervaringen: van simpele illusie en bedrog tot daadwerkelijke bezetenheid. In elk van deze gevallen wordt het valse voor waar aangezien en het algehele effect hiervan is een versnelde toename van hoogmoed. Een warm, comfortabel gevoel van bijzonder belang daalt neer op de persoon in *prelest*, waardoor al zijn boetedoeningen en lijden worden gecompenseerd.[1]

In zijn eerste epistel, waarschuwt de heilige Johannes de vroege christenen: *Geliefden, geloof niet elke geest, maar beproef de geesten of zij uit God zijn....* (1 Joh. 4:1).

Gregorius I van Antiochië instrueerde zijn monniken zorgvuldig over de gevaren van deze ervaringen: 'Omheen de beginnelingen en eigenwilligen worden de netten van gedachten en kwaadaardige fantasieën uitgezet zoals de demonen dat plegen te doen, en graven zij grachten voor hun ondergang....' Een monnik vroeg hem: 'Wat kan de mens doen wanneer de demon de vorm van een engel van licht aanneemt?' De heilige antwoordde: 'In zulk een geval heeft de mens een groot beoordelingsvermogen nodig om goed en slecht juist van elkaar te onderscheiden. Laat u in uw achteloosheid dus niet te vlug meevoeren door hetgeen u ziet, maar wees standvastig (moeilijk van uw stuk te brengen) en, terwijl u voorzichtig alles op de proef stelt, aanvaard enkel het goede en weiger het kwade. U moet alles beproeven en bestuderen, pas daarna moet u geloven. Weet dat de

---

[1] Voor meer over *prelest*, zie hieronder, p. 206

daden van gratie openbaar zijn, en dat de demon, ondanks zijn transformaties, deze niet kan vervaardigen: met name zachtmoedigheid, beminnelijkheid, nederigheid, haat jegens de wereld, het afsnijden van de passies en begeerten–die het gevolg zijn van gratie. De werken van de demonen zijn: arrogantie, verwaandheid, intimidatie en al het kwaad. Aan de hand van zulke daden zult u in staat zijn te ontwaren of het licht in uw hart dat van God of dat van Satan is. Bladsla lijkt op de mosterdplant, en azijn heeft de kleur van wijn; maar wanneer u deze beproeft zullen de verschillen tussen deze worden onderscheiden en gedefinieerd door de tong en het gehemelte. Op eenzelfde manier zal de ziel, wanneer het over een gedegen beoordelingsvermogen beschikt, aan de hand van het mentale smaakvermogen de gaven van de Heilige Geest onderscheiden van de fantasieën en illusies van Satan.'

De misleide of hoogmoedige spirituele aspirant is het kwetsbaarst voor *prelest*. En het succes en de duurzaamheid van het hindoeïsme is grotendeels afhankelijk van dit vale mysticisme. Het is uitermate aantrekkelijk voor de drugs gebruikende jeugd, die reeds zijn geïnitieerd in dergelijke ervaringen. De afgelopen jaren hebben wij een bloei en woekering gezien van swami's. Zij zagen hun kans op roem en rijkdom schoon in deze kant-en-klare markt en grepen het met beide handen aan.

2. *Een oorlog van dogma*

Vandaag de dag incasseert het christendom de stoten van een tegenstander die voor de gelovigen bijna onzichtbaar is. En als hij de mogelijkheid ertoe ziet, zal deze vijand doordringen tot het hart van het christendom nog voordat hij zijn identiteit zal onthullen. Deze vijand is het hindoeïsme en de oorlog die gevoerd wordt is er een van dogma.

Toen in dit land rond de eeuwwisseling de Vedanta Sociëteiten werden opgericht, werden de eerste inspanningen gericht op het bepalen dat er *geen werkelijk verschil* bestond tussen het hindoeïsme en het christendom. Niet alleen was er niet sprake van een onderling conflict, maar een goede christen zou zelfs een betere christen zijn wanneer hij de Vedanta zou bestuderen en beoefenen; dan zou hij namelijk het ware christendom begrijpen.

In vroegere lezingen poogden de swami's aan te tonen dat de ideeën die uniek leken te zijn voor het christendom–zoals de logos en het kruis–in werkelijkheid hun oorsprong vonden in India. En dat de ideeën die uniek leken te zijn voor het hindoeïsme–zoals de hergeboorte, de transmigratie van de ziel en de samadhi (trance)–ook in het christelijke geschrift gevonden konden worden, mits deze op de juiste wijze werd geïnterpreteerd.

Vele oprechte maar misleidde christenen werden door een dergelijk aas in de val gelokt. In het begin verzette men zich *tegen* wat bestempeld zou kunnen worden als 'sektarische' dogma's, en zette men zich in *voor* een zogenaamd wetenschappelijke religie gestoeld op een vergelijkende studie van alle religies. De nadruk werd in deze altijd gelegd op het volgende: er is niet zoiets als verschil. Alles is een. Alle verschillen bevinden zich enkel aan het oppervlak; zij zijn herkenbaar of relatief, maar niet echt. Dit alles komt duidelijk naar voren in de gepubliceerde lezingen die in het begin van de twintigste eeuw werden gegeven. Vandaag de dag verkeren wij in groot gevaar, daar deze inspanning zo succesvol is gebleken.

De term 'dogma' wordt in de volksmond nu enkel nog maar spottend toegepast. Maar deze minachting had niet kunnen ontstaan in zij die weten dat het verwijst naar het waardevolste erfgoed van de Kerk. Zodra deze negatieve connotatie zich eenmaal had gevestigd, echter, begonnen de timide mensen onder ons, zij die nooit geassocieerd wensen te worden met het onpopulaire, te spreken over 'rigide dogma's'. Een achterhaalde term, maar wel een die getuigt van afkeur. En zo werd op verraderlijke wijze de houding geabsorbeerd van de zogenaamd 'ruimdenkende' critici wie zich er niet van bewust waren dat dogma juist bepaalt wat het christendom is, of simpelweg niet blij waren met waar het christendom om draait.

De resulterende gesteldheid van vele christenen om zich terug te trekken wanneer zij ervan beschuldigd worden zich vast te houden aan dogma, heeft de hindoes in niet geringe mate geholpen. Hulp van binnenuit bood hen immers strategische voordelen.

Het ongelooflijke feit is dat maar weinigen inzien dat juist de macht die het christelijke dogma zou omverwerpen, van zichzelf niets meer is dan slechts een tegengesteld systeem van dogma's. De twee kunnen zich niet versmelten of elkaar 'verrijken', daar zij volkomen tegenstrijdig zijn.

Als de christenen worden verleid om zich te ontdoen van hun dogma's, of om (wat een tactisch slimmere zet zou zijn) deze aan te passen om zo te kunnen voldoen aan de vraag naar een meer eigentijds of 'universeel' christendom, dan hebben zij reeds alles verloren, daar hetgeen van waarde is voor de christenen en hindoes direct afkomstig is van hun dogma's. *En de hindoëistische dogma's zijn een directe verwerping van de christelijke dogma's.* Dit leidt ons tot een verbijsterende conclusie: *wat de christenen beschouwen als zijnde kwaadaardig, wordt door de hindoes beschouwd als zijnde goed,* en vice versa: *wat de hindoes beschouwen als zijnde kwaadaardig, wordt door de christenen beschouwd als zijnde goed.*

De ware strijd draait om het volgende: dat de ultieme zonde voor de christen, voor de hindoe de ultieme verwerkelijking van het goede betekent. Christenen hebben *trots* altijd beschouwd als de fundamentele zonde–de eeuwige bron van alle zonden. En Lucifer is daarvan het archetype, wanneer hij zegt: *Ik zal opstijgen naar de hemel; tot boven Gods sterren zal ik mijn troon verheffen ... Ik zal opstijgen boven de wolkenhoogten, ik zal mij gelijkstellen met de Allerhoogste* (Jes. 14:13-14). Op een minder verheven niveau is het trots waardoor zelfs 's mens deugden in zonden veranderen. Maar voor de hindoe in het algemeen, en de Advaitin of Vedantaan in het bijzonder, is niet geloven in jezelf en in de mensheid als God Zelve de enige 'zonde'. In de woorden van swami Vivekananda (de vooraanstaande moderne voorstander van Vedanta): 'Jullie begrijpen India niet! Wij Indiërs zijn immers mensaanbidders. Onze God is de Mens!' De leer van mukti of verlossing houdt in dat 'de mens goddelijk zal worden door zich het goddelijke te realiseren'.

Op basis hiervan kan men zien hoe de dogma's van het hindoeïsme en het christendom lijnrecht tegenover elkaar staan, en hoe de een lijnrecht tegenover de ander staat wat betreft de aard van God, de aard van de mens en het doel van het menselijk leven.

Maar wanneer de hindoeïstische propaganda, die beweert dat er geen strijd gaande is, dat de verschillen tussen het christendom en het hindoeïsme louter herkenbaar en niet echt zijn, door de christenen wordt aanvaardt–dan is de weg vrij voor de hindoeïstische ideeën om de zielen van christenen over te nemen en de strijd zonder slag of stoot te winnen. En het eindresultaat van deze strijd is pas echt schokkend; de corrumperende kracht van het hindoeïsme is immens. In mijn eigen geval, met al de in principe correcte scholing die ik ontving in het klooster, bracht twintig jaar hindoeïsme mij tot de deuren van de liefde voor kwaad, in de vorm van de godin Kali. Maar hierover zal ik in de volgende sectie over de hindoeïstische gebruiken meer uit de doeken doen.

Dit is het einde dat voor ons in petto ligt wanneer de christelijke dogma ophoudt te bestaan. Dit zeg ik vanuit persoonlijke ervaringen, omdat ik Kali heb aanbeden in zowel India als Amerika. En zij, die Satan is, is geen lachertje. *Wanneer je de Levende God opgeeft, zal Zijn troon niet leeg blijven.*

3. Hindoeïstische plekken en gebruiken

In 1956 voerde ik veldwerk uit met headhunters in de Filippijnen. Mijn interesses lagen in primitieve religies–met name binnen zogenaamde 'onontwikkelde' gebieden–waar nog maar weinige missionarissen waren geweest. Toen ik arriveerde in Ifugao (zo heette de stam), geloofde ik niet in zwarte magie; tegen de tijd dat ik de stam echter weer verliet, deed ik dat wel. Een Ifugao-priester (een *munbaki*) genaamd Talupa werd mijn beste vriend en informant. Na verloop van tijd kwam ik erachter dat hij bekendstond om zijn bekwaamheid met zwarte magie. Hij nam me mee naar de *baki*; een ceremonie van rituele magie die tijdens het oogstseizoen bijna elke avond plaatsvond. Een dozijn priesters kwam bijeen in een hut om de avond te spenderen met het oproepen van verschillende goddelijkheden en voorouders, het drinken van rijstwijn en het maken van offers aan twee kleine beelden–de zogeheten *bulol*. Deze werden gewassen in een schaal met kippenbloed, dat zij gebruikten om de toekomst te voorspellen voordat het op de twee beeldjes werd gebruikt. Zij bestudeerden het bloed op basis van de grootte en het aantal bubbels dat het bevatte, alsmede de tijd die het kostte om het bloed te laten stollen; ook uit de kleur en configuratie van de organen haalden zij bepaalde informatie. Elke avond maakte ik plichtsgetrouw mijn aantekeningen. Maar dit was nog maar het begin. Ik zal niet verder uitwijden over Ifugao-magie; laat het volstaan dat tegen de tijd dat ik de stam verliet, ik een dusdanige hoeveelheid en variëteit aan bovennatuurlijke gebeurtenissen had aanschouwd dat het geven van een wetenschappelijke verklaring ervoor nagenoeg onmogelijk was. Als ik bij aankomst geneigd zou zijn om iets te geloven, dan was het dat magie een volkomen natuurlijke verklaring moest hebben. Laat ik tevens opmerken dat ik niet snel bang ben. Toch heb ik Ifagua verlaten, omdat ik zag dat hun rituelen niet enkel werkten, maar ook op mij hun uitwerking hadden–op zijn minst tweemaal.

Ik zeg dit alles zodat hetgeen ik te zeggen heb over hindoeïstische gebruiken en gebedsplaatsen niet zal klinken als het ongelooflijke product van een 'verhit brein'.

Elf jaar na het Ifugao-voorval, vertrok ik op een pelgrimstocht naar de Amarnath-grot, diep in de Himalaya's. Volgens de hindoeïstische traditie is dit de heiligste plek voor Siva-verering, de plek waar hij zich openbaart aan zijn volgelingen en hen zegent. Het betreft een lange en moeizame trek over de Mahaguna, een vier kilometer lange bergpas, en doorheen een gletsjer; er was dus voldoende tijd om hem gedurende de trek mentaal te aanbidden, met name omdat de jongen die de pakpony geleide geen Engels sprak, noch ik Hindi. Dit keer was ik ervan overtuigd dat de god die ik zo lang had aanbeden, en op wie ik jarenlang had gemediteerd, zich gracieus aan mij zou openbaren.

Het Siva-beeld in de grot is op zichzelf een curiositeit; een ijsstandbeeld gevormd door druppelend water dat, afhankelijk van de stand van de maan, toe- en afneemt. Bij volle maan reikt het beeld tot aan het plafond van de grot–zo'n vierenhalve meter hoog–terwijl er bij nieuwe maan nagenoeg niets meer van over is. Zo neemt het elke maand toe en af en, voor zover ik weet, heeft niemand dit fenomeen ooit kunnen verklaren. Ik naderde de grot op een veelbelovend moment waarop het beeld in zijn volledigheid was toegenomen. Vlug begon ik mijn god te aanbidden met een groene kokosnoot, wierrook, rode en witte stukken stof, noten, rozijnen en suiker–al de voor het ritueel voorgeschreven benodigdheden–en betrad de grot met tranen van overgave. Wat er vervolgens gebeurde is moeilijk in woorden te omschrijven. De grot was gevuld met energie–precies als een Ifagao-hut terwijl de baki in volle gang is. Verbijsterd van de realisatie dat ook dit een plek was van onverklaarbare onreinheid, verliet ik kokhalzend de grot nog voordat de priester mijn offer kon overbrengen aan het grote ijsstandbeeld.

De façade van het hindoeïsme was dan wel gebarsten toen ik de Siva-grot had betreden, maar het zou nog enige tijd duren voordat ik mij er volledig van zou weten los te breken. Gedurende deze tussenperiode zocht ik wanhopig naar iets dat dit instortende bouwwerk zou kunnen ondersteunen, maar vond niets. Inmiddels is het mij duidelijk dat wij vaak al weten dat iets erg slecht is, lang voordat wij dit ook daadwerkelijk kunnen geloven. Dat geldt evenzo voor de 'spirituele gebruiken' van het hindoeïsme als voor de zogenaamde 'heiligdommen'.

Wanneer een student wordt ingewijd door de goeroe, ontvangt hij een Sanskrietmantra (een persoonlijke magische formule) en specifiek voor hem bedachte religieuze handelingen. Deze zijn geheel esoterisch en bestaan enkel in de orale traditie. Je zult ze niet op papier vinden en de kans is erg klein dat je over ze te weten zult komen via een ingewijde, daar er strikte sancties worden gehanteerd om deze geheimhouding te waarborgen. In zekere zin nodigt de goeroe zijn discipel uit om de filosofie te bewijzen aan de hand van diens persoonlijke ervaring. Het punt is, echter, dat deze gebruiken daadwerkelijk werken. De student kan daadwerkelijk nieuwe gaven, of *siddhis*, ontvangen. Dit kunnen dingen zijn als gedachtelezen, de kracht om te genezen of te doden, het laten manifesteren van objecten, het kunnen voorspellen van de toekomst, enzovoorts–het hele gamma van dodelijke paranormale goocheltrucjes. Maar nog vele malen erger is het feit dat de student onvermijdelijk in een staat van *prelest* terechtkomt, waarin hij zijn waanvoorstellingen zal verwarren met de realiteit. Hij heeft 'spirituele ervaringen' van onbegrensde zoetheid en vrede; hij heeft visoenen van goddelijkheden en van licht. (Dit kan ons doen denken aan hoe Lucifer zich kan voordoen als een engel van licht.) Met 'waanvoorstellingen' bedoel ik echter niet te zeggen dat hij deze dingen niet daadwerkelijk ervaart; maar dat deze niet van God komen. Want er is, vanzelfsprekend, het filosofische concept waardoor elke ervaring wordt ondersteund, zodat je een situatie krijgt waarin de praktijk en de filosofie elkaar ondersteunen en versterken en het systeem zelf erg solide lijkt.

Eigenlijk is het hindoeïsme niet zozeer een intellectuele zoektocht als wel een systeem bestaande uit verschillende gebruiken die, vrij letterlijk, zwarte magie zijn. Dat wil zeggen, wanneer je x doet, krijg je y: een simpel contract. Maar de contractvoorwaarden worden zelden helder geformuleerd en maar zelden zal de student vragen waar deze ervaringen hun oorsprong vinden of wie aan hem zijn krediet verleent–krediet in de vorm van gaven en 'prachtige' ervaringen. Het is de klassieke Faustiaanse situatie, maar wat de beoefenaar zich niet realiseert, is dat *de prijs die hij ervoor moet betalen zomaar zijn onsterfelijke ziel zou kunnen zijn.*

Er is een breed scala aan gebruiken-gebruiken geschikt voor elk temperament. De gekozen goddelijkheid kan een vorm hebben: een god of godin; of vormeloos zijn: de Absolute Brahmaan. Ook de relatie tot het verkozen ideaal verschilt-het kan dat van een kind, moeder, vader, vriend, geliefde of een dienaar zijn, of, in het geval van advaita vedanta, kan de 'relatie' ook identiteit zelf zijn. Wanneer de discipel klaar is om ingewijd te worden, ontvangt hij van zijn goeroe een mantra die bepalend is voor het pad dat hij zal bewandelen en de gebruiken die hij zal oppakken. Ook zal de goeroe het dagelijkse leven van de discipel dicteren. In vedanta (of het monistische systeem) worden vrijgezelle discipelen geacht niet te trouwen; het geheel van hun inspanning zal moeten worden toegewijd aan het behalen van succes met de gebruiken. Noch mag een oprechte discipel vlees eten, daar vlees beschouwd wordt als hetgeen de scherpe snede der perceptie bot zal maken. De goeroe wordt letterlijk gezien als de God Zelve-hij is de Verlosser van de discipel.

Aan de basis zijn veel van deze 'spirituele' oefeningen afgeleid van slechts een aantal basisgebruiken. Deze zal ik kort behandelen.

Allereerst hebben we afgoderij. Dit kan het aanbidden zijn van een beeld of afbeelding, met een offerande van licht, kamfer, wierrook, water en lekkernijen. Deze beeltenis zou kunnen worden toegewaaid met een jakstaart, gewassen, aangekleed en in bed gestopt worden. Dit klinkt erg kinderachtig, maar het is raadzaam om de paranormale ervaringen die deze praktijken kunnen teweegbrengen niet te onderschatten. Vedantische afgoderij neemt de vorm aan van zelfverering-mentaal ofwel extern, met al de daarbij horende ritualistische rekwisieten. Een veel voorkomend aforistisch gezegde in India belichaamt deze zelfverering: *So Ham, So Ham*, oftewel 'Ik ben Hij, ik ben Hij'.

Dan is er Japa, het herhalen van het Sanskrietmantra die de discipel ontving tijdens zijn inwijding. Feitelijk is dit het opzeggen van een magische formule.

Pranayama bestaat uit ademhalingsoefeningen die in combinatie met Japa worden toegepast. Er zijn andere praktijken die kenmerkend zijn voor de tantra of verering van God als Moeder, het vrouwelijke principe, kracht, energie, het principe van evolutie en actie; naar deze wordt verwezen als de vijf M'en. Ze zijn echter openlijk kwaadaardig en vrij misselijkmakend, dus ik zal er niet verder over uitwijden, maar ook deze hebben hun weg naar ons land weten te vinden. Swami Vivekananda schreef deze vorm van het hindoeïsme voor in combinatie met vedanta. Hij zei: 'Ik aanbid de Verschrikkelijke! Het is een vergissing om te denken dat genot voor de meeste mensen hun drijfveer is. Evenzoveel zijn geboren om te streven naar pijn. Laat ons daarom de Verschrikking aanbidden voor Zijn eigen belang. Hoe weinigen hebben gedurfd de Dood of Kali te aanbidden! Laat ons de Dood aanbidden!' En wat de swami nog meer over Kali te zeggen had, is het volgende: 'Er zijn er die spotten met het bestaan van Kali. Toch begeeft Zij zich vandaag de dag onder de mensen. Ze zijn overladen met angst en de soldaten zijn opgeroepen om dood en verderf te zaaien. Wie kan zeggen dat God Zich niet zowel als het kwaad als het goed manifesteert? Enkel de hindoe durft Hem echter als het Kwaad te aanbidden.'[2]

....

[2] *Noot van de redacteur:* Er zijn er maar weinig, zelfs onder hen die het meest verlangen naar het aangaan van een 'dialoog' met de oosterse religies en het verkondigen van hun fundamentele religieuze vereniging met hen, die beschikken over een accurate opvatting van

Het is diep treurig dat deze één-puntige praktijk van het kwaad blijft voortbestaan in de stellige overtuiging dat het goed is. En de verlossing waar tevergeefs naar gestreefd wordt via de moeizame zelfingenomen inspanning binnen het hindoeïsme, kan enkel door de christelijke God worden teweeggebracht door het eigenbelang terzijde te stellen.

4. De evangelisatie van het Westen

In 1893 arriveerde een onbekende hindoeïstische monnik bij het *Parliament of Religions* in Chicago. Dit was de eerderge-

---

de heidense religieuze gebruiken en geloofsovertuigingen uit wiens tirannie de mensheid is verlost door de gezegende en lichte juk van Christus. De godin Kali, een van de populairste hindoeïstische goddelijkheden, wordt gebruikelijk afgebeeld te midden van een mengelmoes aan bloed en vernieling, schedels en afgehakte hoofden die om haar nek hangen, en met haar tong op groteske wijze uit haar mond hangend, hunkerend naar nog meer bloed; binnen de hindoeïstische tempels wordt zij gekalmeerd door middel van bloederige geitenoffers. (Swami Vivekananda rechtvaardigt dit door te zeggen: 'Waarom niet wat bloed om het plaatje compleet te maken?') Over haar had swami Vivekananda, zoals is vastgelegd door zijn discipel 'zuster Nivedita', tevens het volgende te zeggen: 'Ik geloof dat zij mij bijstaat in elk klein ding dat ik doe, en met mij doet wat zij wilt,' en dat met elke stap die hij zette, hij zich bewust was van haar aanwezigheid alsof ze een persoon was die zich bij hem in dezelfde ruimte bevond. Hij riep haar op: 'Kom, O moeder, kom! Daar Verschrikking uwe naam zijt'; en het was zijn religieuze ideaal 'om voor altijd verenigd te worden met de Verschrikkelijke'. Moet dit, zoals metropoliet Georges Khodre ons tracht te doen geloven, als voorbeeld gezien worden van het 'authentieke spirituele leven van de ongedoopten', als onderdeel van het spirituele 'rijkdom' dat wij kunnen vinden in de niet-christelijke religies? Of bewijst dit, daarentegen, de woorden van de psalmist: *De goden van de heidenen zijn demonen?*

noemde swami Vivekananda. Hij liet een verbluffende indruk achter op zijn toehoorders, zowel door zijn voorkomen–gewikkeld in zijn oranje en rode tulband en robe–als door zijn woorden, en werd door de hogere kringen van Boston en New York onmiddellijk op een voetstuk geplaatst. Harvard-filosofen waren enorm van hem onder de indruk, en het duurde niet lang voordat hij een harde kern van volgelingen had verzameld die zowel hem als zijn grandioze droom steunden: de evangelisatie van de westerse wereld door het hindoeïsme of, meer in het bijzonder, door het vedantische (monistische) hindoeïsme. Al snel werden er vedanta-verenigingen gesticht in de grotere steden van Amerika en Europa, maar deze centra vormden slechts een deel van diens activiteiten. Belangrijker was namelijk *het introduceren van vedantische ideeën aan de bloedsomloop van het academisch denken.* Disseminatie was het doel en het deerde Vivekananda weinig of het hindoeïsme hiervoor nu wel of niet de verdiende lof ontving, zolang als de boodschap van vedanta maar iedereen bereikte. Meerdere malen zei hij: 'Klop op elke deur. Vertel iedereen dat zij goddelijk zijn.'

Vandaag de dag kunnen delen van deze boodschap gevonden worden in paperbacks in elke boekwinkel–boeken van Aldous Huxley, Christopher Isherwood, Somerset Maugham, Teilhard de Chardin en zelfs Thomas Merton.

Thomas Merton, natuurlijk, vertegenwoordigt een bijzondere bedreiging voor christenen, daar hij zichzelf voordoet als een contemplatieve christelijke monnik en zijn werk reeds het hart van het rooms-katholicisme heeft aangetast, namelijk diens kloosterleven. Kort voor zijn dood schreef vader Merton een erkentelijke introductie voor een nieuwe vertaling van de *Bhagavad Gita*, wat het spirituele handboek of zelfs de 'Bijbel' genoemd kan worden van alle hindoes, en wat een van de hoekstenen is van het monisme of de advaita vedanta. De *Gita*, zo moeten wij niet vergeten, verzet zich tegen nagenoeg elke belangrijke leer van het christendom. Zijn boek over de *Zenmeesters*, postuum gepubliceerd, is tevens noemenswaardig daar het gehele werk gebaseerd is op een verraderlijke misvatting: de vooronderstelling dat alle zogenaamde 'mystieke ervaringen' in elke religie echt zijn. Hij zou beter moeten weten. De waarschuwingen hiertegen klinken luid en duidelijk, zowel in de Schrift als in de werken van de kerkvaders.

Ik ben mij vandaag de dag bewust van één katholiek klooster in Californië waar kloostermonniken experimenteren met hindoeïstische religieuze praktijken. Zij zijn getraind door een katholieke priester van Indische afkomst. Ik denk niet iets dergelijks ooit had kunnen gebeuren, ware het niet dat de weg hiervoor bewust is vrijgemaakt. Maar dit was ten slotte het doel van Vivekananda's komst naar het Westen: om de weg vrij te maken voor het hindoeïsme.

Vivekananda's vedantische boodschap is eenvoudig genoeg, maar het lijkt meer te behelzen dan het doet, vanwege de uiterlijke versiersels waar het gewiekst gebruik van maakt: bruisende Sanskrietjargon en een gecompliceerde filosofische structuur. De boodschap komt in wezen op het volgende neer: alle religie zijn waar, maar vedanta is de ultieme waarheid. Enige verschillen zijn slechts een kwestie van 'gradaties van waarheid'. In vivekananda's woorden: 'De mens begeeft zich niet van misvatting naar waarheid, maar klimt omhoog van waarheid naar waarheid, van een lager gelegen waarheid naar een hoger gelegen waarheid. Het onderwerp van vandaag is de geest van de toekomst. De worm van vandaag–de God van morgen.' Vedanta berust op het volgende: dat de mens God is. En dus is het aan de mens om zijn eigen verlossing te verzinnen. Vivekananda verwoorde het aldus: 'Wie kan de Oneindige de helpende hand bieden? Zelfs de hand die u toekomt vanuit de duisternis zal uw eigen hand moeten zijn.'

Vivekananda was slim genoeg om te weten dat puur vedanta voor de christenen te veel zou zijn om te volgen. Maar de 'gradaties van waarheid' dienden als een mooie brug naar een volmaakte versie van de oecumene–waar geen sprake van conflict zou zijn, simpelweg omdat iedereen gelijk heeft. In de woorden van de swami: 'Als één religie waar is, dan zullen alle anderen ook waar moeten zijn. Derhalve is het hindoeïstische geloof in gelijke mate het uwe als het mijne. Wij hindoes tolereren niet enkel, wij verenigen onszelf met elke andere religie, waarbij wij bidden in de moskee van de Mohammedaan, bidden voor het vuur van de zoroastriërs, en neerknielen voor het kruis van de christenen. Wij weten dat alle religies, van het laagste fetisjisme tot het hoogste absolutisme, slechts een van de zovele pogingen van de menselijke ziel zijn om het Oneindige te vatten en te realiseren. Derhalve verzamelen wij al deze bloemen en, terwijl wij ze aan elkaar rijgen met de garen der liefde, vormen wij ze om tot een wonderlijk boeket van verering.'

Toch waren alle andere religies slechts stapjes in de richting van de ultieme religie, namelijk advaita vedanta. Hij had in het bijzonder een minachting voor het christendom dat, op zijn best, een 'lage waarheid' was–een dualistische waarheid. In persoonlijke gesprekken zei hij dat enkel een lafaard de andere wang zou toekeren. Maar wat hij ook zei over andere religies, hij keerde altijd terug naar de noodzaak van advaita vedanta. 'Kunst, wetenschap en religie,' zei hij, 'zijn slechts drie verschillende manieren om dezelfde waarheid tot uitdrukking te brengen. Maar om dit te kunnen begrijpen, zullen wij over de theorie van advaita moeten beschikken.'

De aantrekkingskracht die het vandaag de dag heeft op de jeugd is onmiskenbaar. Vedanta verklaart de perfecte vrijheid van iedere ziel om zichzelf te zijn, en ontkent alle onderscheid tussen het heilige en het seculaire: zij zijn immers slechts verschillende manieren om dezelfde waarheid tot uitdrukking te brengen. Het enige doel van religie is om te voorzien in de behoeften van verschillende temperamenten: een god en een praktijk die bij iedereen past. Anders gezegd, religie betekent 'je eigen ding doen'.

Dit alles klinkt wellicht vergezocht, maar het werk van Vivekananda is erg effectief gebleken. Nu zal ik aantonen hoe succesvol hij is geweest in het introduceren van deze hindoeïstische ideeën aan het rooms-katholicisme, waar zijn succes het meest sprekend is geweest.

Swami Vivekananda kwam voor het eerst naar Amerika als vertegenwoordiger van het hindoeïsme tijdens het *Parliament of Religions* in 1893. 1968 was het vijfenzeventigjarig jubileum van deze gebeurtenis, dat werd gevierd met een Symposium van Religies onder de auspiciën van de Vivekananda Vedanta Vereniging van Chicago. Het rooms-katholicisme werd vertegenwoordigd door een Dominicaanse theoloog van de DePaul Universiteit, vader Robert Campbell. Swami Bhashyananda opende de bijeenkomst met het voorlezen van de boodschappen van goede wil van die uiterst belangrijke personen. De tweede was van een Amerikaans kardinaal.

Vader Campbell begon de middagsessie met een lezing over het conflict tussen de traditionalist en de modernist binnen het hedendaagse katholicisme. Hij zei: 'In mijn eigen universiteit laten attitudepeilingen onder katholieke studenten gedurende de afgelopen vijf of zes jaar een grote ommezwaai zien richting de liberale standpunten. Ik weet dat de grote swami Vivekananda zelf ook voorstander zou zijn van het merendeel van de ontwikkelingen richting een liberaal christendom.' Wat vader Campbell blijkbaar niet wist, echter, was dat de modernistische doctrines die hij beschreef *helemaal niet christelijk* waren; maar puur en simpel vedanta.

Om misinterpretatie te voorkomen, zal ik de vader zijn woorden over de opvattingen van de modernisten van vijf verschillende kwesties citeren, exact zoals zij zijn verschenen in drie internationale tijdschriften: de *Prabuddha Bharata* gepubliceerd in Calcutta, de *Vedanta Kesheri* gepubliceerd in Madras en *Vedanta and the West,* gepubliceerd in Londen.

Over doctrines: 'Waarheid is iets relatiefs, deze doctrines en dogma's (dat wil zeggen, de aard van God, hoe de mens zijn leven hoort te lijden en het hiernamaals) liggen niet vast, maar veranderen, en wij naderen het punt waarop wij bepaalde zaken zullen ontkennen die wij voorheen beschouwden als zijnde heilige waarheden.'

Over God: 'Jezus is goddelijk, dat klopt, maar ieder van ons kan goddelijk zijn. Ik denk zelfs dat het liberale christelijke standpunt zich op veel aspecten in de richting begeeft van de oosterse religies wat betreft zijn filosofie–zowel in zijn concept van een onpersoonlijke God als in het concept dat wij allen goddelijk zijn.'

Over de oerzonde: 'Dit concept is erg beledigend voor het liberale christendom, dat van mening is dat de mens geperfectioneerd kan worden door middel van training en behoorlijk onderwijs.'

Over de wereld: '... de liberaal erkent dat het verbeterd kan worden en dat wij onszelf zouden moeten toewijden aan het stichten van een humanere samenleving, in plaats van te smachten naar de hemel.'

Over andere religies: 'De liberale groep zegt: "Maakt je niet druk om ouderwetse dingen zoals het zoeken naar bekeerlingen, etc., maar laat ons betere verhoudingen scheppen met andere religies."'

Aldus vader Campbell namens de modernistische katholieken. De modernist is als een kind misleid door het gulle aanbod van een hogere waarheid, een diepere filosofie en een grotere verhevenheid–welke verkregen kunnen worden simpelweg door *de levende Christus ondergeschikt te maken aan de hedendaagse mens.*

Hier, dan, zien wij het spectaculaire succes van het hindoeïsme, van swami Vivekananda, en van de kracht achter Vivekananda. Het heeft schoon schip gemaakt van het rooms-katholicisme. Haar waakhonden hebben de dief aangezien voor de vriend van hun baasje, en het huis is voor hun ogen leeggeroofd. De dief zei: 'Laat ons tot een interreligieuze overeenstemming komen', en hij stond binnen. Hij had er nauwelijks gereedschap voor nodig; de christelijke hindoes (de swami's) hoefden enkel de *vedantafilosofie in christelijke termen* op te lezen. Maar de hindoeïstische christenen (de hedendaagse katholieken), daarentegen. moesten hun religie extrapoleren om plaats te maken voor het hindoeïsme, waarbij, noodzakelijkerwijs, de waarheid werd omgevormd tot misvatting, en misvatting tot de waarheid. Helaas proberen sommigen nu ook de Orthodoxe Kerk dit leeggeroofde huis binnen te trekken. Maar laten wij de modernisten herinneren aan de woorden van Jesaja: *Wee hun die het kwade goed noemen en het goede kwaad; die duisternis voorstellen als licht, en licht als duisternis; die bitter voorstellen als zoet en zoet als bitter. Wee hun die in hun eigen oog wijs zijn en naar hun eigen mening verstandig* (Jes. 5:20-21).

5. Het doel van het hindoeïsme: de universele religie

Ik was verbaasd om te zien wat een opmars het hindoeïsme had gemaakt gedurende mijn afwezigheid van het christendom. Het lijkt wellicht vreemd dat ik al deze veranderingen tegelijkertijd ontdekte, maar dat kwam doordat mijn goeroe over elk aspect van mijn leven heerste en ik al die tijd in afzondering werd gehouden, zelfs van de rest van de maatschappij. De strenge bevelen van de swami weerhielden mij namelijk van het lezen van christelijke boeken of het spreken met christenen. Ondanks al hun pretentieuze praatjes over hoe alle religies waar zijn, weten de swami's namelijk dat Christus hun aartsvijand is. Gedurende twintig jaar was ik volledig verzonken in het bestuderen van de oriëntale filosofie en het beoefenen van diens disciplines. Ik werd door mijn goeroe opgedragen een filosofie- en antropologiediploma te behalen, maar deze dienden slechts als afleidingen om de tijd te doden tussen de belangrijkere momenten in mijn leven: de tijd die ik mocht doorbrengen met de swami en de momenten waarop ik de theorie en de gebruiken van vedanta geleerd kreeg.

Swami Vivekananda's missie is in veel opzichten reeds voltooid, maar één van zijn doelstellingen moet nog worden verwezenlijkt: het oprichten van een universele religie. Daarin rust de ultieme overwinning van de duivel. En omdat deze universele religie geen 'individualistische, sektarische' ideeën mag bevatten, zal het, behalve in haar semantiek, niets gemeen hebben met het christendom. De wereld en de mens kunnen dan wel de haard doen branden en de schoorsteen doen roken, maar de universele religie zal een volledige verbranding van het christendom betekenen. Het punt van dit alles is dat de jezuïtische priester Teilhard de Chardin reeds de fundering heeft gelegd voor een 'nieuwe christendom', *dat exact overeenkomt met swami Vivekananda's voorschriften voor een universele religie.*

Teilhard de Chardin is echter een anomalie daar hij, in tegenstelling tot de traditionele rooms-katholieke theologen, zeer gewaardeerd wordt door de academische geestelijkheid die, zo ik geloof, uit liefdadigheid geen flauw benul heeft van waar hij het over heeft, aangezien zijn ideeën voornamelijk plagiaten zijn uit vedanta en tantra die met christelijk-klinkende jargon aan elkaar zijn gelijmd en vervolgens dik beschilderd zijn met het evolutionisme.

Laat mij hier een voorbeeld van citeren: 'De wereld waarin ik leef wordt goddelijk. Toch word ik niet door deze vlammen verslonden; want, in tegenstelling tot de vormen van het monisme door welke wij met passiviteit worden voortgedreven in de richting van het onderbewustzijn, plaatst het panchristendom dat ik vandaag de dag herken de vereniging aan het eind van een moeizaam differentiatieproces. Ik zal de Heilige Geest enkel kunnen bereiken door volledig en uitvoerig alle kracht van de materie los te laten.... Ik erken dat, naar het voorbeeld van de vleesgeworden God Die door het katholieke geloof aan mij is geopenbaard, ik enkel gered kan worden door één te worden met het universum.' Dit is puur en openlijk hindoeïsme. Er zit een beetje van alles in verweven–een herkenbare vers uit een van de Upanishads en delen van de verschillende filosofische systemen en hun gebruiken.

Tijdens een persconferentie die in juni 1965 werd gegeven door vader Arrupe, generaal van de Jezuïetenorde, werd

Teilhard de Chardin verdedigd op grond van het feit dat 'daar hij geen professionele theoloog en filosoof was, het voor hem onmogelijk was om zich bewust te zijn van alle filosofische en theologische implicaties van zijn intuïties.' Vervolgens prees vader Arrupe hem: 'Pere Teilhard is een van de grootmeesters van het hedendaagse denken, en zijn succes is dan ook niet verbazingwekkend. Hij heeft een geweldige poging gedaan om de wereld van de wetenschap te verzoenen met de wereld van religie.' Het resultaat van deze verzoening is een nieuwe religie. En in Teilhards woorden: 'De nieuwe religie zal exact dezelfde zijn als ons oude christendom, maar er zal nieuw leven worden ingeblazen door de gerechtvaardigde evolutie van zijn dogma's wanneer deze in aanraking komen met nieuwe ideeën.' Laten wij, met dit stukje achtergrondinformatie in ons achterhoofd, een blik werpen op Vivekananda's universele religie en Teilhards 'nieuwe christendom'.

De universele religie, zoals deze wordt voorgesteld door Vivekananda, moet beschikken over vijf karakteristieke eigenschappen. Allereerst moet het wetenschappelijk van aard zijn. Het zal gegrondvest worden op spirituele wetten, waardoor het een ware en wetenschappelijke religie zal zijn. Zowel Vivekananda als Teilhard maken gebruik van theoretisch sciëntisme als een hulpmiddel voor hun geloof.

Ten tweede zal evolutie als haar fundament dienen. In Teilhards woorden: 'Een tot op heden onbekende vorm van religie–een die nog door niemand kan zijn bedacht of omschreven, daar geen universum groots en organisch genoeg is geweest om haar te kunnen bevatten–bloeit op in de harten van de mens uit een zaadje dat is geplant door de theorie van evolutie.' En: 'De oerzonde ... knevelt onze handen en voeten en ontneemt ons als een parasiet van onze levenskracht' omdat 'zoals het momenteel tot uitdrukking wordt gebracht, het symbool staat voor een overblijfsel van statische concepten die een anachronisme vormen binnen ons evolutionaire denksysteem.' Een dergelijk pseudoreligieus concept van 'evolutie', dat bewust werd afgewezen door het christelijke gedachtegoed, vormt al millennia de standaard binnen het gedachtegoed van het hindoeïsme; het wordt door elke hindoeïstische religieuze praktijk verondersteld.[3]

Ten derde, de universele religie zal niet rondom een specifiek persoon worden opgebouwd, maar gegrondvest zijn op 'eeuwige principes'. Teilhard komt dicht in de buurt van de onpersoonlijke God wanneer hij schrijft: 'Christus wordt voor mij steeds onmisbaarder ... maar tegelijkertijd wordt de figuur van de historische Christus steeds minder substantieel en onderscheidend.' '... Mijn opvatting van hem brengt mij steeds verder en hoger op de as van (ik hoop!) de orthodoxie.' Spijtig genoeg wordt met deze non-historische 'Christus'-geest niet de christelijke, maar hindoeïstische orthodoxie bedoelt.

Ten vierde, het voornaamste doel van de universele religie zal zijn het bevredigen van de spirituele behoeften van mannen en vrouwen van allerlei soorten en maten. Iets wat individualistische, sektarische religies niet kunnen aanbieden. Teilhard geloofde dat het christendom niet paste binnen ieders religieuze verlangen en deze ontevredenheid verwoorde

....

[3] *Noot van de redacteur voor de vijfde uitgave:* Voor een uiteenzetting van Vivekananda's evolutionaire standpunten, zie 'Swami Vivekananda on Darwin, Evolution, and the Perfect Man', *What Is Enlightenment?* Lente/zomer 2002, pp. 58-63, 150-51. De goeroe Sri Aurobindo (1872-1950) was nog een sterke voorstander van het hedendaagse revolutionisme overeenkomstig de hindoeïstische metafysica; zie zijn boek *The Life Divine*, Lotus Press, Twin Lakes, Wisconsin, 1985.

hij aldus: 'Het christendom dient in zekere mate vooralsnog als toevluchtsoord, maar het omarmd, bevredigd of geleid de "hedendaagse ziel" niet langer.'

Ten vijfde, binnen de universele religie (of het nieuwe christendom) begeven wij ons allen op de weg naar dezelfde bestemming. Voor Teilhard de Chardin is dit het omegapunt, dat toebehoord aan iets dat enige vorm van vertegenwoordiging te buiten gaat. Voor Vivekananda is dit de Om, de heilige lettergreep van de hindoes: 'De gehele mensheid, samenkomend aan de voet van die heilige plek waar het symbool dat geen symbool is zich bevindt, de naam die alle klank te buiten gaat.'

Waar zal het eindigen, deze vervorming van het christendom en de triomf van het hindoeïsme? Bij de Om, of bij het omegapunt?

III

EEN FAKIRS 'WONDER'

EN HET JEZUSGEBED

Door Archimandriet Nicholas Drobyazgin

De auteur van dit getuigschrift, een nieuwe martelaar van het communistische juk, genoot een geweldige wereldse carrière als een marinecommandant, terwijl hij tevens zeer betrokken was met het occultisme als redacteur van het occulte tijdschrift Rebus. *Na te zijn gered van een vrijwel zekere dood op zee door een wonder van sint Serafim, maakte hij een pelgrimstocht naar Sarov om vervolgens zijn wereldse carrière op te geven, zijn banden met het occultisme te verbreken en zich te wijden tot het monnikenleven. Na te zijn gewijd als priester, diende hij als missionaris in China, India en Tibet, als een priester van verscheidene consulaatkerken en als abdij van diverse kloosters. Na 1914 leefde hij in het Caves Lavra in Kiev, waar hij met de jongeren die hem bezochten in gesprek ging over de invloed van het occultisme op hedendaagse gebeurtenissen in Rusland. In het najaar van 1924, een maand nadat hij was bezocht door een zekere Tuholx, de auteur van het boek* Zwarte Magie, *werd hij 'door onbekende personen' en met overduidelijk bolsjewistisch medeweten vermoord in zijn cel, door in zijn hart te worden gestoken met een dolk welk een bijzonder handvat had met ogenschijnlijk occulte betekenis.*

Het voorval dat hier wordt omschreven, dat de aard van een van de mediamieke 'gaven' onthult die zo veelvoorkomend zijn binnen de oosterse religies, vond niet lang voor het jaar 1900 plaats en werd rond 1922 vastgelegd door dr. A.P. Timofievich, van het nu Novo-Diveyevo Klooster in New York. (Russische tekst in Orthodox Life, *1956, n. 1.)*

Op een wonderlijke, vroege tropische ochtend sneed ons schip door de wateren van de Indische Oceaan en naderden wij het eiland Ceylon [nu Sri Lanka–red.]. De levendige gezichten van de opvarenden, voornamelijk Engelsen die zich samen met hun gezinnen naar hun posten begaven of op zakenreis waren naar hun Indische kolonie, speurden gretig de horizon af, op zoek naar het betoverende eiland dat voor praktisch allen van hen al sinds hun jeugd verbonden was met de mysterieuze verhalen en omschrijvingen van reizigers.

Het eiland was nog maar nauwelijks in zicht toen het schip met iedere windvlaag meer en meer werd gehuld in een heerlijke, bedwelmende aroma afkomstig van Ceylons bomen. Uiteindelijk lag er een soort blauwe wolk aan de horizon die, terwijl het schip naderde, in grootte bleef toenemen. De gebouwen die zich langs de kust verspreidden, verborgen in het eindeloze groen van majestueuze palmen, konden al worden opgemerkt, alsmede de kleurrijke menigte van de plaatselijke bewoners die daar in afwachting van haar intocht naar het schip stonden te staren. De opvarenden, wie tijdens de reis elkaar goed hadden leren kennen, lachten en waren enthousiast met elkaar in gesprek, terwijl zij vanaf het dek het schitterende decor van het sprookjesachtige eiland dat zich voor hun ogen ontvouwde bewonderden. Het schip draaide zich langzaam om in voorbereiding van haar aanmeren in de havenstad Colombo.

Hier maakte het schip een tussenstop om kolen in te slaan, waardoor er voor de opvarenden voldoende tijd was om aan kant te gaan. Het was die dag echter zo heet, dat velen besloten het schip niet te verlaten tot de avond had aangebroken, toen de hitte van die dag was vervangen door een aangename koelte. Een kleine groep van acht mensen, waar ik mij bij aansloot, werd geleid door kolonel Elliott, wie al eens eerder in Colombo was geweest en derhalve goed bekend was met de stad en diens omgeving. Hij deed een verleidelijk voorstel: 'Dames en heren! Zouden jullie niet gaarne een aantal kilometers buiten de grenzen van de stad willen treden om een bezoekje te brengen aan een van de plaatselijke magiërfakirs? Wellicht dat wij zo iets interessants zullen aanschouwen.' Allen gingen enthousiast met de kolonel zijn voorstel akkoord.

Het was al avond toen we de drukke stadswegen achter ons lieten en ons over een prachtige jungleweg begaven die twinkelde met de vonkjes van miljoenen vuurvliegjes. Eindelijk verwijdde de weg zich en kwamen wij plotseling uit op een kleine leemte die geheel omringd was met jungle. Aan de rand van deze leemte bevond zich een hut onder een grote boom waarnaast een klein kampvuur smeulde en een dunne, uitgemergelde oude man met een tulband op zijn hoofd in kleermakerszit op de grond naar het vuur zat te staren. Ondanks onze luidruchtige aankomst bleef de man daar volkomen bewegingloos zitten, zonder ons ook maar enige aandacht te schenken. Ergens vanuit de duisternis kwam een jongeman tevoorschijn wie op de kolonel afliep en hem op fluistertoon een vraag stelde. Vlug bracht hij een aantal krukjes tevoorschijn en onze groep ging in een halve cirkel rond het kampvuur zitten. En lichte en aromatische rook steeg omhoog. De oude man zat nog steeds in dezelfde houding terwijl hij ogenschijnlijk niets en niemand opmerkte. De halve maan die aan de hemel opsteeg verdreef enigszins het duister van de nacht, en in haar spookachtige licht verkregen alle objecten een fabelachtige silhouet. Onvrijwillig werd iedereen stil in afwachting van wat komen zou.

'Kijk! Kijk daar, op de boom!' riep mevr. Mary op een opgewonden fluistertoon. Allen draaiden wij ons hoofd in de door haar aangewezen richting. En inderdaad, het gehele oppervlak van de immense boomkruin waaronder de fakir was gezeten golfde als het ware in de zachte verlichting van de maan, en de boom zelf begon langzaam en geleidelijk te smelten en diens contouren te verliezen; een onzichtbare hand had er als het ware een luchtige doek overheen geworpen die met de seconde dikker werd. Al snel vertoonde het golvende zeeoppervlak zich glashelder voor onze verbijsterde ogen. Met een licht gerommel volgde de ene golf op de andere zodat wit schuim werd gecreëerd; lichte wolken dreven door de nu blauwe lucht. Verbijsterd als wij waren, konden wij onze blik niet lostrekken van dit gedenkwaardige schouwspel.

Toen kwam er in de verte een wit schip tevoorschijn. Dikke rook steeg op uit diens twee enorme schoorstenen. Het spleet het water in tweeën terwijl het op ons kwam toegesneld. Tot onze grote verbazing herkenden wij het als ons schip! Er werd onder elkaar gefluisterd toen wij op de achtersteven, in gouden letters, de naam van ons schip lazen, *Luisa*. Maar wat ons nog het meest verbijsterde, was wat wij op het schip zagen staan–onszelf! Vergeet niet dat toen dit alles plaatsvond, cinematografie nog niet eens was uitgevonden en het derhalve onmogelijk was om ons van iets als dit ook maar een voorstelling te maken. Ieder van ons zag zichzelf op het dek van het schip staan tussen een menigte mensen die lachten en met elkaar in gesprek waren. Maar wat met name verbijsterend was: ik zag niet alleen mijzelf, maar tegelijkertijd het hele dek van het schip tot in de kleinste detail, als vanuit een vogelperspectief–wat in werkelijkheid simpelweg niet mogelijk was. Op een en hetzelfde moment zag ik mijzelf tussen de overige opvarenden staan, de matrozen die aan het andere eind van het schip een het werk waren, de kapitein in zijn cabine en zelfs hoe ons aapje 'Nelly', geliefd door ons allen, op de hoofdmast bananen zat te eten. Al mijn metgezellen waren tegelijkertijd, en ieder op zijn eigen manier, enorm opgewonden over wat zij aanschouwden en uitten hun emoties met zachte kreten en opgewonden gefluister.

Ik was volkomen vergeten dat ik een priestermonnik was en absoluut geen reden had om deel te nemen aan zulk een spektakel. De betovering was zo krachtig, dat zowel de geest als het hart gesmoord werden. Mijn hart begon pijnlijk hard te kloppen. Plotseling was ik buiten zinnen en raakte mijn hele wezen in de ban van angst.

Mijn lippen begonnen te bewegen en zeiden: 'Heer Jezus Christus, Zoon van God, ontferm u over mij, zondaar!' Onmiddellijk voelde ik mij opgelucht. Het voelde alsof de mysterieuze kettingen die mij hadden vastgebonden, van mij afvielen. Ik concentreerde mij op het gebed en mijn zielenvrede keerde terug. Ik staarde nog steeds naar de boom totdat, alsof het werd achternagezeten door de wind, het schouwspel geleidelijk wazig werd en verdween. Ik zag niets meer behalve een grote boom, verlicht door het licht van de maan, met daaronder de fakir die nog steeds in stilte bij het kampvuur zat terwijl mijn metgezellen hun verwondering bleven uitten over het schouwspel dat zij nog steeds aanschouwden.

Toen leek er echter ook iets met de fakir te gebeuren. Hij wankelde opzij en de jongeman rende geschrokken op hem af. De seance werd eensklaps verbroken.

Diep geraakt door alles dat zij hadden ervaren, stonden de toeschouwers op terwijl zij opgewonden hun indrukken met elkaar deelden en totaal niet begrepen waarom het hele gebeuren zo plotsklaps was onderbroken. De jongeman gaf als verklaring de vermoeidheid van de fakir, die weer net zo was gaan zitten als voorheen, met zijn hoofd omlaag en zonder ook maar enige aandacht te schenken aan de aanwezigen.

Na, via de jongeman, de fakir gul bedankt te hebben voor zulk een verbazingwekkend spektakel, verzamelde onze groep zich snel voor de terugreis. Net op weg, keerde ik mij nogmaals onvrijwillig om zodat ik het hele schouwspel in mijn geheugen kon prenten, toen er plotseling een onplezierige rilling door mijn lichaam ging. Mijn blik kruiste die van de fakir, die vol van haat was. Het duurde maar een seconde, en toen nam hij zijn gebruikelijke houding weer aan; maar zijn blik opende eens en voor altijd mijn ogen voor *wiens* kracht werkelijk dit 'wonder' had geproduceerd.

Oosterse 'spiritualiteit' is geenszins beperkt tot zulke mediamieke 'trucjes' als die van deze fakir; in het volgende hoofdstuk zullen wij een aantal van diens werkelijke kenmerken behandelen. Toch, alle kracht *die aan de beoefenaars van oosterse religies wordt geschonken, is afkomstig van hetzelfde fenomeen als het mediumschap, welks kerneigenschap een passiviteit is jegens de 'spirituele' realiteit waardoor men in staat wordt gesteld in contact te komen met de 'goden' van de niet-christelijke religies. Dit fenomeen kan worden opgemerkt in oosterse 'meditatie' (zelfs wanneer het 'christelijk' wordt genoemd), en wellicht zelfs in de vreemde 'gaven' die in ons tijdperk van spirituele degradatie onterecht 'charismatisch' worden genoemd...*

IV

OOSTERSE MEDITATIE DRINGT HET CHRISTENDOM BINNEN

Als antwoord op de vraag of een 'dialoog' tussen het orthodoxe christendom en andere niet-christelijke religies mogelijk is, heeft de lezer drie getuigschriften voorgeschoteld gekregen van orthodoxe christenen die, op basis van de orthodoxe leer en hun persoonlijke ervaringen, bevestigen wat de Orthodoxe Kerk altijd al heeft onderwezen: orthodoxe christenen hebben geenszins 'dezelfde God' als de zogenaamde 'monotheïsten' door wie de Heilige Drie-eenheid wordt ontkent, en door wie wordt ontkent dat de heidense goden in werkelijkheid demonen zijn en dat de ervaringen en krachten die door de heidense goden kunnen en worden vertrekt satanisch van aard zijn. Dit alles staat op geen manier tegenover de woorden van Petrus, *dat God niet iemand om de persoon aanneemt; maar in ieder volk is degene die Hem vreest en gerechtigheid doet, Hem welgevallig* (Hand. 10:34-35); of de woorden van Paulus, *Hij heeft in de tijden die achter ons liggen al de heidenen hun eigen wegen laten gaan, hoewel Hij Zichzelf toch niet onbetuigd liet door goed te doen: Hij gaf ons vanuit de hemel regen en vruchtbare tijden en verzadigde ons hart met voedsel en vreugde* (Hand. 14:16-17). Zij die, in de duisternis die wordt verlicht door het christelijke evangelie, leven in onderdanigheid aan

Satan, de *vorst van deze wereld* (Joh. 12:31), worden veroordeeld in het licht van de natuurlijke getuigenis van God welke ieder mens, ondanks zijn onderdanigheid, mag ontvangen.

Voor de christen, die Gods openbaring heeft ontvangen, is echter geen 'dialoog' mogelijk met zij die buiten het geloof staan. *Vorm geen ongelijk span met ongelovigen, want wat heeft gerechtigheid gemeenschappelijk met wetteloosheid, en welke gemeenschap is er tussen licht en duisternis? En welke overeenstemming is er tussen Christus en Belial? Of wat deelt een gelovige met een ongelovige? ... Ga daarom uit hun midden weg en zonder u af, zegt de Heere* (Kor. 6:14-17). De christelijke roeping is er daarentegen voor bedoeld om hen het licht van het orthodoxe christendom te schenken, net zoals Petrus het licht schonk aan het godvrezende huishouden van Cornelius de hoofdman (Hand. 10:34-48), om hun duisternis te verlichten en hen toe te laten treden tot de volgelingen van de Kerk van Christus.

Dit alles is maar al te duidelijk voor de orthodoxe christen die zich bewust is van en trouw blijft aan de waarheid van Gods openbaring in de Kerk van Christus. Maar velen die zichzelf als christen beschouwen zijn zich maar zeer beperkt bewust van het radicale verschil tussen het christendom en alle andere religies; en sommigen van hen die zich hier wellicht wel van bewust zijn, beschikken op het gebied van 'spirituele ervaringen' maar over een zeer beperkt onderscheidingsvermogen een onderscheidingsvermogen dat voor bijna tweeduizend jaar werd gehanteerd en doorgegeven in zowel de orthodoxe kerkvaderlijke geschriften als de levens van de heiligen.

In de afwezigheid van zulk een bewustzijn en onderscheidingsvermogen, heeft de toenemende aanwezigheid van oosterse religieuze bewegingen in het Westen, met name in de afgelopen twee decennia, voor grote verwarring gezorgd in de geest van vele potentiële christenen. De kwestie-Thomas

Merton schiet onmiddellijk te binnen: een oprechte bekeerde tot het rooms-katholicisme en het katholieke kloosterleven zo'n veertig jaar geleden (lang voor de radicale reformaties van het Tweede Vaticaanse Concilie), beëindigde zijn dagen door de gelijkwaardigheid te verkondigen van christelijke religieuze ervaringen en de ervaring van het zenboeddhisme en andere heidense religies. 'Er hangt iets in de lucht' deze afgelopen twee decennia, waardoor de overblijfselen van een deugdelijk christelijke zienswijze binnen het protestantisme en rooms-katholicisme zijn aangetast en waardoor nu de Kerk zelf, de heilige orthodoxie, wordt belaagd. Het 'dialoog met niet-christelijke religies' is eerder een gevolg dan een oorzaak van deze nieuwe 'geest'.

In dit hoofdstuk zullen wij een aantal van de oosterse religieuze bewegingen bestuderen die in de zeventigerjaren zo invloedrijk zijn gebleken, daarbij de nadruk leggend op de pogingen een syncretisme te ontwikkelen tussen het christendom en oosterse religies, met name op het gebied van 'spirituele praktijken'. Dergelijke pogingen halen vaker wel dan niet de *Philokalia* en de oosters orthodoxe traditie van het contemplatief gebed aan als zijnde meer verwant aan de oosterse spirituele praktijken dan wat dan ook in het Westen; het is daarom hoog tijd om op heldere wijze de enorme kloof tussen het christendom en de niet-christelijke 'spirituele ervaringen' aan te wijzen, en uiteen te zetten waarom de religieuze filosofie die ten grondslag ligt aan dit nieuwe syncretisme bedrieglijk en gevaarlijk is.

1. *'Christelijk yoga'*

Hindoeïstisch yoga is al vele decennia bekend in het Westen, en met name in Amerika heeft het geleid tot ontelbare cultussen alsmede een populaire vorm van fysiotherapie die naar verluidt niet-religieuze doelstellingen heeft. Bijna twintig jaar geleden schreef een Franse benedictijnse monnik over zijn ervaringen in het omvormen van yoga tot een 'christelijke' discipline; de hierop volgende omschrijving is afkomstig uit zijn boek.[1]

Hindoeïstisch yoga is een discipline die een nogal onaantrekkelijk, gedisciplineerd leven veronderstelt, en die is samengesteld uit ademhalingsbeheersing en bepaalde lichaamshoudingen die tot een staat van relaxatie leiden waarin gemediteerd wordt, veelal met behulp van een mantra of heilige uitspraak, ten behoeve van de ontspanning. De essentie van yoga is niet de discipline zelf, maar de meditatie die het als einddoel heeft. De auteur heeft het juist wanneer hij schrijft: 'De doelstellingen van hindoeïstisch yoga zijn spiritueel. Het staat gelijk aan verraad om dit te vergeten en enkel vast te blijven houden aan de puur fysieke kant van deze eeuwenoude discipline, en deze te zien als niets meer dan een middel voor het bereiken van lichamelijke gezondheid of schoonheid' (p. 54). Hieraan zou moeten worden toegevoegd dat de persoon die enkel van yoga gebruikmaakt voor fysiek welbevinden, zich reeds begeeft in de richting van bepaalde spirituele houdingen en zelfs ervaringen waarvan hij zich ongetwijfeld niet bewust is; hierover zal hier beneden meer worden geschreven.

Dezelfde schrijver gaat verder: 'De kunst van de yogi is om zichzelf in een volledige stilte te nestelen, om zichzelf te ontdoen van alle gedachten en illusies, om alles behalve dit ene idee te vergeten en af te werpen: 's mens ware zelf is goddelijk; het is God, en de rest is stilte' (p. 63).

---

[1] J. M. Dechanet, *Christian Yoga*, Harper & Row, New York, 1972; eerste Engelse vertaling, 1960.

Dit idee is uiteraard niet christelijk, maar heidens. Het doel van 'christelijk yoga' is echter om yoga toe te passen voor een ander spiritueel doeleinde: een 'christelijke' meditatie. Het doel van de yogatechniek, vanuit dit perspectief, is om iemand ontspannen, tevreden, onnadenkend en ontvankelijk te maken voor spirituele ideeën en ervaringen. 'Zodra u de lichaamshouding hebt aangenomen, zult u voelen hoe uw lichaam zich ontspant en hoe een gevoel van algemeen welbevinden zich in u zal vestigen' (p. 158). De oefeningen zorgen voor een 'buitengewoon gevoel van kalmte' (p. 6). 'Allereerst krijgt iemand het gevoel van een algemene ontspanning, van een voelbaar welbevinden, van een euforie die voor eeuwig zal duren. Als iemand te gespannen is geweest, dan zullen deze oefeningen hem kalmeren en zullen enige vermoeidheden binnen korte tijd verdwijnen' (p. 49). 'Het doel van al zijn [de yogi's] inspanningen, is om de denkende zelf binnen in hem het zwijgen op te leggen door zijn ogen te sluiten voor elke bekoorlijkheid' (p. 55). De euforie die door yoga wordt verkregen 'zou goed een "gezondheidstoestand" genoemd kunnen worden die het ons allereerst mogelijk maakt om, binnen het menselijke domein en, vervolgens, binnen het christelijke, religieuze domein, meer te doen en dit ook beter te doen. Het meest geschikte woord om het mee te omschrijven is tevredenheid, een tevredenheid die haar intrek neemt in lichaam en ziel en ons vatbaar maakt... voor het spirituele leven' (p. 31). Iemands persoonlijkheid kan er volledig door worden veranderd: 'Hathayoga beïnvloedt de persoonlijkheid ten goede. Een iemand, na de oefeningen voor een aantal weken te hebben uitgevoerd, bekent dat hij niet langer weet wie hij is en dat iedereen om hem heen een verschil in zijn houding en gedrag opmerkt. Hij is zachtaardiger, meer begripvol en ziet het leven kalmer onder ogen.

Hij is tevreden.... Zijn gehele persoonlijkheid is veranderd en hij voelt hoe het zich openstelt en in balans komt; van hieruit ontstaat er een bijna permanente staat van euforie, van "tevredenheid"' (p. 50).

Dit alles is echter slechts een voorbereiding op een 'spiritueel' doel dat zich al snel voelbaar begint te maken: 'Door binnen luttele weken contemplatief te zijn geworden, kreeg mijn gebed een specifieke en vernieuwde vorm' (p. 7). Na bovenmatig kalm te zijn geworden, verbaast de schrijver zich over 'het gemak waarmee ik in gebed wist te treden, of mij op een onderwerp wist te focussen' (p. 6). Iemand wordt 'ontvankelijker voor impulsen en ingevingen vanuit de hemel' (p. 31). 'Het beoefenen van yoga zorgt voor een hogere mate van souplesse en ontvankelijkheid, en dus voor de mogelijkheid tot persoonlijke uitwisselingen tussen God en de ziel door welke het mystieke leven wordt gekenmerkt' (p. 31). Zelfs voor de 'yogi in training' wordt het gebed 'zalig' en 'omvat' het de 'gehele mens' (p. 183). Men is ontspannen en 'klaar om te sidderen bij de aanraking van de Heilige Geest, om al hetgeen God in Zijn goedheid geschikt acht voor ons te ervaren, te ontvangen en te verwelkomen' (p. 71). 'Wij zullen ons wezen klaarmaken om meegenomen te worden, om in beslag genomen te worden–dit is zonder twijfel een van de vormen, zelfs de hoogste vorm, van christelijke contemplatie' (p. 72). 'Dagelijks vergemakkelijken de oefeningen, en zelfs de volledige ascetische discipline van mijn yoga, het binnentreden van Christus' gratie in mijn wezen. Ik voel mijn honger naar God toenemen, alsmede mijn dorst naar gerechtigheid en mijn verlangen een christen te zijn in de volledige kracht van het woord' (p. 11).

Ieder die de aard van *prelest* of spiritueel bedrog begrijpt (zie hieronder, op pp. 206-07, 212, 228) zal in deze omschrijving van 'christelijk yoga' exact die karakteristieke eigenschappen herkennen van hen die spiritueel zijn afgedwaald, zij het tot heidense religieuze ervaringen of sektarische 'christelijke' ervaringen. Hetzelfde streven naar 'heilige en goddelijke gevoelens', dezelfde openheid en bereidheid om 'in beslag genomen' te worden door een geest, dezelfde zoektocht niet naar God maar naar 'spirituele vertroostingen', dezelfde zelfvergiftiging die wordt verward met een 'staat van genade', hetzelfde ongelooflijke gemak waarmee iemand 'contemplatief' of 'mystiek' wordt, dezelfde 'mystieke openbaringen' van pseudospirituele toestanden: dit zijn de veelvoorkomende karakteristieke eigenschappen van al zij die zich in deze staat van spiritueel bedrog bevinden. Maar de auteur van *Christian Yoga*, daar hij een benedictijnse monnik is, voegt nog een aantal specifieke 'meditaties' toe die hem ontmaskeren als volledig in de geest zijnde van de rooms-katholieke 'meditatie' van de afgelopen eeuwen, met diens vrije en fantasierijke interpretaties van christelijke thema's. En dus, na gemediteerd te hebben op een thema van de kerstavondmis, begint hij het Kind in de armen van Zijn Moeder te *zien*: 'Ik staar; niets meer dan dat. Beelden, ideeën (associaties van ideeën: Redder-Koning-Aureool-Herder-Kind-Licht opnieuw) komen een voor een voorbij gemarcheerd.... Al deze stukken van een heilige puzzel wekken samen een idee in mij op ... een stil visioen van het volledige mysterie van Kerstmis' (pp. 161-62). Ieder met ook maar de geringste kennis van de orthodoxe spirituele discipline, zal zien dat deze beklagenswaardige 'christelijke yogi' met beide benen in de val is gelopen van een van de lagere demonen die op de loer liggen voor ieder die zoekende is naar 'spirituele ervaringen': hij heeft niet eens een 'engel des lichts' gezien, maar heeft enkel toegegeven aan zijn eigen 'religieuze fantasieën', het product van een hart en geest volkomen onvoorbereid op spirituele oorlogsvoering en de bedrogen van de demonen. Dergelijke 'meditatie' wordt vandaag de dag in tal van rooms-katholieke kloosters beoefend.

Het feit dat het boek wordt afgesloten met een artikel van de Franse vertaler van de *Philokalia*, tezamen met uittreksels van de *Philokalia*, onthult enkel de enorme kloof waardoor deze dilettanten worden gescheiden van de ware spiritualiteit van de orthodoxie, die geheel onbereikbaar is voor de moderne 'wijze mens' wie niet langer zijn taal begrijpt. Voldoende aanwijzing voor de auteur zijn incompetentie in het begrijpen van de *Philokalia*, is het feit dat hij het gemakkelijke trucje van het opzeggen van lettergrepen op het ritme van de hartslag het 'hartgebed' noemt (wat binnen de orthodoxe traditie de hoogste vorm van het mentaal gebed is, en wat maar door zeer weinigen wordt bereikt na een jarenlange ascetische worsteling en na verootmoedigd te zijn door een ware God-dragende oudvader).

Over de gevaren van dit 'christelijke yoga' zullen wij ons hierbeneden verder uitlaten wanneer wij opmerken wat het gemeen heeft met andere vormen van 'oosterse meditatie' die vandaag de dag aan christenen worden aangeboden.

2. 'Christelijk zen'

In het boek van een Ierse katholieke priester, William Johnston, wordt een populairdere oosterse religieuze praktijk aangeboden: *christelijk zen*.[2] De auteur gaat in principe vanaf hetzelfde standpunt van start als dat van de auteur van *christelijk yoga*: een gevoel van onvrede met het westerse christen-

---

[2] Harper & Row, New York, 1971.

dom en een verlangen om het een dimensie van contemplatie of meditatie mee te geven. 'Velen, ontevreden met oudere vormen van gebed, ontevreden met de oude gebeden die ons ooit zo goed dienden, zijn op zoek naar iets waarmee de verlangen van het hedendaagse hart bevredigd kunnen worden' (p. 9). 'Het contact met zen heeft mij nieuwe uitzichten gegeven, en mij geleerd dat het christendom meer mogelijkheden kent dan ik ooit voor mogelijk had gehouden.' Iemand kan 'zen beoefenen als een middel om zijn christendom zowel te verdiepen als te verbreden' (p. 2).

De techniek van Japanse zen komt sterk overeen met die van Indisch yoga–waar het uiteindelijk ook een afgeleide van is–al is het wel een stuk simpeler. Zo wordt er gebruikgemaakt van dezelfde standaardhouding (maar niet van de grote variëteit aan lichaamshoudingen zoals in yoga), ademhalingstechnieken, het herhalen (indien gewenst) van een heilige naam, alsmede andere technieken die kenmerkend zijn voor zen. Het doel van deze technieken is dezelfde als die van yoga: het schrappen van rationeel denken en het bereiken van een staat van kalme, stille meditatie. De zittende houding 'belemmerd discursieve redenering en denken' en stelt men in staat om door te dringen tot 'de kern van zijn wezen in beeltenisloze en stille contemplatie' (p. 5) naar 'een diep en prachtig domein van spiritueel leven' (p. 17) en een 'diepe interne stilte' (p. 16). De ervaring die zodoende wordt verkregen, is enigszins gelijk aan die wordt verkregen door het gebruik van drugs, aangezien 'zij die drugs gebruikt hebben, deels begrijpen wat zen is, daar hun ogen zijn geopend voor de realisatie dat onze geest een diepte bevat die het waard is te verkennen' (p. 35). En toch maakt deze ervaring een 'nieuwe benadering tot Christus, een benadering die minder dualistisch en meer Oosters is' mogelijk (p. 48). Zelfs beginners kunnen met zen 'een gevoel van vereniging met een bovennatuurlijke aanwezigheid' bereiken (p. 31), en genieten van een 'mystieke stilte' (p. 30); door middel van zen kan de contemplatieve toestand die voorheen louter beperkt was tot een klein aantal 'mystici' 'verbreed' worden, en 'kunnen allen visioenen ontvangen, kunnen allen *samadhi* bereiken' (verlichting) (p. 46).

De auteur van *Christian Zen* spreekt over een vernieuwing van het christendom; maar hij geeft tevens toe dat de ervaring die naar zijn mening hiermee verkregen kan worden, door iedereen kan worden ervaren: christen of niet-christen. 'Ik ben van mening dat er een standaardverlichting is die christelijk noch boeddhistisch noch wat dan ook is. Het is louter menselijk' (p. 97). En inderdaad, tijdens een meditatieconventie in een zentempel nabij Kyoto was het 'verrassende' van de bijeenkomst de 'afwezigheid van enig gezamenlijk geloof. Niemand leek ook maar enigszins geïnteresseerd te zijn in waar de ander in geloofde of niet in geloofde, en niemand, voor zover ik mij kan herinneren, benoemde ook maar de naam van God' (p. 69). Dit agnostische karakter van meditatie heeft een groter voordeel voor 'missionaire' doeleinden, daar 'meditatie op deze manier kan worden onderwezen aan ongelovigen–aan hen die een verward geweten hebben of vrezen dat God dood is. Dergelijke mensen zijn immers nog altijd in staat te zitten en te ademen. Voor hen wordt meditatie een zoektocht, en ik heb ondervonden ... dat mensen die zodoende aan de zoektocht beginnen, uiteindelijk bij God zullen uitkomen. Niet de antropomorfische God die zij de rug hebben toegekeerd, maar het grootse wezen waarin wij leven, bewegen en simpelweg zijn' (p. 70).

De schrijver's omschrijving van de ervaring van 'zenverlichting' onthult diens fundamentele identiteit met de 'kosmische' ervaring die wordt verkregen via het sjamanisme en andere heidense religies. 'Ikzelf geloof dat er binnen in ons stortvloeden van vreugde zitten opgesloten die met behulp van meditatie kunnen worden ontketend–soms zullen zij met enorme kracht losbreken en de persoonlijkheid overspoelen met een buitengewoon geluksgevoel dat afkomstig is van men weet niet waar' (p. 88). Opvallend is dat de auteur, nadat hij naar Amerika teruggekeerde na twintig jaar in Japan te hebben verbleven, deze ervaring sterk vond overeenkomen met de pinksterervaring en dat hijzelf de 'Doop van de Geest' ontving tijdens een 'charismatische' bijeenkomst (p. 100). De schrijver concludeert: 'Terugkerend naar de pinksterbijeenkomst, het lijkt mij dat het heffen van de handen, de gebeden van de mensen, de liefdadigheid van de gemeenschap–dit zouden krachten kunnen zijn die de spirituele gaven kunnen ontketenen die verlichting zullen brengen aan de persoon die voortdurend *zazen* heeft beoefend' (pp. 92-93). In het zevende hoofdstuk van dit boek zullen wij de aard van de pinkster- of 'charismatische' ervaring nader bestuderen.

Veel hoeft niet gezegd te worden als kritiek op deze zienswijzen; zij zijn in principe hetzelfde als die van de auteur van *Christian Yoga*, slechts minder esoterisch en populairder. Ieder die gelooft dat de agnostische, heidense ervaring van zen gebruikt kan worden voor een 'contemplatieve vernieuwing van het christendom' (p. 4) weet overduidelijk niets van de grootse contemplatieve traditie van de orthodoxie, die een vurig, waar geloof en een intense ascetische worsteling veronderstelt; en toch aarzelt dezelfde auteur niet om de *Philokalia* en de 'grote orthodoxe scholen' in zijn vertelling te betrekken en te verklaren dat ook zij zullen leiden tot een toestand van 'contemplatieve stilte en vrede', en een voorbeeld zijn van 'zen binnen de christelijke traditie' (p. 39); ook bepleit hij het gebruik van het Jezusgebed tijdens zenmeditatie voor zij die dat wensen (p. 28). Een dergelijke onwetendheid is bijzonder gevaarlijk, zeker wanneer de onwetende de bij zijn lezing aanwezige studenten uitnodigt, als zijnde een experiment in 'mysticisme', om 'elke avond voor veertig minuten in *zazen* te zitten' (p. 30). Hoeveel oprechte, misleide valse profeten zijn er vandaag de dag wel niet in de wereld, elk van mening dat hun woorden en daden daadwerkelijk voordeel opleveren voor hun medemens, in plaats van psychische en spirituele rampspoed! Hier zullen wij in onderstaande conclusie meer over schrijven.

3. Transcendente meditatie

De techniek van oosterse meditatie die bekendstaat als 'transcendente meditatie' heeft, met name in Amerika, in slechts een paar jaar tijd zo aan populariteit gewonnen, en er wordt op zulk een schandelijk oneerbiedige wijze voor gepleit, dat elke serieuze student van hedendaagse religieuze stromingen in eerste instantie geneigd zal zijn het van de hand te wijzen als slechts een opgeblazen product van de Amerikaanse reclamewereld en showmanschap. Dit zou echter onterecht zijn, daar het in haar stellingen niet opmerkelijk verschilt van yoga en zen, en een nadere bestudering van haar technieken uitwijst dat zij wellicht meer 'Oosters' is dan elk van de ietwat kunstmatige invloeden van 'christelijk yoga' en 'christelijk zen'.

Volgens een van de fundamentele verslagen van deze beweging,[3] werd 'transcendente meditatie' naar Amerika

---

[3] Alle citaties in deze sectie zijn afkomstig van Jhan Robbins en David Fisher, *Tranquility without Pills (All about Transcendental Meditation)*, Peter H. Wyden, Inc., New York, 1972.

gebracht (waar het haar spectaculairste succes heeft gehad) door een nogal 'onorthodoxe' Indische yogi, Maharishi Mahesh Yogi, en maakte het rond 1961 een aanzienlijke groei mee. In 1967 ontving de beweging grootschalige publiciteit toen de populaire popgroep 'The Beatles' hun drugsgebruik opgaven en zich bekeerden tot transcendente mediatie; zij verlieten echter al snel de beweging (hoewel zij bleven mediteren) en de Maharishi bereikte het daarop volgende jaar zijn dieptepunt toen zijn Amerikaanse tour, tezamen met een andere bekeerde zanggroep genaamd 'The Beach Boys', werd afgeblazen als een financiële ramp. De beweging zelf, echter, bleef in omvang toenemen: tegen 1971 had het zo'n honderdduizend mediterende volgelingen, inclusief zo'n tweeduizend speciaal getrainde instructeurs, waardoor het verreweg de grootste beweging van 'oosterse spiritualiteit' in Amerika was. In 1975 bereikte de beweging haar hoogtepunt met ongeveer veertigduizend nieuwe pupillen per maand en wel zeshonderdduizend volgelingen in totaal. Gedurende deze jaren werd het uitvoerig toegepast binnen het Amerikaanse leger, openbare scholen, gevangenissen, ziekenhuizen en kerkgroepen, inclusief de parochiën van het Griekse aartsdiocees in Amerika, als een zogenaamd neutrale vorm van 'mentale therapie' die strookt met elke vorm van religieuze overtuiging of praktijk. De 'transcendente meditatiecursus' is speciaal op maat gemaakt voor de Amerikaanse levensstijl en wordt welwillend ook wel 'een cursus in hoe je spiritueel succesvol kunt zijn zonder er moeite voor te doen' genoemd (p. 17); de Maharishi zelf noemt het een techniek die 'net zo makkelijk is als tandenpoetsen' (p. 104). De Maharishi is door andere hindoeïstische yogi's sterk bekritiseerd voor het afbreuk doen aan de oude traditie van yoga in India, door deze esoterische traditie beschikbaar te maken voor het grote publiek voor louter financieel gewin. (In 1975 bedroegen de kosten voor de cursus $125, $65 voor studenten, en geleidelijk minder voor leerlingen van de middelbare school en erg jonge kinderen.)

In haar doelstellingen, veronderstellingen en resultaten verschilt 'transcendente meditatie' niet sterk van 'christelijk yoga' of 'christelijk zen'; het verschilt zit hem voornamelijk in de simpelheid van haar technieken en haar gehele filosofie, als wel in het gemak waarmee haar resultaten kunnen worden bereikt. Net als de vorige twee, vereist ook 'transcendente meditatie geen enkele vorm van geloof, begrip, moraliteit of zelfs overeenstemming met de haar ideeën en filosofie' (p. 104); het is eenvoudigweg een techniek die is 'gestoeld op de natuurlijke neiging van de geest om zich richting een groter geluk en genot te bewegen.... Tijdens transcendente meditatie wordt van uw geest verwacht dat hetgeen het meest natuurlijk en plezierig aanvoelt, gevolgd zal worden' (p. 13). 'Transcendente meditatie is op de eerste plaats praktijkgericht en pas daarna theoriegericht. In het begin is het van essentieel belang dat de beoefenaar in zijn geheel niet intellectueel nadenkt' (p. 22).

De techniek die door de Maharishi is uitgedacht is altijd dezelfde in alle 'transcendente meditatiecentrums' ter wereld: na twee introductielessen betaalt de pupil de toeslagen en komt hij in aanmerking voor zijn 'inwijding', hiervoor neemt hij een ogenschijnlijk vreemde verzameling van objecten met zich mee die altijd dezelfde is: drie stukken zoet fruit, tenminste zes verse bloemen en een schone zakdoek (p. 39). Deze worden in een mand gelegd en meegenomen naar een kleine 'inwijdingsruimte' waar zij op een tafel worden gelegd vóór het portret van de goeroe van de Maharishi, van wie de pupil zijn inwijding tot de yogapraktijk zal ontvangen; op dezelfde tafel brandt een kaars en wierrook. De pupil is in deze ruimte alleen met zijn leraar, van wie ook wordt vereist deze inwijding te hebben ontvangen en persoonlijk te zijn onderwezen door de Maharishi. De ceremonie vóór het portret duurt een half uur en bestaat uit zacht gezang in Sanskriet (waarvan de betekenis onbekend is voor de pupil) en het opzingen van de namen van vroegere 'yogameesters'; aan het eind van de ceremonie ontvangt de pupil een 'mantra', een geheim Sanskrietwoord dat hij gedurende zijn meditaties onophoudelijk zal moeten herhalen en die niemand behalve zijn leraar mag weten (p. 42). De Engelse vertaling van deze ceremonie wordt aan de pupillen nooit bekendgemaakt; deze is enkel beschikbaar voor leraren en ceremoniemeesters. Deze vertaling is opgenomen in een ongepubliceerd handboek genaamd 'De heilige traditie', en diens tekst is inmiddels gedrukt door het 'Spirituele Bedrogen Project' in Berkeley als een losstaand pamflet. Deze ceremonie is niets behalve een traditionele hindoeïstische ceremonie voor het aanbidden van de goden (*puja*), inclusief de vergoddelijkte goeroe van de Maharishi (Shri Guru Dev) en de volledige reeks van 'meesters' door wie hij zelf is ingewijd. De ceremonie wordt beëindigd met een reeks van tweeëntwintig 'offers' aan de goeroe van de Maharishi waarvan elk wordt afgesloten met de woorden 'Voor Shri Guru Dev buig ik neer'. Aan het eind van de ceremonie buigt de ceremoniemeester zelf neer voor een portret van Guru Dev en nodigt de pupil uit hetzelfde te doen; pas dan is de pupil ingewijd. (Het neerbuigen is niet strikt noodzakelijk voor de pupil, maar de offers wel.)

Zo maakt de hedendaagse agnost, hoewel zich doorgaans nergens van bewust, kennis met het domein van hindoeïstische religieuze praktijken; zonder enige moeite wordt hij ertoe gezet iets te doen waarboven zijn christelijke voorvaderen, wellicht, marteling en een wrede dood hadden verkozen: hij heeft een offer gemaakt aan heidense goden. Binnen het spirituele domein zou het goed deze zonde kunnen zijn, in plaats van de spirituele techniek zelf, waar 'transcendente meditatie' hoofdzakelijk haar spectaculaire succes aan te danken heeft.

Eenmaal ingewijd, zal de student van 'transcendente meditatie' tweemaal daags gedurende twintig minuten mediteren (exact dezelfde duur die door de auteur van *Christian Yoga* wordt aangeraden), terwijl hij zijn geest vrij laat dwalen en, zo vaak als hij eraan denkt, zijn mantra herhaalt; tevens zullen de student zijn ervaringen regelmatig worden gecontroleerd door zijn leraar. Al vrij snel, zelfs tijdens de eerste poging, zal de student een nieuw bewustzijnsniveau bereiken dat noch een slaaptoestand noch een staat van bewustzijn is: de staat van 'transcendente meditatie'. 'Transcendente meditatie brengt een staat van bewustzijn teweeg dat lijkt op niets wat wij tot op heden hebben gekend, en dat het dichtst in de buurt komt van de staat van zen die is ontwikkeld na vele jaren van intensieve studie' (p. 115). 'In tegenstelling tot de jaren die benodigd zijn voor het beheersen van andere religieuze disciplines en yoga, die dezelfde resultaten zullen opleveren als transcendente meditatie, zeggen leraren dat transcendente meditatie binnen luttele minuten kan worden aangeleerd' (pp. 110-11). Sommigen die dit hebben ervaren beschrijven het als een 'staat van voldoening' vergelijkbaar met bepaalde drugservaringen (p. 85), maar de Maharishi zelf beschrijft het in traditionele hindoeïstische termen: 'Deze staat is gelegen voorbij al het zien, horen, tasten, ruiken en proeven–voorbij al het denken en voelen. Deze staat van het ongemanifesteerde, absolute, pure bewustzijn van Zijn is de ultieme levenstoestand' (p. 23). 'Zodra het individu de mogelijkheid heeft ontwikkelt om deze diepe toestand permanent naar het bewustzijnsniveau te brengen, dan zal hij naar verluidt het kosmische bewustzijn hebben bereikt, het doel van alle mediterenden' (p. 25). In de gevorderde stadia van 'transcendente meditatie' worden de standaard yogahoudingen aangeleerd, al zijn deze niet noodzakelijk voor het succes van de standaardtechniek; noch is enige ascetische voorbereiding vereist. Zodra de 'transcendente staat van zijn' is bereikt, zijn louter de tweemaal daagse twintig minuten van meditatie vereist, daar deze vorm van meditatie geenszins een losstaande levenswijze is, zoals dat in India het geval is, maar juist een discipline voor zij die een actief leven leiden. Het punt waarop de Maharishi zich dus onderscheid van de rest, is dat hij deze staat van bewustzijn beschikbaar heeft gemaakt voor iedereen, in plaats van slechts een klein aantal uitverkorenen.

Er zijn tal van succesverhalen van 'transcendente meditatie', dat in nagenoeg alle gevallen succesvol beweert te zijn: drugsverslavingen worden overwonnen, families worden herenigd, iemand wordt gezond en gelukkig; de leraren van transcendente meditatie hebben een continue glimlach op hun gezicht en borrelen over van geluk. In het algemeen vormt transcendente meditatie geen vervanging voor andere religies, maar *versterkt* het het geloof in vrijwel alles; 'christenen', protestant of katholiek, zijn ook van mening dat het hun geloof en praktijk betekenisvoller en diepgaander maakt (p. 105).

Het snelle en makkelijke succes van 'transcendente meditatie', hoewel het symptomatisch is voor de afnemende invloed van het christendom op de hedendaagse mensheid, heeft tevens geleid tot haar vroegtijdige ondergang. Wellicht meer dan welke andere 'oosters spirituele' beweging dan ook, had 'transcendente meditatie' het imago van een 'rage', en de door de Maharashi verkondigde doelstelling van het 'initiëren' van de gehele mensheid, is overduidelijk gedoemd te mislukken. Na het hoogtepunt in 1975, namen de aanmeldingen voor 'transcendente meditatie'-cursussen gestaag af, zoveel zelfs dat de organisatie in 1977 de opening van een geheel nieuwe reeks 'gevorderde' cursussen aankondigde, overduidelijk bedacht om de interesse en het enthousiasme van het volk terug te winnen. Deze cursussen waren bedoeld om de pupillen naar de 'siddhis' of 'spirituele krachten' van het hindoeïsme te leiden: door muren lopen, onzichtbaar worden, zweven en vliegen, enzovoorts. De cursussen werden voornamelijk met cynisme ontvangen, ondanks dat een 'transcendente meditatie'-brochure een foto vertoond van een 'zwevende' mediteerder (zie *Time Magazine*, 8 augustus, 1977, p. 75). Of de cursussen (die tot wel $3.000 kosten) nu wel of niet de beweerde resultaten zullen opleveren–die binnen het domein vallen van de traditionele 'fakirs' van India (zie hierboven, pp. 73-78)–'transcendente meditatie' is ontmaskert als slechts een tijdelijke fase van de interesse in de occult tijdens de tweede helft van de twintigste eeuw. Er zijn reeds tal van voorbeelden gepubliceerd van 'transcendente meditatie'-docenten en -pupillen die zijn getroffen door de veelvoorkomende kwalen van zij die zich bezighouden met de occult: mentale en emotionele ziekten, zelfmoord, moordpogingen en demonische bezetenheid.

In 1978 kwam het Amerikaans Hooggerechtshof tot het besluit dat 'transcendente meditatie' wel degelijk religieus van aard is en niet mag worden onderwezen op openbare scholen.[4] Dit besluit zal de invloed van 'transcendente meditatie'

....

[4] Zie *Transcendental Meditation in Court:* De volledige tekst van

ongetwijfeld verder beperken, ondanks dat het waarschijnlijk zal blijven bestaan als een van de vele meditatievormen die door velen worden beschouwd als strokend met het christendom–nog een van de vele trieste tekenen van onze tijd.

---

de mening van het Hooggerechtshof over de zaak van Malnak v. Maharishi Mahesh Yogi; het Spirituele Bedrogen Project, P.O. Box 4308, Berkeley, Calif. 94704.

V

HET 'NIEUWE RELIGIEUZE BEWUSTZIJN'

DE GEEST VAN DE OOSTERSE CULTUSSEN IN DE ZEVENTIGERJAREN

De drie vormen van 'christelijke meditatie' die wij hierboven hebben behandeld, vormen slechts het begin; over het algemeen kan gezegd worden dat de invloed die de oosterse religieuze ideeën en praktijken hebben uitgeoefend op het ooit christelijke Westen in het decennium van de zeventigerjaren, verbluffende proporties heeft aangenomen. Met name Amerika, dat nauwelijks twee decennia geleden nog religieus 'provinciaal' was (met uitzondering van een aantal grote steden), heeft, doordat zijn spirituele horizon grotendeels is ingeperkt tot louter het protestantisme en rooms-katholicisme, een verbazingwekkende verspreiding van oosterse (en pseudo-oosterse) religieuze cultussen en bewegingen meegemaakt.

De geschiedenis van deze verspreiding kan worden herleid naar de rusteloze desillusie van de generatie na de Tweede Wereldoorlog, die zich in de vijftigerjaren begon te manifesteren in het lege protest en het morele libertinisme van de 'beatgeneratie', welks interesse in oosterse religies begon als vrij academisch en voornamelijk als teken van de onvrede met het 'christendom'. Er volgde een tweede generatie, namelijk die van de 'hippies' van de zestigerjaren met zijn 'rockmuziek' en psychedelische drugs en de zoektocht naar 'een groter bewustzijn' tegen elke prijs; Amerikaanse jongeren gingen volledig op in politieke protestbewegingen (met name tegen de oorlog in Vietnam) aan de ene kant, en het fervente beoefenen van oosterse religies aan de andere. Indische goeroes, Tibetaanse lama's, Japanse zenmeesters en andere oosterse 'sagen' begaven zich naar het Westen en vonden daar een scala aan discipelen die klaarstonden om hun leer te ontvangen en wie hen succesvoller maakten dan de verwesterde swami's van de voorgaande generaties ooit voor mogelijk hadden gehouden; en jongeren reisden de hele wereld af, zelfs naar de top van het Himalayagebergte, om de wijsheid, de meester of de drug te vinden die hen de 'vrede' en de 'vrijheid' zou brengen waarnaar zij zo verlangden.

Gedurende de zeventigerjaren werden de 'hippies' opgevolgd door een volgende generatie. Hoewel deze van buitenaf rustiger leek te zijn, met minder 'demonstraties' en over het algemeen minder flamboyant gedrag, heeft deze generatie toch dieper weten door te dringen tot de kern van de oosterse religies, wier invloed tegen deze tijd doordringender was geworden dan ooit tevoren. Voor velen van deze nieuwe generatie is de religieuze 'zoektocht' reeds ten einde gekomen: zij hebben een oosterse religie gevonden die naar hun smaak is en zijn volledig in de ban van het beoefenen ervan. Een aantal oosterse religieuze bewegingen zijn inmiddels inheems geworden aan het Westen, met name in Amerika: er zijn boeddhistische kloosters die geheel zijn opgemaakt uit westerse bekeerden, en voor het eerst hebben ook Amerikaanse en andere westerse goeroes en zenmeesters de kop opgestoken.

Laat ons nu enkele toonbeelden bekijken–omschrijvingen van werkelijke gebeurtenissen uit het begin en midden van de zeventigerjaren–die het overwicht illustreren dat oosterse ideeën en praktijken hebben onder jonge Amerikanen (die slechts de 'avant-garde' zijn van de jeugd over de hele wereld). De eerste twee toonbeelden geven blijk van een oppervlakkigere betrokkenheid met oosterse religies en vormen wellicht slechts een overblijfsel van de generatie van de zestigerjaren; de laatste twee, echter, onthullen een diepere betrokkenheid die kenmerkend is voor de zeventigerjaren.

1. *Hare Krishnas in San Francisco*

'Op een straat grenzend aan het Golden Gate Park in het Haight-Ashbury-district van San Francisco stond de Krishna Bewustzijnstempel.... Boven de ingang tot de tempel bevonden zich de meterhoge houten letters "Hare Krishna", en de grote winkelruiten waren bedekt met rood en oranje tapijten.

'De straat was gevuld met het geluid van zang en muziek. Binnen hingen tientallen felgekleurde schilderingen aan de muur en op de vloer lagen dikke rode kleden. Er hing een rokerige nevel in de lucht van wierrook, onderdeel van de gaande ceremonie. De aanwezigen in de ruimte zongen nauwelijks verstaanbare Sanskrietwoorden. De ruimte was bijna volledig gevuld, met ongeveer vijftig jong uitziende personen die op de vloer zaten. Aan de voorzijde van de ruimte waren zo'n twintig personen bijeengekomen die lange, wijde oranje en saffraangele gewaden droegen en witte verf op hun neus hadden. Veel van de mannen hadden hun hoofden geschoren met uitzondering van een paardenstaartje op het achterhoofd. De vrouwen door wie zij vergezeld werden, hadden tevens witte verf op hun neus en een kleine rode stip op hun voorhoofd. De overige jongeren in de ruimte zagen er niet anders uit dan de andere inwoners van het Haight-Ashbury, uitgedost met hoofdbanden, lang haar, baarden en een assortiment aan ringen, belletjes en kralen, en ook zij namen enthousiast deel aan de ceremonie. De ongeveer tien personen die achterin de ruimte gezeten waren leken nieuwe bezoekers te zijn.

'De zangceremonie (mantra) nam aan in tempo en volume. Twee meisjes in lange saffraangele gewaden dansten op het ritme van de zang. De leider van het gezang begon de woorden (van de zang in het Sanskriet) uit te roepen.... De gehele groep herhaalde de woorden en poogde de intonatie en het ritme van de leider vast te houden. Veel van de deelnemers bespeelden muziekinstrumenten: de leider sloeg op het ritme van zijn gezang op een handdrum en de twee wiegende, dansende meisjes bespeelden vingerbekkens. Een van de jongemannen blies op een zeeschelp en weer een ander sloeg op een tamboerijn.... Op de muren van de tempel hingen meer dan een dozijn schilderingen van scènes uit de *Bhagavad Gita*.

'Ook de muziek en het gezang namen nu aan in tempo en volume en de drum dreunde onophoudelijk. Te midden van het algemene gezag startten veel van de toegewijden persoonlijke kreten, met hun handen uitgestrekt boven het hoofd. De leider knielde neer voor een afbeelding van de "spirituele meester" van de groep die op een kleine reliekschrijn aan de voorkant van de ruimte stond. Het gezang eindigde in een luid crescendo en het werd stil in de ruimte. De celebranten knielden met hun hoofden naar de vloer terwijl de leider een kort gebed oplas in het Sanskriet. Vervolgens riep hij vijf keer, "Alle glories aan de bijeengekomen toegewijden", wat door de anderen werd herhaald voordat zij rechtop gingen zitten.'[1]

Dit is een typische eredienst van de 'Hare Krishna-beweging' die in 1966 in Amerika werd opgericht door een Indische oud-zakenman, A.C. Bhaktivedanta, om de hindoeïstische discipline van bhakti-yoga over te brengen aan de gedesoriënteerde en zoekende westerlingen. De eerdere fase van interesse in oosterse religies (in de vijftiger- en begin zestigerjaren) legde de nadruk op intellectueel onderzoek zonder enige mate van persoonlijke betrokkenheid; in deze nieuwere fase, echter, was een hartgrondige betrokkenheid een vereiste. Bhakti-yoga betekent het verenigen van de zelf met de door het individu zelf gekozen 'god' middels liefde en verering, en door het op de schop gooien van het persoonlijke leven om van deze vereniging het centrale levensdoel te maken. Middels een irrationele manier van eerbied (zang, muziek, dans, toewijding) wordt de geest 'verruimd' en wordt het 'Krishna-bewustzijn' bereikt, dat–wanneer genoeg mensen dit bereiken–het einde zou moeten betekenen van alle moeilijkheden van ons wanordelijke tijdperk en dat, naar verluid, een nieuw tijdperk van vrede, liefde en verbondenheid zal inluiden.

De felle gewaden van de 'Krishna's' groeide uit tot een bekend gezicht in San Francisco, met name op de jaarlijkse dag waarop het immense idool van hun 'god' door het Golden Gate Park richting de oceaan werd gereden, in de aanwezigheid van alle tekenen van hindoeïstische toewijding–een typisch gezicht voor het heidense India, maar iets geheel nieuw voor 'christelijk' Amerika. Vanuit San Francisco verspreidde

---

[1] Charles Glock en Robert Bellah, *The New Religious Consciousness*, University of California Press, Berkeley, 1976, pp. 31-32.

de beweging zich naar de rest van Amerika en West-Europa; rond 1974 waren er maar liefst vierenvijftig Krishna-tempels ter wereld, velen vlakbij middelbare scholen en universiteiten (leden van de beweging zijn vrijwel allemaal erg jong.)

Het recente overlijden van de oprichter van de beweging heeft voor vraagtekens gezorgd omtrent haar toekomst; en haar ledental, hoewel erg in het oog, is altijd vrij klein geweest. De betekenis van de beweging moge echter, als een 'teken des tijds', duidelijk zijn en zou voor christenen erg verontrustend moeten zijn: vele jongeren zijn vandaag de dag op zoek naar een 'god' om te aanbidden, en de meest overduidelijke vorm van heidendom wordt door hen maar al te graag omarmd.

2. Goeroe Maharaj-ji in de Houston Astrodome

Tegen de herfst van 1973 waren een aantal van de oosterse goeroes van de nieuwere school, met Maharishi Mahesh Yogi en zijn 'transcendente mediatie' aan het hoofd, naar het Westen gereisd om daar een aanhang te vergaren, enkel om na een kort bewind in de schijnwerpers weer uit het publieke oog te verdwijnen. Goeroe Maharaj-ji was de spectaculairste en, zo zou gezegd kunnen worden, schandaligste van deze goeroes. Al op vijftienjarige leeftijd werd hij uitgeroepen tot 'god', zijn familie (moeder en drie broers) droeg de titel van 'Heilige Familie' en zijn organisatie (de 'Goddelijke Lichtmissie') had gemeenschappen (ashrams) door heel Amerika. Zijn 80.000 volgelingen ('premies'), net als de volgelingen van Krishna, werden geacht wereldse genoegens op te geven en te mediteren om een 'verruimd' bewustzijn te bereiken dat hen volmaakt gelukkig, vredig en 'zalig' zou maken – een gemoedstoestand waarin alles prachtig en perfect zou lijken, precies zoals het is. Tijdens een speciale inwijding waarbij zij 'de kennis ontvangen', krijgen de discipelen een fel licht en drie andere symbolen binnen in zichzelf te zien, waar zij naderhand zelfstandig op kunnen mediteren (*The New Religious Consciousness*, p. 54). Naast deze 'kennis' worden de discipelen verenigd in het geloof dat Maharaj-ji de 'Heer van het Universum' is die gekomen is om een nieuw tijdperk van vrede voor de mensheid in te luiden.

In november 1973 werd voor drie dagen lang de Houston Astrodome (een immense sportarena dat volledig wordt omsloten door een koepel) gehuurd door de 'Goddelijke Lichtmissie' om 'het heiligste en betekenisvolste evenement in de geschiedenis van de mensheid' te ensceneren. 'Premies' van over de hele wereld zouden bijeenkomen om hun 'god' te aanbidden en het startsein te geven voor de bekering van Amerika (via de massamedia, wiens vertegenwoordigers zorgvuldig waren uitgenodigd) om zo het nieuwe tijdperk van de mensheid in te luiden. Het evenement werd toepasselijk 'Millennium '73' genoemd.

Kenmerkend voor de overtuigde discipelen van Maharaj-ji was Rennie Davis, een linkse demonstrant uit de zestigerjaren en een van het 'Zevental van Chicago' die waren beticht van het aanzetten tot rellen tijdens de Democratische Nationale Conventie van 1968. De zomer van 1973 spendeerde hij aan het geven van persconferenties en toespraken voor ieder die naar hem wilde luisteren, waarbij hij Amerika vertelde: 'Hij is de grootste gebeurtenis van onze geschiedenis en we slapen erdoorheen.... Ik kan het wel van de daken schreeuwen. Als wij ons bewust zouden zijn van wie hij is, dan zouden wij op onze handen en knieën door heel Amerika kruipen om onze hoofden voor zijn voeten te rusten te leggen.'[2]

....

[2] Robert Greenfield, *The Spiritual Supermarket*, Saturday Review

En inderdaad, de verering van Maharaj-ji wordt tot uitdrukking gebracht met een volledige neerbuiging voor hem met het hoofd naar de grond en het uitspreken van een frase van adoratie in het Sanskriet. In respons op zijn verschijning tijdens 'Millennium '73' ontving hij een gigantische ovatie terwijl hij op een troon zat, gekroond door een immense gouden 'kroon van Krishna', en het scorebord van de Astrodome flitste met het woord 'G-O-D'. Jonge Amerikaanse 'premies' huilden van vreugde, anderen dansten op het podium en de band speelde het nummer 'De Heer van het Universum'– overgenomen van een oud protestantse hymne (*The Spiritual Supermarket*, pp. 80, 94).

Dit alles vond plaats in, laat ons het nogmaals herhalen, '*christelijk*' Amerika. Dit gaat al veel verder dan louter het aanbidden van heidense 'goden'. Tot voorkort was een dergelijke verering van een levend mens onvoorstelbaar in ieder 'christelijk' land; vandaag de dag is het een alledaagse gebeurtenis voor vele duizenden religieuze 'zoekenden' in het Westen. Hiermee hebben wij reeds een voorproefje gehad op het aanbidden van de antichrist aan het einde der tijden–hij die *in de tempel van God gaat zitten en zichzelf als God voordoet* (II Tess. 2:4).

'Millennium '73' lijkt de piek te zijn geweest van Maharaj-ji's invloed. Slechts 15.000 bezoekers woonden het bij (veel minder dan verwacht) en er waren geen 'wonderen' of speciale tekenen die erop wezen dat het 'nieuwe tijdperk' daadwerkelijk van start was gegaan. Een beweging die zo afhankelijk was van mediapubliciteit en zo gebonden was aan de volkssmaak van een bepaalde generatie (de muziek van 'Millennium '73' bestond voornamelijk uit de hitnum-

---

Press, New York, 1975, p. 43.

mers van de zogenaamde 'tegencultuur' van de zestigerjaren) kan verwachten om ook weer heel snel aan populariteit in te boeten; en het recente huwelijk tussen Maharaj-ji en zijn secretaresse deed zijn populariteit als 'god' nog verder afnemen.

De andere 'spirituele' bewegingen van onze tijd lijken minder onderhevig te zijn aan de nukken van de populaire mode, en meer indicatief voor de diepte van de invloed die Oosterse religies momenteel weten te bemachtigen in het Westen.

3. Tantra yoga in de bergen van New Mexico

In een grasweide op twee kilometer hoogte in het Jemez-gebergte in het noorden van New Mexico, kwamen duizend jonge Amerikanen (de meesten tussen de 20 en 25 jaar oud) bijeen voor tien dagen van spirituele trainingen tijdens het zomersolstitium van juni 1973. Elke dag staan zij om vier uur 's ochtends op en verzamelen zich voor zonsopkomst (gewikkeld in dekens ter bescherming tegen de ochtendvorst) om in rijen naast elkaar op de grond te zitten voor een openluchtpodium. Tezamen beginnen zij de dag met een mantra in het Punjabi (een Sanskriettaal) om zich 'af te stemmen' op de spirituele oefeningen die zullen volgen.

Allereerst wordt er begonnen met meerdere uren van kundalini-yoga–een serie inspannende fysieke oefeningen, zang en meditatie gericht op het verkrijgen van een bewuste controle over de processen van lichaam en geest en om de persoon voor te bereiden op 'de verwerkelijking van God'. Hierop volgt de ceremonie voor het hijsen van de twee vlaggen: de Amerikaanse vlag en de 'vlag van de Watermannatie'–de 'natie' onder welke het volk van het 'Watermantijdperk' valt, oftewel het millennium waar deze cultus zich op voorbereidt–onder begeleiding van het gezongen lied 'God zegenen Amerika' en een gebed voor de Amerikaanse natie. Na een vegetarische maaltijd (kenmerkend voor nagenoeg alle nieuwe cultussen) en lezingen over spirituele en praktische onderwerpen, bereiden allen zich voor op een langdurige tantra yogasessie.

Tot op heden was er in het Westen nog maar weinig bekend over tantra yoga en werd het nauwelijks beoefend. Alle autoriteiten zijn het erover eens dat het een ontzettend gevaarlijke oefening is, altijd gezamenlijk beoefend door een man en een vrouw, die een erg krachtige paranormale energie opwekt en een streng toezicht vereist. Vermoedelijk leeft er maar één meester van tantra yoga tegelijkertijd op aarde; de oefeningen tijdens het 'solstitium' in New Mexico werden geleid door de 'tantrameester' van onze tijd, yogi Bhajan.

Iedereen, identiek gekleed in het wit, gaat in lange, rechte rijen naast elkaar op de grond zitten, de mannen tegenover de vrouwen, schouder aan schouder en met de ruggen tegen die van de mensen van de volgende rij. Zo'n tien dubbele rijen strekken zich uit vanaf het podium, elk een meter of twintig lang; assistenten zorgen ervoor dat de rijen kaarsrecht zijn zodat de juiste 'stroming' van het yogische 'magnetische veld' kan worden gerealiseerd.

Het zingen van mantra's begint, met speciale spreuken om een overleden goeroe op te roepen wie yogi Bhajans 'speciale beschermer' is. Dan verschijnt de yogi zelf–een indrukwekkend man van 1,95 meter lang met een grote zwarte baard, gekleed in een wit gewaad en tulband–en begint te spreken over zijn droom van 'een prachtige nieuwe creatieve natie' van Amerika die gesticht kan worden door de spirituele voorbereiding van de hedendaagse mens; de tantraoefeningen, die essentieel zijn voor deze voorbereiding, zullen de mensen transformeren van hun gewoonlijke 'individuele bewustzijn' naar een 'groepsbewustzijn' en uiteindelijk tot een 'universeel bewustzijn'.

De oefeningen gaan van start. Ze zijn onwijs moeilijk, daar er een enorme fysieke pijn en inspanning voor nodig is en zij sterke emoties als angst, woede en liefde opwekken. Iedereen moet exact hetzelfde doen op exact hetzelfde moment; lastige lichaamshoudingen worden voor lange tijd bewegingloos aangehouden; lastige mantra's en oefeningen moeten worden uitgevoerd in precieze coördinatie met de partner en de anderen in de rij; elke aparte oefening kan eenendertig tot eenenzestig minuten in beslag nemen. Individueel bewustzijn verdwijnt met deze intense groepsactiviteit en men ervaart sterke bijwerkingen–fysieke uitputting en soms zelfs tijdelijke verlamming, emotionele uitputting of euforie. Daarnaast, omdat niemand tijdens het 'solstitium' toestemming heeft om met elkaar te converseren, is er geen mogelijkheid om de ervaring rationeel te begrijpen door deze met anderen te delen of te bespreken; het doel is om een radicale verandering in de zelf teweeg te brengen.

Na de middaglessen over onderwerpen als oosterse kunst of zelfverdediging, praktische geneeskunde en voeding en het beheren van een ashram, vindt er een avondsessie plaats (na een laatste vegetarische maaltijd) van 'spirituele zang': mantra's in het Sanskriet worden gezongen op de melodieen van hedendaagse folk- en rockmuziek, het principe van een 'rockfestival' wordt samengevoegd met 'vreugdevolle verering' in een buitenlandse taal–onderdeel van yogi Bhajans inspanning om zijn religie 'inheems' te maken (*The New Religious Consciousness*, pp. 8-18).

De hierboven omschreven religie is een moderne variant op de Sikh-religie van Noord-India, samengevoegd met een aantal yogaoefeningen. Met de naam '3HO' (*Healthy-Happy-Holy Organization*, oftewel, de Organisatie voor Gezondheid, Geluk en Heiligheid) werd het opgericht in 1969 in Los Angeles door yogi Bhajan, wie oorspronkelijk naar Amerika kwam om les te geven en enkel per toeval uitgroeide tot religieus leider, toen hij tot de ontdekking kwam dat zijn yogatrainingen aansloegen bij de 'hippies' van Zuid-Californië. Door de 'spirituele' zoektocht van de 'hippies' te combineren met zijn kennis van Indische religies, vormde hij een 'Amerikaanse' religie die verschilt van de meeste oosterse religies door haar nadruk op een praktisch leven gericht op deze wereld (net als de Sikhs in India, die voornamelijk kooplieden zijn); huwelijk en een stabiel gezinsleven, een verantwoordelijke baan en sociale dienstverlening zijn voor alle leden een vereiste.

Sinds haar oprichting in 1969, is '3HO' uitgegroeid tot een organisatie van meer dan 100 ashrams (gemeenschappen die dienen als verzamelplekken voor niet-inwonende deelnemers) in Amerikaanse steden, alsmede een aantal in Europa en Japan. Hoewel het van buitenaf vrij verschillend lijkt van de andere nieuwe oosterse cultussen (volwaardige leden van de cultus worden formeel uitgeroepen tot sikhs en dragen vanaf dan de kenmerkende tulband en witte kledij van de sikh), deelt '3HO' met hen wel het kenmerk dat het aanspreekt tot de voormalige 'hippies', met als centrale doel het bereiken van een 'verruimd' (of 'universeel' of 'transcendentaal') bewustzijn, en dat het zichzelf beschouwt als zijnde een spirituele voorhoede die een nieuwe eeuw zal inluiden (wat door de meeste groeperingen in astrologische termen wordt gezien als het 'Watermantijdperk').

Als een cultus dat pleit voor een relatief normaal leven in de maatschappij, is '3HO' nog steeds een evenzo sterk 'teken des tijds' als de hindoeïstische cultussen die een overduidelijk 'escapisme' promoten; het bereid zich voor op een 'gezond, gelukkig en heilig' Amerika *geheel ontdaan van enige verwijzing naar Christus*. Wanneer overtuigde en 'gelukkige' Amerikanen kalmpjes spreken over God en hun religieuze plichten, zonder ook maar enige verwijzing naar Christus, kan er niet langer enige twijfel over bestaan dat het 'postchristelijke' tijdperk in alle ernst is aangebroken.

4. Zentraining in Noord-Californië

In het beboste gebergte van Noord-Californië, in de schaduw van de immense Mount Shasta–een 'heilige' berg voor de oorspronkelijke Indische bewoners en al lange tijd het middelpunt van occulte activiteiten en nederzettingen, die momenteel wederom aan het toenemen zijn–ligt er sinds de zeventigerjaren een abdij van het zenboeddhisme. Lang voor de zeventigerjaren waren er al zentempels in de grotere steden aan de westkust waar de Japanners zich hadden gevestigd, en waren er meerdere pogingen gedaan om in Californië abdijen te stichten van het zenboeddhisme; maar 'Shasta Abbey', zoals het wordt genoemd, is het eerste succesvolle *Amerikaanse* zenklooster. (In het zenboeddhisme is een 'abdij' voornamelijk een leerschool voor zowel mannelijke als vrouwelijke 'zenpriesters'.)

De atmosfeer in Shasta Abbey is erg ordelijk en zakelijk. Bezoekers (die op vaste tijden zijn toegestaan deel te nemen aan begeleide rondleidingen, maar niet om zich te verbroederen met de bewoners) treffen de monniken of leerlingen aan in traditionele zwarte gewaden en met kaalgeschoren hoofden; iedereen lijkt exact te weten wat hij of zij doet en er hangt een duidelijk tastbare sfeer van ernst en toewijding.

De training zelf betreft een strikt programma van vijf jaar (of langer) die de afgestudeerden in staat stelt 'priesters' en leraren te worden van het zenboeddhisme en om boeddhistische ceremoniën uit te voeren. Net als bij seculaire scholen, betalen de leerlingen een maandelijks bedrag voor hun kamer en kost ($175 per maand, wat vooraf voor het gehele voorziene verblijf betaald dient te worden–een middel om de niet-serieuze kandidaten van de rest te scheiden!), maar het leven zelf is dat van 'monniken' in plaats van studenten. Strenge regels dicteren de kledij en het gedrag, vegetarische maaltijden worden gezamenlijk en in stilte genuttigd, persoonlijk bezoek of onderling geklets is niet toegestaan; het leven draait om de meditatiehal, waar leerlingen naast mediteren ook eten en slapen en waar niets anders dan het praktiseren van zen is toegestaan. Het leven is er een van opperste inspanning en concentratie en elke dagelijkse bezigheid (zelfs wassen en naar het toilet gaan) gaat gepaard met een eigen boeddhistisch gebed dat in stilte wordt opgezegd.

Hoewel het abdij toebehoord aan een 'gereformeerde' sōtōsecte–ter benadrukking van diens onafhankelijkheid van Japan en aanpassing aan de Amerikaanse levensomstandigheden–worden rites en ceremoniën uitgevoerd volgens de Japanse zentraditie. Zo is er de ceremonie voor het worden van een boeddhist, equinoxriten die de 'transformatie' van het individu celebreren, het ceremoniële 'voeden van de hongerige geesten' (dodenherdenking), de 'stichterviering' voor het betuigen van dank aan zij die van bovenaf de zen overdragen aan de huidige zenmeester, het festival van Boeddha's verlichting, en nog vele anderen. Hulde wordt gebracht door neer te buigen voor de Boeddhabeelden, maar de voornaamste nadruk van de leer wordt gelegd op de 'aard van Boeddha' in het individu zelf.

De zenmeester in Shasta Abbey is een vrouwelijke westerling (daar de boeddhistische praktijk dit toestaat): Jiyu Kennett, een in 1924 geboren Engelse uit boeddhistische ouders wie de boeddhistische training ontving in meerdere tradities in het Verre Oosten en haar 'priesterwijding' in het sōtōklooster in Japan. In 1969 kwam ze naar Amerika en stichtte het daaropvolgende jaar, samen met een aantal van haar jonge volgelingen, het abdij; sindsdien is de gemeenschap sterk gegroeid, daar het voornamelijk jonge mannen (en vrouwen) in hun twintiger jaren aantrekt.

De reden voor het succes van het abdij–naast de natuurlijke aantrekkingskracht van het zenboeddhisme voor een generatie die genoeg heeft van rationalisme en uitwendig leren–lijkt te liggen in de mystiek van de 'authentieke overdracht' van de zentraditie en -ervaring die door de 'abdis' worden aangeboden via haar training en certificering in Japan; haar persoonlijke kwaliteiten als een buitenlander en geboren boeddhist wie nog steeds in nauw contact staat met de hedendaagse geest (met een erg 'Amerikaanse' bruikbaarheid), lijken haar invloed te verzegelen bij de jonge Amerikaanse generatie van bekeerde boeddhisten.

Het doel van de zentraining in Shasta Abbey is om het gehele leven te vullen met 'pure zen'. Dagelijkse meditatie (soms wel acht tot tien uur per dag) ligt aan de kern van een gefocust en intens religieus leven dat, naar verluid, zal leiden tot 'aanhoudende vrede en harmonie tussen lichaam en geest'. De nadruk wordt daarbij gelegd op 'paranormale groei', en de publicaties van het abdij–een tweemaandelijks tijdschrift en verscheidene boeken van de abdis–onthullen een hoge mate van bewustzijn van spiritueel bedrog en gekunsteldheid. Het abdij is tegen het aannemen van Japanse nationale (in tegenstelling tot boeddhistische) gebruiken; waarschuwt voor de gevaren van 'goeroewissel' en het vals aanbidden van de zenmeester; verbiedt astrologie, waarzegging (zelfs de *I Tjing*), astraal reizen en alle andere spirituele en occulte activiteiten; bespot de academische en intellectuele (in tegenstelling tot de zelfervaren) benadering tot het zenboeddhisme; en benadrukt hard werk en rigoureuze training in combinatie met het verdrijven van alle illusies en fantasieën van de zelf en het 'spirituele leven'. Discussies over 'spirituele' zaken onder jonge 'zenpriesters' (zoals vastgelegd in het *Tijdschrift* van het abdij) klinken, nuchter en deskundig van toon, opmerkelijk veel als de discussies onder serieuze jonge orthodoxe bekeerden en monniken. In hun intellectuele samenstelling en zienswijze lijken deze jonge boeddhisten vrij veel op veel van onze orthodoxe bekeerden. De hedendaagse jonge orthodoxe christen zou kunnen zeggen: 'Daar, bij de gratie Gods, zou ik kunnen zijn,' zo overtuigend authentiek is de spirituele zienswijze van dit abdij dat het de hedendaagse jonge religieuze zoekende zo'n beetje alles te bieden heeft waarnaar hij verlangd–behalve, natuurlijk, Christus de ware God en de eeuwige verlossing die wij louter in Hem zullen vinden.

Het abdij onderwijst een boeddhisme dat niet 'een kille en verwijderde discipline' is, maar gevuld is met 'liefde en mededogen'. In tegenstelling tot de gebruikelijke exposities van het boeddhisme, legt de abdis de nadruk op de stelling dat de kern van het boeddhistische geloof *niet* een ultiem 'niets' is, maar een levende 'god' (die, zo beweert zij, de esoterische boeddhistische leer is): 'Het geheim van zen ... is om zeker te *weten*, voor *jezelf*, dat de kosmische Boeddha bestaat. Een ware meester is hij of zij die niet afwijkt van zijn of haar zekerheid van, en liefde voor, de kosmische Boeddha.... Ik was vol van vreugde toen ik eindelijk zeker wist dat Hij bestond; de liefde en dankbaarheid in mij kenden geen grenzen.

Noch heb ik ooit een dusdanige liefde gevoeld als de liefde die voortkwam uit Hem; ik wil dit gevoel zó graag met iedereen delen.'[3]

Momenteel zijn er zo'n zeventig priesterleerlingen in Shasta Abbey en diens 'zusterpriorijen', voornamelijk in Californië. Het abdij bevindt zich momenteel in een staat van vlugge uitbreiding, zowel op diens eigen grondgebied als in diens 'missie' tot het Amerikaanse volk; er is een groeiende beweging van boeddhistische leken wie van het abdij hun religieuze centrum hebben gemaakt en het regelmatig bezoeken, samen met psychologen en andere geïnteresseerden, op meditatieretraites van variërende duur. Met hun publicaties, counseling en instructies in de steden van Californië, een geplande basisschool en zelfs bejaardentehuis–Shasta Abbey vordert inderdaad in haar doel om het 'zenboeddhisme te laten groeien in het Westen'.

Jegens het christendom hebben de abdis en haar discipelen een neerbuigende houding; zij respecteren de *Philokalia* en andere orthodox spirituele teksten, waarbij zij de orthodoxie erkennen als hetgeen van alle 'christelijke' organen het dichts bij hen in de buurt komt, maar beschouwen zichzelf als 'verheven boven al zulke dingen als theologie, doctrinaire disputen en "ismes"', welke zij beschouwen als niet behorend tot de 'Ware Religie' (*Tijdschrift*, jan.-feb. 1978, p. 54).

Het zenboeddhisme beschikt in feite niet over een theologisch fundament, daar het volledig gebaseerd is op 'persoonlijke ervaring' en dus ten prooi valt aan de drogreden van 'anekdotisch bewijs' die wij reeds eerder in dit boek hebben behandeld in het hoofdstuk over hindoeïsme: 'Als het werkt, dan moet het wel waar en goed zijn.' Het zenboeddhisme is in

---

[3] *The Journal of Shasta Abbey*, jan.-feb. 1978, p. 6.

de afwezigheid van enige theologie echter net zo min in staat als het hindoeïsme om onderscheid te maken tussen goede en slechte spirituele ervaringen; het kan enkel beweren wat goed *lijkt* te zijn omdat dit 'vrede' en 'harmonie' teweegbrengt, zoals wordt beoordeelt op basis van de natuurlijke krachten van de menselijke geest en niet door goddelijke openbaring–al het andere wordt van de hand gewezen als zijnde min of meer illusionair. Het zenboeddhisme appelleert aan de subtiele trots–vandaag de dag zo wijdverspreid–van hen die denken zich zelf te kunnen redden en derhalve geen behoefte hebben aan een externe Verlosser.

Van alle hedendaagse oosterse religieuze stromingen is het zenboeddhisme, spiritueel gezien, waarschijnlijk de meest geraffineerde en nuchterste. Met diens leer van mededogen en een liefhebbende 'kosmische Boeddha', is het wellicht een zo hoog mogelijk religieus ideaal als de menselijke geest kan behalen–zonder Christus. Diens tragedie is derhalve ook precies het feit dat het geen Christus heeft, en derhalve geen verlossing, en diens geraffineerdheid en nuchterheid weerhouden de volgelingen er dan ook op effectieve wijze van om hun verlossing in Christus te zoeken. Op diens eigen stille, compassievolle manier is het wellicht de treurigste van alle herinneringen aan het 'postchristelijke' tijdperk waarin wij leven. Niet-christelijke 'spiritualiteit' is in het Westen niet langer iets dat slechts geïmporteerd is uit het buitenland; het is een inheemse Amerikaanse religie geworden die zijn wortels diep in het westerse bewustzijn nestelt. Laat ons hiervoor gewaarschuwd zijn: de religie van de toekomst zal niet slechts een cultus of sekte zijn, maar een machtige en diepgaande religieuze stroming die voor de geest en het hart van de moderne mens absoluut overtuigend zal zijn.

5. De nieuwe 'spiritualiteit' vs. het christendom

Andere voorbeelden van de nieuwe oosterse cultussen in het Westen kunnen verveelvoudigd worden; ieder jaar steken er nieuwe de kop op, of nieuwe transformaties van ouden. Ter aanvulling op de openlijk religieuze cultussen, kan met name in het afgelopen decennium een toename worden waargenomen in het aantal seculaire 'bewustzijnssekten', zoals een populair nieuwstijdschrift ze noemt (*U.S. News and World Report*, feb. 16, 1976, p. 40). Tot deze 'geesttherapie'-groepen behoren onder andere de 'Erhard Seminars Training' die in 1971 werd gesticht, 'Rolfing', 'Silva Mind Control' en verscheidene vormen van 'confrontatie' en 'biofeedback' die allen een 'ontlading van spanning' en het 'gebruiken van de verborgen capaciteiten' van de mens aanbieden, uitgedrukt in een min of meer plausibel twintigste-eeuws 'wetenschappelijk' jargon. Ook wordt men herinnerd aan andere 'bewustzijnsbewegingen' die vandaag de dag minder populair zijn, van 'christelijke wetenschap' tot 'geesteswetenschap' en 'Scientology'.

Al deze bewegingen zijn onverenigbaar met het christendom. Orthodoxe christenen moeten verteld worden om koste wat kost bij deze *uit de buurt te blijven.*

Waarom zeggen wij dit zo stellig?

1. Deze bewegingen vinden hun oorsprong niet in de christelijke traditie of praktijk, maar zijn puur het product van oosterse heidense religies of van modern spiritisme, min of meer verwaterd en vaak gepresenteerd als zijnde 'niet-religieus'. Zij onderwijzen niet alleen verkeerd, niet overeenkomstig de christelijke doctrine en het spirituele leven; zij lijden het individu tevens, zij het via heidense religieuze praktijken of paranormale experimenten, een verkeer spiritueel

pad op welk enkel kan eindigen in spirituele en paranormale rampspoed en uiteindelijk tot het eeuwige verlies van de ziel.

2. De ervaring van 'spirituele stilte' die wordt aangeboden door verscheidene vormen van meditatie, zij het zonder een specifieke religieuze inhoud (zoals wordt beweerd door 'transcendente meditatie, bepaalde vormen van yoga en zen, en de seculiere cultussen) of met een heidense religieuze inhoud (zoals met Hare Krishna, de 'Goddelijke Lichtmissie', '3HO', etc.), is, om precies te zijn, een intrede tot het 'kosmische' spirituele domein waarin de dieperliggende zijde van de menselijke persoonlijkheid in contact komt met andere spirituele wezens. Deze wezens, in 's mens gevallen staat, zijn allereerst de *demonen* of gevallen geesten die het dichts bij de mens staan.[4] De mediterende zenboeddhisten, ondanks al hun waarschuwingen voor spirituele 'ervaringen', omschrijven hun confrontaties met deze geesten (vermengd met menselijke fantasieën), terwijl zij ondertussen benadrukken dat zij zich hier niet 'aan vast klampen'.[5]

3. De 'inwijding' tot de ervaringen van het paranormale domein die door de 'bewustzijnscultussen' worden aangeboden, betrekt het individu in iets dat voorbijgaat aan de bewuste controle over de menselijke wil; derhalve, zodra het individu eenmaal is 'ingewijd', is het vaak erg lastig om weer los te breken van ongewenste paranormale ervaringen. Op deze manier wordt het 'nieuwe religieuze bewustzijn' een vijand van het christendom die vele malen sterker en

---

[4] Zie Bisschop Ignatius Brianchaninovs uiteenzetting van de orthodoxe leer over de spirituele en zintuiglijke perceptie van geesten en het openen van 's mens 'deuren der waarneming', in *The Orthodox Word*, n. 82, 1978.

[5] Zie Jiyu Kennett, *How to Grow a Lotus Blossom*, Shasta Abbey, 1997–de omschrijving van de bijna-doodvisoenen van de zenmeester.

gevaarlijker is dan alle vroegere ketterijen. Wanneer de nadruk wordt gelegd op 'ervaring' boven doctrine, worden de gebruikelijke christelijke verdedigingen die hem beschermen tegen de aanvallen van gevallen geesten weggenomen of geneutraliseerd, en wordt hij door de passiviteit en 'openheid' die zo kenmerkend zijn voor de nieuwe cultussen letterlijk opengesteld voor misbruik door demonen. Studies die zijn uitgevoerd naar de ervaringen van velen van de 'bewustzijnscultussen' tonen aan dat er in hen een regelmatige progressie plaatsvindt van ervaringen die allereerst 'goed' en 'neutraal' zijn tot ervaringen die vreemd en beangstigend en uiteindelijk zelfs duidelijk demonisch worden. Zelfs de puur fysieke kant van paranormale disciplines zoals yoga zijn gevaarlijk, omdat zij zijn afgeleid van en het individu openstellen voor de paranormale houdingen en ervaringen die het oorspronkelijke doel vormen van de yogapraktijk.

De verleidende kracht van het 'nieuwe religieuze bewustzijn' is vandaag de dag zo groots dat de persoon er door bezeten kan raken zelfs wanneer hij ervan overtuigd is nog steeds christen te zijn. Dit geldt niet enkel voor hen die zich onderdompelen in het oppervlakkige syncretisme of de combinaties van het christendom en oosterse religies die hierboven zijn genoemd; maar ook voor een toenemend aantal mensen dat zichzelf als fervente christenen beschouwt. De hedendaagse diepgaande onwetendheid van de ware christelijke spirituele ervaring brengt een valse christelijke 'spiritualiteit' voort welks aard nauw verwant is aan het 'nieuwe religieuze bewustzijn'.

In hoofdstuk VII zullen wij een grondige en nauwlettende blik werpen op wat vandaag de dag de meest wijdverspreide stroming van 'christelijke spiritualiteit' is. Daar zullen wij het beangstigende vooruitzicht ontwaren van een 'nieuw religieus bewustzijn' dat bezit neemt van welbedoelde christenen, zelfs orthodoxe christenen–op zodanige wijze dat wij over de spiritualiteit van de hedendaagse wereld niet anders kunnen denken dan in de apocalyptische termen van de 'grote misleiding' door welke het merendeel van de mensheid vóór het einde der tijden misleid zal worden. Tot dit onderwerp zullen wij aan het eind van dit boek terugkeren.

VI

'TEKENEN UIT DE HEMEL'

EEN ORTHODOX-CHRISTELIJKE OPVATTING VAN UNIDENTIFIED FLYING OBJECTS (UFO's)

De decennia na de Tweede Wereldoorlog, gedurende welke de verbijsterende toename van oosterse religieuze cultussen en diens invloed in het Westen is waargenomen, hebben ook het begin en de verspreiding van parallelle fenomenen voortgebracht die, hoewel zij op het eerste gezicht volledig los lijken te staan van religie, bij nadere beschouwing net zulke sterke tekenen blijken te zijn van het 'postchristelijke' tijdperk en het 'nieuwe religieuze bewustzijn' als de hiervoor besproken oosterse cultussen. Dit fenomeen is dat van de 'unidentified flying objects', of ufo's, die naar verluid in nagenoeg elk deel van de wereld zijn waargenomen nadat in 1947 de eerste 'vliegende schotel' werd gesignaleerd.

Menselijke goedgelovigheid en bijgelovigheid–die vandaag de dag in niet mindere mate aanwezig zijn dan op eender welk moment in onze geschiedenis–hebben ervoor gezorgd dat dit fenomeen tot op zekere hoogte samenhangt met het 'excentrieke randgebied' van de cultuswereld; maar er is tegelijkertijd een dermate serieuze en verantwoordelijke interesse in geweest om meerdere overheidsonderzoeken en een aantal boeken van gerenommeerde wetenschappers te hebben voortgebracht. Geen van deze onderzoeken is er echter in geslaagd om deze objecten te identificeren als fysieke werkelijkheid. De laatste hypothesen die door verscheidene wetenschappelijke onderzoekers zijn gemaakt om het fenomeen te kunnen verklaren, lijken echter dichter in de buurt te komen van een bevredigende verklaring dan de theorieën die in het verleden zijn voorgesteld; toch brengen deze laatste hypothesen ons tot de 'grens van de realiteit' (zoals een van de nieuwe wetenschappelijke boeken over dit onderwerp is betiteld), naar de grenzen van de paranormale en spirituele realiteit voor welke deze onderzoekers niet zijn toegerust ze adequaat te behandelen. De rijkheid van de Schriftuurlijke en kerkvaderlijke kennis van precies deze laatste realiteit, plaatst de orthodox christelijke aanschouwer in een uniek voordelige positie vanuit welke deze nieuwe hypothesen en het 'ufo'-fenomeen in zijn algemeen kunnen worden geëvalueerd.

De orthodox christelijke aanschouwer is echter minder geïnteresseerd in de fenomenen zelf dan in de *mentaliteit* waarmee zij geassocieerd worden: hoe worden ufo's gewoonlijk door mensen geïnterpreteerd, en waarom? Een van de eersten die het ufo-vraagstuk op deze manier benaderde, aan de hand van een serieuze studie, was vermaarde Zwitserse psycholoog C. G. Jung. In zijn boek uit 1959, *Flying Saucers: A Modern Myth of Things Seen in the Skies*, benaderde hij het fenomeen als zijnde voornamelijk psychologisch en religieus in betekenis; en hoewel hijzelf niet poogde ze te identificeren als 'objectieve realiteit', wist hij desalniettemin het domein van de menselijke kennis waartoe zij behoren te bevatten. Hedendaagse onderzoekers, terwijl zij beginnen met de 'objectieve' en niet de psychologische kant van de vraagstelling, hebben het tevens als noodzakelijk ervaren om 'paranormale' hypothesen voor te leggen teneinde het fenomeen te kunnen verklaren.

Bij het benaderen van de religieuze en psychologische kant van het ufofenomeen, is het voor ons van belang om, allereerst, de context te begrijpen waarbinnen 'vliegende schotels' doorgaans zijn geïnterpreteerd (door zij die geloven in hun bestaan) vanaf het moment van hun eerste verschijning in de veertigerjaren. *Wat was de mens bereid te zien in de lucht?* Het antwoord op deze vraag kan gevonden worden in een kortstondige blik op de literatuur van de populaire 'sciencefiction'.

1. De sciencefictiongeest

Sciencefictiongeschiedkundigen herleiden de oorsprong van deze literatuurvorm meestal terug naar het begin van de negentiende eeuw. Sommigen geven de voorkeur aan het zien van diens totstandkoming in de korte verhalen van Edgar Allan Poe, waarin een overtuigend realisme werd gecombineerd met een materie die altijd doorspekt was met het 'mysterieuze' en de occult. Anderen zien de eerste sciencefictionschrijver in Poe's Engelse tijdgenoot, Mary Wollstonecraft Shelley (vrouw van de bekende dichter); haar *Frankenstein* combineert fantasierijke wetenschap met occultisme op een manier die sindsdien erg kenmerkend is geworden voor sciencefictionverhalen.

Het typische sciencefictionverhaal, echter, zou pas tegen het eind van de negentiende en het begin van de twintigste eeuw verschijnen aan de hand van Jules Verne en H.G. Wells. Van een grotendeels tweederangs literatuurvorm in de Amerikaanse 'pulp'-tijdschriften van de dertiger en veertiger jaren, is sciencefiction de laatste decennia uitgegroeid tot een respectabele internationale literatuurvorm. Daarnaast hebben een aantal uiterst populaire films aangetoond hoe de publieke verbeelding is gegrepen door de geest van sciencefiction. De goedkopere en sensationelere sciencefictionfilms van de vijftigerjaren hebben in het afgelopen decennium plaatsgemaakt voor modieuze 'ideeën'-films, zoals *2001: A Space Odyssey, Star Wars* en *Close Encounters of the Third Kind*, om nog maar te zwijgen over de populairste en langst lopende televisieserie, *Star Trek*.

De sciencefictiongeest staat gestoeld op een onderliggende filosofie of ideologie, doorgaans vaker geïmpliceerd dan uitgesproken, die wordt gedeeld door nagenoeg allen die creëren in sciencefictionvormen. Deze filosofie kan als volgt worden opgesomd:

1. Religie, in de traditionele zin, is afwezig, of slechts aanwezig op een uiterst incidentele of kunstmatige manier. De literatuurvorm zelf is overduidelijk een product van het 'postchristelijke tijdperk' (die reeds naar voren kwam in de verhalen van Poe en Shelley). Het sciencefictionuniversum is een volledig seculair universum, al dan wel vaak met 'mystieke' boventonen van een occulte of oosterse soort. 'God', als Hij überhaupt wordt genoemd, is een vage en onpersoonlijke kracht in plaats van een persoonlijk wezen (zoals, bijvoorbeeld, de 'force' van *Star Wars*, een kosmische energie die zowel een goede als een slechte kant heeft). De toenemende fascinatie van de hedendaagse mens met sciencefictionthema's is een directe weerspiegeling van het verlies van traditionele religieuze waarden.

2. De kern van het sciencefictionuniversum wordt (ter vervanging van de afwezige God) ingenomen door *de mens*– meestal niet zoals de mens nu is, maar zoals de mens in de toekomst zal 'worden', overeenkomstig de moderne evolu-

tiemythologie. Hoewel de helden van sciencefictionverhalen doorgaans herkenbare mensen zijn, draait de kern van het verhaal meestal om hun ontmoetingen met verscheidene vormen van 'supermensen' van 'hoogontwikkelde' rassen uit de toekomst (of soms het verleden), of afkomstig uit ver-afgelegen sterrenstelsels. Het idee van de mogelijkheid op 'hoogontwikkeld' intelligent leven op andere planeten is zo sterk deel uit gaan maken van de hedendaagse mentaliteit, dat zelfs gerenommeerde wetenschappelijke (en semiwetenschappelijke) speculaties het beschouwen als vanzelfsprekend. Bijgevolg vindt een populaire boekserie van Erich von Däniken (*Chariots of the Gods, Gods from Outer Space*) ogenschijnlijk bewijs voor de aanwezigheid van 'buitenaardse' wezens of 'goden' in de oude geschiedenis, die zogenaamd verantwoordelijk zijn voor de plotselinge, en volgens de evolutietheorie moeilijk te verklaren, verschijning van de menselijke intelligentie. Serieuze wetenschappers in de Sovjet-Unie speculeren dat de vernietiging van Sodom en Gomorra het resultaat was van een nucleaire explosie, dat 'buitenaardse' wezens eeuwen geleden al de aarde bezochten, dat Jezus Christus wellicht een 'kosmonaut' is geweest en dat wij vandaag de dag wellicht op de rand staan van een 'wederkomst' van intelligente ruimtewezens.[1] Evenzo serieuze wetenschappers in het Westen zien het bestaan van 'buitenaardse intelligentie' als waarschijnlijk genoeg om, gedurende de afgelopen achttien jaar, via radiotelescopen contact met hen hebben geprobeerd te leggen, en momenteel worden er door astronomen van

....

[1] Sheila Ostrander en Lynn Schroeder, *Psychic Discoveries Behind the Iron Curtain*, Bantam Books, 1977, pp. 98-99. Zie ook de artikelen in het Russisch van Dr. Vyacheslav Zaitsev, 'Visitors from Outer Space', in *Sputnik*, januari 1967, en 'Temples and Spaceships', *Sputnik*, januari 1968.

over de hele wereld tenminste zes zoektochten verricht naar intelligente radiosignalen uit de ruimte. Hedendaagse protestantse en katholieke 'theologen'–die gewend zijn geraakt 'de wetenschap' te volgen waar het hen ook leidt–speculeren, op hun beurt, binnen het nieuwe domein van 'exotheologie' (de 'theologie van de ruimte') over de mogelijke aard van de 'buitenaardse' rassen.[2] Het kan nauwelijks worden ontkend dat de mythe achter sciencefiction zelfs onder vele hedendaagse geleerden een sterke fascinatie kent.

De toekomstige 'geëvolueerde' wezens in sciencefictionliteratuur worden steevast neergezet als wezens die de beperkingen van de hedendaagse mensheid zijn 'ontgroeid', met name de beperkingen van 'persoonlijkheid'. Net als de 'God' van sciencefiction, is ook de 'mens' vreemd onpersoonlijk geworden. In Arthur C. Clarkes *Childhood's End*, heeft het nieuwe mensenras het uiterlijke vertoon van kinderen, maar beschikken zij over gezichten zonder enige persoonlijkheid; zij staan op het punt begeleid te worden naar nog hogere 'evolutionaire' transformaties om uiteindelijk te worden geabsorbeerd in de onpersoonlijke 'Overgeest'. In het algemeen worden 'evolutionaire vooruitgang' en 'spiritualiteit' in de literatuur van sciencefiction–in directe tegenstelling tot het christendom, maar exact overeenkomstig sommige scholen van de oosterse denkwijze–gezien in termen van een toenemende onpersoonlijkheid.

3. Zowel de toekomstige wereld als de toekomstige mensheid worden binnen sciencefiction ogenschijnlijk gezien in termen van 'projecties' van hedendaagse wetenschappelijke ontdekkingen; in werkelijkheid, echter, komen deze 'projecties' vrij opmerkelijk overeen met de alledaagse realiteit van

----

[2] Zie *Time Magazine*, 24 april, 1978.

occulte en openlijk demonische ervaringen die door de eeuwen heen zijn vastgelegd. Zo beschikken de 'hoogontwikkelde' wezens van de toekomst onder andere over de volgende gaven: het vermogen om te vliegen; om zich te materialiseren en te dematerialiseren; om de gedaante van dingen te transformeren of illusionaire scènes en wezens te scheppen door middel van 'pure gedachten'; om zich op hoge snelheid te verplaatsen ver voorbij de mogelijkheden van de hedendaagse technologie; om bezit te nemen over de lichamen van aardemensen; om te communiceren via mentale telepathie; en het uitgebreid uiteen kunnen zetten van een 'spirituele' filosofie die 'alle religies overstijgt' en een 'staat van zijn' beloofd waarin de 'vergevorderde intelligente levensvormen' niet langer afhankelijk zullen zijn van materie. Al deze behoren tevens tot de gebruikelijke praktijken en beweringen van duivelskunstenaars en demonen. Een recente geschiedenis van sciencefiction merkt op dat 'een aanhoudend aspect van de visie van sciencefiction het verlangen is naar het overstijgen van normale ervaringen ... via de presentatie van personages en gebeurtenissen die de wetten van tijd en ruimte overtreden.'[3] De scripts van *Star Trek* en andere sciencefictionverhalen, met hun futuristische 'wetenschappelijke' apparaten, lezen deels als uittreksels van de levens van oude orthodoxe heiligen, waar de daden van duivelskunstenaars worden omschreven in een tijd waarin tovenarij nog een belangrijk onderdeel uitmaakte van het heidense leven. Sciencefiction in het algemeen is meestal helemaal niet zo wetenschappelijk, noch erg 'futuristisch'; het is eerder een terugkeer naar de 'mystieke' oorsprong van de moderne wetenschap–de wetenschap van

....

[3] Robert Scholes en Eric S. Rabkin, *Science Fiction: History, Science, Vision*, Oxford University Press, 1977, p. 175.

vóór het tijdperk van de 17e- en 18e-eeuwse 'verlichting' die veel dichter in de buurt kwam van het occultisme. Dezelfde geschiedenis van sciencefiction merkt op dat 'de wortels van sciencefiction, net als de wortels van de wetenschap zelf, in de magie en mythologie liggen.'[4] Hedendaagse onderzoeken en experimenten binnen de 'parapsychologie' wijzen tevens op een toekomstige connectie tussen de 'wetenschap' en het occultisme–een ontwikkeling waarmee sciencefictionliteratuur volledig in harmonie is.

Sciencefiction in de Sovjet-Unie (waar het evenzo populair is als in het Westen, al is diens ontwikkeling iets anders verlopen) kent exact dezelfde thema's als westerse sciencefiction. Over het algemeen zijn de 'metafysische' thema's in sovjetsciencefiction (dat gebogen gaat onder het waakzame oog van de 'materialistische' censoren) afkomstig van de invloed van westerse schrijvers of van een directie hindoeïstische invloed, zoals in het geval van de schrijver Ivan Efremov. De lezer van sovjetsciencefiction, volgens de woorden van een recensent, 'ontwikkelt een onbewuste gave om de beslissende afbakeningen te kunnen onderscheiden tussen wetenschap en magie, tussen wetenschapper en duivelskunstenaar, tussen toekomst en fantasie.' Zowel de oosterse als westerse sciencefiction, zo zegt dezelfde schrijver, net als andere aspecten van de hedendaagse cultuur, 'bevestigen het feit dat de hogere stadia van het humanisme in het occultisme liggen.'[5]

4. Bijna vanwege diens 'futuristische' aard neigt sciencefiction ernaar utopisch te zijn; maar weinig romans of verhalen beschrijven een daadwerkelijk volmaakte toekomstige

---

[4] Scholes en Rabkin, p. 183.

[5] G.V. Grebensm *Ivan Efremov's Theory of Soviet Science Fiction*, Vantage Press, New York, 1978, pp. 108, 110.

samenleving, al draaien de meesten wel om de 'evolutie' van de hedendaagse maatschappij tot iets hogers, of de ontmoeting met een vergevorderde beschaving op een andere planeet, in de hoop om onze hedendaagse problemen en algemene beperkingen te overkomen. In de sciencefiction van Efremov en andere schrijvers uit de Sovjettijd, groeit het communisme zelf uit tot iets 'kosmisch', 'begint het non-materialistische kwaliteiten aan te nemen' en zal de 'postindustriële beschaving zo als het hindoeïsme zijn.'[6] De 'vergevorderde wezens' uit de ruimte zijn vaak begiftigd met 'verlosser'-achtige kwaliteiten en de landingen van ruimteschepen op aarde luiden vaak 'apocalyptische' gebeurtenissen in–veelal het arriveren van goedaardige wezens die de mensheid naar haar 'evolutionaire vooruitgang' leiden.

Kortom, de sciencefictionliteratuur van de twintigste eeuw is van zichzelf een duidelijk teken van het verlies van christelijke waarden en de christelijke interpretatie op de wereld; het is een krachtig vehikel geworden voor het verspreiden van een niet-christelijke filosofie van leven en geschiedenis, grotendeels onder open of verborgen occulte en oosterse invloeden; en in een cruciale tijd van crisis en transitie binnen de menselijke beschaving, heeft het als een primaire kracht gediend voor het vestigen van de hoop op, en een werkelijke verwachting van, 'bezoekers uit de ruimte' die al de problemen van de mensheid zullen oplossen en door wie de mens een nieuw 'kosmisch' tijdperk zal worden ingeleid. Hoewel het zich voordoet als zijnde wetenschappelijk en niet-religieus, is sciencefictionliteratuur in werkelijkheid een van de voornaamste verspreiders (in seculiere vorm) van het 'nieuwe religieuze bewustzijn' waar de mensheid door wordt meegevoerd, terwijl tegelijkertijd de invloed van het christendom wordt ingeperkt.

---

[6] Ibid., pp. 109-10.

Dit alles vormt een noodzakelijke context voor het behandelen van de werkelijke manifestaties van 'ufo's', die gek genoeg aansluiten bij de pseudoreligieuze verwachtingen die in de 'postchristelijke' mens zijn opgewekt.

2. Het wetenschappelijk onderzoek naar ufowaarnemingen

Het kan gezegd worden dat hoewel fictie de mens in zekere zin heeft voorbereid op de verschijning van ufo's, ons begrip van hun 'objectieve' realiteit niet kan worden afgeleid van literatuur of menselijke verwachtingen en fantasieën. Voordat wij kunnen begrijpen wat zij zijn, moeten wij eerst kennis hebben van de aard en betrouwbaarheid van ufowaarnemingen. Is er werkelijk iets 'daarboven' in de lucht, of is het fenomeen in zijn geheel een kwestie van misperceptie aan de ene hand, en een psychologische en pseudoreligieuze wensvervulling aan de andere?

Een betrouwbaar overzicht van ufofenomenen is gegeven door dr. Jacques Vallee, een Franse wetenschapper woonachtig in Californië met mastertitels in astrofysica en computerwetenschappen en wie al meerdere jaren betrokken is bij de wetenschappelijke analyse van ufomeldingen. Zijn getuigenis is des te waardevoller voor ons daar hij ufowaarnemingen buiten de Verenigde Staten, met name in Frankrijk, nauwkeurig heeft bestudeerd en derhalve in staat is een reëel internationaal beeld te schetsen van hun verdeling.

Dr. Vallee is van mening[7] dat, hoewel vreemde vliegende objecten de afgelopen eeuwen op verschillende mo-

---

[7] *UFOs in Space: Anatomy of a Phenomenon*, Ballantine Books, New York, 1977 (voor het eerst gepubliceerd door Henry Regnery Company,

menten zijn waargenomen, hun 'moderne geschiedenis' als een massafenomeen van start ging in de jaren tijdens en vlak na de Tweede Wereldoorlog. Interesse vanuit Amerika kwam tot stand door de waarnemingen in 1947, al werden er voor die tijd ook al een aantal waarnemingen gedaan in Europa. Tijdens de Tweede Wereldoorlog maakten vele piloten melding van vreemde lichten die onderworpen leken te zijn aan intelligente controle[8] en in 1946, met name in juli, vond er een serie waarnemingen plaats in Zweden en andere Noord-Europese landen.[9] De waarnemingen behorend tot deze 'Scandinavische golf' werden in eerste instantie geïnterpreteerd als 'meteorieten', vervolgens als 'raketten' (of 'spookraketten') of 'bommen', en uiteindelijk als een 'nieuw soort luchtvaartuig' dat in staat was buitengewone luchtbewegingen uit te voeren zonder ook maar enig spoor op de grond achter te laten wanneer zij leken te landen. De Europese pers stond vol met meldingen van de waarnemingsgolf en iedereen in Zweden had het erover; duizenden waarnemingen werden gemeld, maar geen enkele keer werd de hypothese van 'buitenaardse' of 'interplanetaire' oorsprong gesuggereerd. Dr. Vallee concludeert dat de 'golf' werd veroorzaakt door echt bestaande maar ongeïdentificeerde objecten en niet door een reeds bestaand 'ufo-gerucht' of de verwachting van 'bezoekers uit de ruimte'.[10] In deze en daaropvolgende 'schotelgolven' ziet hij geen enkele correlatie tussen de wijdverspreide interesse in sciencefiction en pieken in ufo-activiteit; tevens had er ook eerder

....

1965); paginanummers zoals aangegeven in de tekst hierboven.

[8] Ibid., p. 47.

[9] Ibid., pp. 47-53.

[10] Ibid., p. 53.

geen 'schotelgolf' plaatsgevonden tijdens de grootschalige paniek in Amerika na Orson Welles' radioadaptatie van H. G. Wells' *The War of the Worlds* in 1938. Hij concludeert dat 'de geboorte, groei en uitbreiding van een ufo-golf een objectief fenomeen is dat zich voordoet onafhankelijk van de bewuste of onbewuste invloed van de getuige en diens reacties erop.'[11]

De eerste gepubliceerde waarneming in de Verenigde Staten vond plaats in juni 1947, toen Kenneth Arnold, een verkoper die op dat moment een vlucht maakte in zijn privévliegtuig, negen schijfvormige objecten zag, eruitziend als 'schotels', die in de staat Washington rond Mt. Rainer vlogen. De kranten gingen met het verhaal aan de haal en het tijdperk van de 'vliegende schotel' ging van start. Echter was dit, interessant genoeg, helemaal niet de eerste waarneming in Amerika; andere, niet-gepubliceerde waarnemingen waren namelijk in de maanden daarvoor al gedaan. Er vond tevens een ufo-golf plaats (van vijftig meldingen) in Hongarije in begin juli van dat jaar. De waarnemingen van 1947 kunnen derhalve niet allemaal worden toegeschreven aan hysterie ten gevolge van het incident-Arnold. Er vond nog een aantal andere waarnemingen plaats tijdens de Amerikaanse golf van 1947, met name in de maanden juni, juli en augustus. Hoewel sommige kranten speculeerden over 'interplanetaire bezoekers', werden deze waarnemingen serieus genomen door wetenschappers die ervan uit gingen dat zij het resultaat waren van geavanceerde menselijke technologieën, waarschijnlijk van Amerikaanse, of wellicht Russische, oorsprong (pp. 54-57).

....

[11] Ibid., p. 31.

Een tweede golf vond plaats in juli 1948, met waarnemingen in zowel Frankrijk als Amerika. In de Verenigde Staten werd er een spectaculaire nachtelijke waarneming gedaan door de piloten van een DC-3-vliegtuig van Eastern Airlines van een torpedoachtig schip met twee rijen met 'patrijspoorten' en omgeven door een blauwe gloed en een staart van oranje vlammen, dat zich zo manoeuvreerde om een aanvaring te vermijden en vervolgens uit het zicht verdween. In augustus van hetzelfde jaar vonden er meerdere waarnemingen plaats in Saigon en andere delen van Zuidoost-Azië van een 'lang visachtig object' (pp. 57-59).

In 1949 werden er meer meldingen gemaakt van vreemde schotels en bollen in Zweden en meer ufo's in Amerika, waaronder twee waarnemingen door getrainde astronomische observatoren (pp. 60-62). Kleine ufo-golven, alsmede geïsoleerde waarnemingen, bleven ook in 1950 en 1951 plaatsvinden in met name de Verenigde Staten, maar ook in Europa (pp. 62-65).

In 1952 vond de eerste echt internationale ufo-golf plaats, met vele waarnemingen in de Verenigde Staten, Frankrijk en Noord-Afrika. Tijdens de piek van deze golf werden twee sensationele waarnemingen gedaan boven het Capitool en het Witte Huis in Washington, D.C. (een gebied dat onder continue radartoezicht staat). In september vond er een golf plaats die Denemarken, Zweden en het noorden van Duitsland en Polen omvatte. Op hetzelfde moment werd in Frankrijk de eerste ufo-'landing' vastgelegd, samen met een signalement van 'kleine mannen' (pp. 65-69).

In 1953 vonden geen golven plaats, maar wel een aantal individuele waarnemingen. De opmerkelijkste daarvan vond plaats in Bismark, Noord-Dakota, waar 's nachts, gedurende drie uur, vier objecten boven een luchtfilterstation bleven zweven; een officieel rapport van deze gebeurtenis bestond uit meerdere honderden pagina's met getuigenverslagen van voornamelijk piloten en militair personeel (pp. 69-70).

In 1954 vond de grootste internationale golf tot dan toe plaats. Frankrijk werd letterlijk overspoeld met waarnemingen, met tientallen meldingen per dag in de maanden september, oktober en november. Tijdens deze Franse golf werd het probleem van een serieus wetenschappelijk onderzoek naar ufofenomenen maar al te goed duidelijk: 'Het fenomeen was zo intens, de impact op de publieke opinie zo diep en de mediareactie zo emotioneel, dat de wetenschappelijke reflexen al verzadigd waren nog voordat een serieus onderzoek kon worden opgesteld. Als gevolg kon geen enkele wetenschapper zich het risico permitteren zijn reputatie op het spel te zetten door publiekelijk dit fenomeen, dat reeds zo emotioneel verwrongen was, te bestuderen; Franse wetenschappers hielden zich stil tot de golf voorbij was' (p. 71).

Tijdens de Franse golf waren de typerende kenmerken van latere ufo-ontmoetingen geregeld aanwezig: ufo-'landingen' (met op zijn minst enige mate van indirect bewijs), lichtstralen die zich vanuit de ufo op de getuige richtten, het stilvallen van motoren in de nabije omgeving, vreemde kleine wezens in 'duikpakken', ernstige geestelijke en fysieke schade aan de getuigen.

Sinds 1954 worden er elk jaar in verschillende landen meerdere waarnemingen gedaan, met grootse internationale golven in 1965, 1967 en 1972-1973; met name in Zuid-Amerikaanse landen zijn waarnemingen groots in aantal en verstrekkend in gevolg geweest.

Het bekendste overheidsonderzoek naar ufo's was dat van de Amerikaanse Luchtmacht dat kort na de eerste Amerikaanse waarneming in 1947 werd uitgevoerd; dit onderzoek, dat sinds 1951 bekendstaat onder de naam 'Project Blue Book', duurde tot 1969 toen het werd opgeheven op aanbeveling van het 'Condon Rapport' van 1968–het werk van een wetenschappelijk comité onder leiding van een bekende natuurkundige van de Universiteit van Colorado. Zij die zowel 'Blue Book' als het 'Condon Comité' nauwkeurig hebben onderzocht, echter, hebben opgemerkt dat door geen van beide het ufofenomeen serieus werd genomen en dat hun voornaamste bezigheid voornamelijk te doen had met 'publieke relaties', door met verschillende verklaringen te komen voor deze raadselachtige luchtverschijnselen om zo de publieke angst ervoor te kunnen bedaren. Sommige 'vliegende schotel'-groepen beweerden dat de Amerikaanse overheid van deze onderzoeken gebruikmaakte als 'verdoezeling' van de 'ware aard' van ufo's; maar al het bewijs wijst in de richting van het feit dat de onderzoeken naar dit fenomeen simpelweg zorgeloos werden ondernomen, omdat het niet serieus werden genomen–met name nadat de wat vreemdere ufo-verhalen voor enig ongemak zorgden bij de wetenschappers. De eerste directeur van 'Blue Book', kapitein Edward Ruppelt, gaf toe dat 'had de Luchtmacht een rookgordijn proberen op te gooien, ze het niet beter zou zijn gelukt…. Het probleem werd aangepakt met georganiseerde verwarring…. Alles werd geëvalueerd op basis van de veronderstelling dat ufo's niet konden bestaan.'[12] Het Condon-rapport bevat een aantal klassieke 'verklaringen' voor ufo's; zo beweerd een van deze, bijvoorbeeld, dat 'derhalve dient deze uitzonderlijke waarneming te worden toegewezen aan de

---

[12] Ruppelt, *Report on Unidentified Flying Objects*, Ace Books, New York, 1956, pp. 80, 83.

categorie van een vrijwel zeker natuurlijk fenomeen dat zo zeldzaam is dat het blijkbaar nooit eerder, noch sindsdien, is vastgelegd.' Astronoom J. Allen Hynek van de Northwestern-universiteit, de hoofdadviseur van 'Blue Book' gedurende het grootste deel van diens tweeëntwintigjarige bestaan, bestempelde de hele kwestie publiekelijk als 'een pseudowetenschappelijk project'.[13]

Tijdens diens tweeëntwintig jaar aan onderzoeken, want dat waren het, verzamelde 'Project Blue Book' meer dan 12.000 gevallen van raadselachtige luchtverschijnselen, waarvan 25% 'ongeïdentificeerd' bleven zelfs na diens vaak geforceerde 'verklaringen'. Vele duizenden andere gevallen zijn en worden verzameld en onderzocht door private organisaties in de Verenigde Staten en daarbuiten, hoewel nagenoeg alle overheidsorganisaties zich ervan weerhouden hierop te reageren. In de Sovjet-Unie werd het onderwerp voor het eerst publiekelijk besproken (in andere woorden, met toestemming van de overheid) in 1967, toen dr. Felix U. Ziegel van het Luchtvaartinstituut van Moskou, in een artikel in het sovjettijdschrift *Smena*, beweerde dat 'sovjetradar al twintig jaar lang ufo's oppikt'.[14] Rond dezelfde tijd vond er een wetenschappelijke sovjetconference plaats getiteld 'Over ruimtebeschavingen', geleid door de Amerikaanse astronoom Victor Ambartsumyam, die aandrong op een voorafgaande studie van de wetenschappelijke en technische problemen van het communiceren met dergelijke 'beschavingen', wiens

---

[13] Hynek, *The UFO Experience: A Scientific Inquiry*, Ballantine Books, New York, 1977, pp. 215, 219.

[14] 'UFOs, What Are They?' in *Smena*, 7 april, 1967. Zie ook zijn artikel 'Unidentified Flying Objects' in *Soviet Life*, februari 1968; Ostrander en Schroeder, *Psychic Discoveries Behind the Iron Curtain*, pp. 94-103.

bestaan als vanzelfsprekend worden geacht.[15] Het daaropvolgende jaar werd het ufo-onderwerp echter weer verboden door de Sovjet-Unie en hebben sovjetwetenschappers sindsdien slechts onofficieel over hun onderzoeken en hypothesen gesproken met westerse wetenschappers.

In de Verenigde Staten blijft het ufo-onderwerp enigszins 'verboden terrein' voor militair en wetenschappelijk personeel, maar wordt het de laatste jaren in toenemende mate, met name onder jongere wetenschappers, serieus genomen en komen zij samen om erover te discussiëren en tot manieren te komen om het te onderzoeken. Drs. Hynek en Vallee spreken van een 'onzichtbare universiteit' van wetenschappers die vandaag de dag actief geïnteresseerd zijn in ufofenomenen, hoewel de meesten niet willen dat hun naam publiekelijk met het onderwerp geassocieerd wordt.

Er zijn, natuurlijk, ook zij die het fenomeen in zijn geheel ontkennen en het verklaren als mispercepties van natuurlijke objecten, luchtballonnen, vliegtuigen, etc., om nog maar te zwijgen over oplichterijen en psychologische 'projecties'. Een van deze personen, Philip Klass, neemt genoegen in het 'ontkrachten' van ufo's door sommigen van de waarnemingen te onderzoeken en deze vervolgens te bestempelen als een natuurlijk fenomeen of als bedrog. Zijn onderzoek heeft hem ervan overtuigd dat 'het idee van wonderlijke ruimteschepen afkomstig van verre beschavingen een sprookje is dat is toegespitst op de volwassen mentaliteit.'[16] Dergelij-

---

[15] Felix Ziegel, 'On Possible Exchange of Information with Extra-Terrestrial Civilizations,' een paper die werd gepresenteerd tijdens de All-Union Engineering Institute in Moskou, 13 maart, 1967; *Psychic Discoveries*, p. 96.

[16] Philip J. Klass, *UFOs Explained*, Random House, New York, 1974, p. 360.

ke koppige onderzoekers, echter, beperken zich meestal tot gevallen waarbij *daadwerkelijk fysiek bewijs* van een ufo is achtergelaten (de zogenaamde 'dichtbije ontmoetingen van de tweede soort', zoals wij hieronder zullen zien); en zelfs trouwe voorvechters van het fenomeen zien zich gedwongen te bekennen dat hier maar erg weinig van te vinden is in zelfs de overtuigendste ufowaarnemingen. Het enige dat er de afgelopen jaren in is geslaagd om een aantal wetenschappers te overtuigen het fenomeen serieus te nemen, is niet hun fysieke bewijs, maar het feit dat *veel serieuze en betrouwbare personen iets hebben waargenomen dat niet te verklaren is, maar wat wel een enorme impact op ze heeft gehad.* Dr. Hynek schrijft over zijn onderzoek: 'Steevast had ik het gevoel dat ik met iemand sprak die oprecht een *ware gebeurtenis* omschreef. Voor hem of haar betrof het een geweldige ervaring, helder en absoluut niet droomachtig, een gebeurtenis waar de waarnemer doorgaans volledig op onvoorbereid was–iets dat al snel wordt beschouwd als zijnde onbevattelijk' (*The UFO Experience*, p. 14).

Deze combinatie van de vaak intense realiteit van de ervaring van een ontmoeting met een ufo (met name in het geval van de 'dichtbije ontmoetingen'), en de bijna volledige afwezigheid van enig fysiek bewijs ervan–maakt het onderzoek naar ufo's van nature niet met name een beschouwing van fysieke fenomenen, maar voornamelijk een onderzoek naar de menselijke meldingen ervan, hun geloofwaardigheid, consistentie, etc. Dit alleen plaatst het onderzoek al enigszins in het domein van psychologie en is voor ons voldoende om te kunnen concluderen dat de zoektocht naar puur 'fysiek bewijs' een inadequate benadering is. Toch is mr. Klass zijn mening dat de 'wonderlijke ruimteschepen' slechts een 'sprookje voor volwassenen' is wellicht ook niet ver bezijden de waarheid. De waarnemingen die van ufo's zijn gedaan zijn namelijk iets geheel anders dan de *interpretatie* die men heeft van hun (of andermans) waarnemingen–de eerste zou echt kunnen zijn, de tweede een 'sprookje' of mythe van onze tijd.

Dr. Hynek heeft veel werk verricht om een aantal van de veelvoorkomende misvattingen over ufowaarnemingen weg te nemen. Zo maakt hij duidelijk dat de meeste ufowaarnemingen niet worden gemeld door sekteleden, labiele of ongeschoolde personen. Het kleine aantal meldingen afkomstig van dergelijke personen is vaak makkelijk te herkennen als zijnde onbetrouwbaar en wordt dan ook niet verder onderzocht. De meest samenhangende en best gearticuleerde meldingen zijn echter afkomstig van normale, verantwoordelijke personen (vaak met wetenschappelijke scholing) die oprecht verrast of gechoqueerd zijn van hun ervaring en simpelweg niet weten hoe deze te verklaren is (*The UFO Experience*, pp. 10-11); hoe sterker de ervaring is en hoe dichterbij de ufo is waargenomen, hoe minder gewillig de getuigen zijn om er überhaupt melding van te maken. Ufo-dossiers bevatten een verzameling van 'ongeloofwaardige verhalen verteld door geloofwaardige mensen', zoals een Luchtmachtofficier opmerkte. Er is geen twijfel over mogelijk dat er *iets* achter de vele duizenden serieuze ufomeldingen schuilt.

3. De zes categorieën van ufowaarnemingen

Dr. Hynek, wie deze vraagstelling grondiger heeft onderzocht dan welke andere gerenommeerde wetenschapper dan ook, heeft ufofenomenen gemakshalve opgesplitst in zes algemene categorieën.[17] De eerste, die van 'nachtelijke lichten', is de

....

[17] *The Hynek UFO Report*, Dell Publishing Co., New York, 1977, hfst.

meest gemelde en de minst vreemde van deze zes. De meeste van dergelijke meldingen zijn gemakkelijk te verklaren als zijnde hemellichamen, meteoren, etc., en worden niet beschouwd als zijnde ufo's. Echt raadselachtige 'nachtelijke lichten' die intelligente beweging lijken te vertonen en niet verklaard kunnen worden als zijnde gewone luchtvaartuigen (en welke dus ook ongeïdentificeerd blijven), worden doorgaans waargenomen door meerdere getuigen, inclusief politieagenten, piloten en luchtverkeersleiders.

De tweede categorie is die van 'schotels die overdag gesignaleerd worden', welks gedrag sterk overeenkomt met dat van de 'nachtelijke lichten'. Dit zijn de originele 'vliegende schotels', en bijna alle ongeïdentificeerde waarnemingen binnen deze categorie worden inderdaad gedaan van schotels die variëren in vorm van cirkelvormig tot sigaarvormig. Zij hebben veelal een metalen voorkomen en zijn naar verluid in staat om zich op erg hoge snelheid voort te bewegen en te manoeuvreren (zoals plotselinge veranderingen van richting of bewegingloos zweven) ver buiten het vermogen van alle hedendaagse luchtvaartuigen. Er zijn veel vermeende foto's gemaakt van dergelijke schotels, maar geen van deze is erg overtuigend ten gevolge van zowel de afstand tot het object als de huidige bewerkmogelijkheden van beeldmateriaal. Net als 'nachtelijke lichten' worden ufo's binnen deze categorie bijna altijd gemeld als zijnde volledige geluidloos, en soms worden er twee of meerdere tegelijk waargenomen.

De derde categorie is die van 'visuele waarneming op de radar'–oftewel, radarwaarnemingen die op basis van onafhankelijke visuele waarneming worden bevestigd (daar radar zelf onderhevig is aan verschillende vormen van mispercep-

....
4-9; *The UFO Experience*, hfst. 5-10.

ties). De meeste van deze gevallen vinden 's nachts plaats en de beste betroffen gelijktijdige waarnemingen door vliegtuigen (soms bewust eropuit gezonden om de ufo te volgen) op vrij korte afstand; in dit laatste geval is de ufo het vliegtuig altijd te slim af, volgt het het soms zelfs voor enige tijd en verdwijnt het uiteindelijk met enorme snelheid uit het zicht (tot soms wel meer dan 6.500 kilometer per uur). Soms, zoals dat ook in categorieën 1 en 2 het geval is, lijkt het object zich op te splitsen en twee of meer afzonderlijke objecten te vormen, wat, hoewel zichtbaar voor het blote oog, niet altijd door radar wordt opgepikt. Waarnemingen binnen deze categorie, net als in de eerste twee, verschillen van duur tussen een paar minuten tot een paar uur.

Een aantal gevallen binnen de eerst drie categorieën zijn goed gedocumenteerd met meerdere betrouwbare, ervaren en onafhankelijke getuigen. Toch kan, zoals dr. Hynek opmerkt, elk *enkel* geval veroorzaakt worden door een uiterst uitzonderlijke combinatie van omstandigheden en niet door een nieuw en geheel onbekend fenomeen. Maar wanneer meerdere goed gedocumenteerde gevallen, allemaal gelijk aan elkaar, zich opstapelen, dan is de kans dat zij allen bijzondere mispercepties van natuurlijke objecten zijn, erg klein (*The UFO Experience*, p. 92). Dit is de reden waarom serieuze ufo-onderzoekers zich momenteel focussen op de verzameling van een aantal goed gedocumenteerde gevallen, en waarom de vergelijking tussen een aantal betrouwbare getuigenissen reeds concrete patronen van ufo-activiteit begint aan te tonen.

De emotionele respons van zij die ufo's binnen de eerste drie categorieën hebben aanschouwd, is er een van simpele perplexiteit en verontwaardiging; zij hebben iets gezien dat volkomen onverklaarbaar lijkt en blijven achter met een brandend verlangen om het van 'dichterbij' te zien. Slechts in een paar gevallen–doorgaans die van piloten die het ongeidentificeerde object getracht hebben te achtervolgen–werd er pure angst ervaren bij de ontmoeting met iets dat intelligent bestuurd lijkt te worden en ogenschijnlijk beschikt over een technologie die geavanceerder is dan alles wat wij vandaag de dag kennen. In gevallen van 'dichtbije ontmoetingen', daarentegen, is er sprake van een veel diepgaandere menselijke respons en komt de 'paranormale' kant van het fenomeen sterker naar voren.

'Dichtbije ontmoetingen van de eerste soort' (DO-I) zijn waarnemingen van lichtgevende objecten op korte afstand (ongeveer 150 meter of minder), waarbij het licht soms erg fel is en welke een lichtstraal op de grond eronder werpt. Wanneer de vorm van het object wordt beschreven, wordt het doorgaans beschreven als ovaal, soms met een koepel erbovenop, en de lichten worden vaak beschreven als roterend, meestal tegen de klok in. De objecten zweven vaak vlak boven de grond, af en toe met een zoemend geluid maar meestal geluidloos, en bewegen zich soms voor een aanzienlijke afstand vlak boven de grond voort waarna zij uiteindelijk met grote snelheid, en zonder enig geluid, recht omhoog uit het zicht verdwijnen. Er zijn meerdere getuigenissen van dergelijke 'dichtbije ontmoetingen' van soms meer dan één getuige; in alle goed gedocumenteerde gevallen komen deze getuigenissen steevast in grote lijnen met elkaar overeen, alsof het inderdaad hetzelfde object (of een soortgelijk object) is dat is waargenomen. Veelal vinden deze waarnemingen 's nachts plaats in dunbevolkte gebieden en zijn er een klein aantal getuigen per waarneming (gemiddeld drie tot vier voor de gevallen die dr. Hynek heeft onderzocht.)

'Dichtbije ontmoetingen van de eerste soort' zijn altijd ontzagwekkend en vaak beangstigend, maar laten geen zichtbare sporen achter; getuigen worden door de ervaring vaak zó overweldigd, dat zij er niet aan denken het object te fotograferen, zelfs wanneer er een camera bij de hand is. Kenmerkend voor het effect op getuigen is deze opmerking in een ufo-verslag uit 1955: 'Ik kan u verzekeren dat wanneer iemand een object als deze van zo dichtbij en voor zelfs maar een minuut heeft waargenomen, het voor de rest van hun leven in hun geheugen gegrift zal staan' (*The Hynek UFO Report*, p. 145). De ervaring is zo uitzonderlijk dat getuigen veelal niet worden geloofd wanneer zij er melding van maken–een feit waardoor velen het enkel in vertrouwen melden, en zelfs dan na vele jaren of überhaupt niet. Voor zij die het ervaren is de ervaring intens echt–maar voor anderen grotendeels onvoorstelbaar.

Bij een typische 'dichtbije ontmoeting van de eerste soort' in 1966 waren twee hulpsheriffs van Portage County, Ohio, betrokken. Rond een uur of vijf in de ochtend van 16 april, na te zijn gestopt om een auto te onderzoeken die op een landweg geparkeerd stond, zagen zij een object 'zo groot als een huis' dat opsteeg tot net boven de boomtoppen (zo'n dertig meter hoog). Terwijl het de hulpsheriffs naderde, werd het steeds helderder, waardoor het de gehele omgeving verlichtte, totdat het tot stilstand kwam en boven hun hoofden met een zoemend geluid bleef hangen. Toen het vertrok achtervolgden ze het voor zo'n honderd kilometer richting Pennsylvania met snelheden van wel 160 kilometer per uur. Twee politieagenten konden het object duidelijk op grotere hoogte zien voordat het recht omhoog schoot en tegen zonsopkomst uit het zicht verdween. Parlementaire druk dwong 'Project Blue Book' dit geval te onderzoeken; het werd 'verklaard' als een 'observatie van Venus' en de agenten die het hadden aanschouwd gingen gebukt onder een aanzienlijke spot in de pers, wat uiteindelijk bij een van de hen leidde tot een scheiding en het einde van zijn gezondheid en carrière (*The UFO Experience*, pp. 114-24). Vergelijkbare persoonlijke tragedies onder zij die 'dichtbije ontmoetingen' hebben gehad komen zo vaak voor, dat zij absoluut tot het lijstje van 'typische kenmerken' van dit fenomeen behoren.

'Dichtbije ontmoetingen van de tweede soort' (DO-II) komen in wezen overeen met DO-I-ervaringen, met als enige verschil dat hun aanwezigheid opmerkelijke fysieke en/of psychologische gevolgen teweegbrengt. Deze gevolgen kunnen onder andere markeringen op de grond zijn, het verschroeien of bederven van planten en bomen, een verstoring van elektrische circuits met radioruis of het stilvallen van automotoren als gevolg, ongemak bij dieren zoals wordt aangetoond door vreemd gedrag, en gevolgen voor de mens zoals tijdelijke verlamming of gevoelloosheid, een gevoel van hitte, misselijkheid of andere vormen van ongemak, tijdelijke gewichtloosheid (soms met zweven als gevolg), plotselinge genezing van wonden of pijnen, en verschillende andere psychologische en fysieke bijwerkingen zoals vreemde markeringen op het lichaam. Deze vorm van ufo-ontmoetingen biedt de grootste mogelijkheid voor een wetenschappelijk onderzoek, daar er naast de menselijke getuigenis ook sprake is van fysiek bewijs dat kan worden onderzocht; echter is er nog maar weinig onderzoek verricht, zowel omdat de meeste wetenschappers bang zijn verstrikt te raken in de vraag over het bestaan van ufo's, en omdat het bewijs zelf veelal niet overtuigend of gedeeltelijk subjectief is. Wel is er een catalogus samengesteld van meer dan 800 van dergelijke gevallen uit vierentwintig landen (*The Hynek UFO Report*, p. 30). Geen enkel 'onderdeel' van een ufo is echter ooit geverifieerd en de markeringen die op de grond worden achtergelaten, zijn vaak net zo raadselachtig als de waarnemingen zelf. De meest voorkomende markering die na een waarneming op de grond achterblijft (doordat de ufo zelf op de grond heeft gestaan of er net boven heeft gezweefd) betreft een verbrand, dor of ingedrukt gebied in de vorm van een ring, meestal vijf tot tien meter in doorsnede met een rand van een halve tot een meter dik. Deze 'ringen' houden weken of soms zelfs maanden aan en het binnenste van de ring (en soms ook de gehele cirkel) blijft naar verluid voor een of twee seizoenen na de waarneming onvruchtbaar. Een aantal chemische analyses die van de bodemgrond in dergelijke ringen zijn uitgevoerd, leverden geen definitieve conclusies op wat betreft de mogelijke oorsprong van deze toestand.

'Dichtbije ontmoetingen van de tweede soort' worden vaak 's nachts op afgelegen wegen ervaren. In veel soortgelijke gevallen land een glimmend object in een nabijgelegen veld of op de weg recht voor een auto of vrachtwagen, de motor en koplampen van het voertuig vallen uit en de inzittenden zijn doodsbang tot de ufo vertrekt, veelal door plotseling en geruisloos weer recht omhoog te schieten; pas daarna kan de motor van het voertuig weer gestart worden, of gaat vanzelf weer aan.

De vreemdste ufomeldingen zijn die welke te maken hebben met 'dichtbije ontmoetingen van de derde soort' (DO-III)–dat wil zeggen, ufo-ervaringen met 'levende wezens' ('inzittenden' of 'humanoïden'). Het eerste waar men aan denkt wanneer ze over dergelijke meldingen horen, is aan 'groene mannetjes' waardoor het hele fenomeen onmiddellijk van de hand zal worden gewezen als zijnde een grap of hallucinatie. Het succes van de recente sciencefictionfilm, vernoemd naar deze categorie van ufo-fenomenen, *Close Encounters of the Third Kind* (voor welke dr. Hynek diende als technisch adviseur), samen met het bewijs van de Gallup Poll in 1974 waaruit bleek dat 54% van zij die bekend waren met het ufofenomeen geloofden dat ze echt bestonden, en dat 46% van alle ondervraagden geloofde in intelligent leven op andere planeten[18] (welks percentage vandaag de dag absoluut hoger zou liggen)–wijzen echter op een snel toenemende aanvaarding door de hedendaagse mens van de mogelijkheid op werkelijke ontmoetingen met 'niet-menselijke' intelligenties. Sciencefiction heeft ons voorzien van de beelden, de 'evolutietheorie' heeft ons voorzien van de filosofie, en de technologie van het 'ruimtetijdperk' heeft ons voorzien van de plausibiliteit van dergelijke ontmoetingen.

Verbazingwekkend genoeg lijken deze ontmoetingen ook vandaag de dag nog steeds plaats te vinden, zoals wordt gestaafd door het bewijs van vele geloofwaardige getuigen. Van cruciaal belang, daarom, is de *interpretatie* die moet worden gedaan van deze voorvallen; betreft de achterliggende realiteit een werkelijk contact met 'bezoekers uit de ruimte', of is dit enkel een verklaring die wordt gegeven door de 'tijdgeest' voor een heel ander soort contact? Zoals wij hieronder zullen zien, hebben de hedendaagse wetenschappelijke onderzoekers van ufo's deze vragen reeds gesteld.

Dr. Hynek bekent zijn eigen afkeer voor het onder ogen moeten zien van de mogelijkheid op DO-III-ervaringen: 'Om eerlijk te zijn had ik dit stuk graag achterwege gelaten, mits

---

[18] J. Allen Hynek en Jacques Vallee, *The Edge of Reality: A Progress Report on Unidentified Flying Objects*, Henry Regnery Co., Chicago, 1975, pp. 289-90.

ik dat had kunnen doen zonder inbreuk te doen op mijn wetenschappelijke integriteit' (*The UFO Experience*, p. 158). Maar aangezien wetenschappelijke objectiviteit zijn streven is, acht hij het onmogelijk de goed gedocumenteerde gevallen van dit vreemde fenomeen, afkomstig van betrouwbare getuigen, te negeren. Van de bijna 1.250 'dichtbije ontmoetingen' die staan vermeld in een catalogus van dr. Jacques Vallee, maken er 750 melding van de landing van een luchtvaartuig en meer dan 300 van 'humanoïden' in of rondom het luchtvaartuig; een derde van al deze gevallen betreft een waarneming door meerdere getuigen (*Ibid.*, p. 161).

In een van deze 'humanoïde'-gevallen, die plaatsvond in november 1961 in een van de noordelijke lidstaten van de V.S., keerden vier mannen laat in de avond terug van een jachttrip toen een van hen een vlammend object neer zag dalen, alsof een halve kilometer voor hen een vliegtuig neerstortte. Toen zij de 'rampplek' naderden, zagen alle vier de mannen een cilindervormig vaartuig in een veld staan dat schuin in de grond stak en waar ogenschijnlijk vier menselijke figuren omheen stonden (dit zagen zij van een afstand van ongeveer honderdvijftig meter). Ze schenen licht op een van de figuren die ongeveer 1,35 meter hoog was en een witte overall leek te dragen; hij gebaarde naar de mannen dat zij op afstand moesten blijven. Na enige aarzeling (er nog steeds van uitgaand dat het om een vliegtuigcrash ging), begaven zij zich naar het nabijgelegen dorp om de politie in te schakelen. Toen zij terugkeerden, zagen zij enkel wat kleine rode lichten, alsof het de achterlichten van een auto waren. Samen met de politieagent reden zij het veld in en volgden de lichten totdat deze plotseling verdwenen, zonder enig spoor achter te laten in het modderige veld. Nadat de verbijsterde agent weer was vertrokken, zagen de mannen wederom de 'cilinder' met een rode gloed uit de hemel komen. Onmiddellijk nadat het object 'geland' was, konden zij er twee figuren omheen zien staan; een schot werd gelost (hoewel geen van hen bekende het schot gelost te hebben) en een van de figuren werd met een dreun in de schouder 'geraakt', tolde rond en viel op zijn knieën. In paniek renden de mannen terug naar hun auto en snelden weg, in overeenstemming dat zij dit voorval met niemand zouden bespreken. Eenmaal thuis hadden ze het vreemde gevoel dat zij die nacht enige tijd waren 'verloren'. De daaropvolgende dag kreeg een van de mannen op zijn werk bezoek van meerdere goedverzorgde 'officieel-uitziende' mannen die hem ondervraagden over het voorval (zonder daarbij het schot te noemen) en hem vervolgens in hun auto thuisbrachten, waar zij hem verder ondervraagden over zijn kleding en laarzen en vervolgens, na hem op het hart gedrukt te hebben het voorval met niemand te bespreken, weer vertrokken. De jager ging ervan uit dat deze mannen onderzoekers waren van de Amerikaanse Luchtmacht en het bestaan van een 'geheim apparaat' trachtten te verhullen, maar de mannen hadden zich niet geïdentificeerd en hebben hem nooit meer bezocht. Alle vier de mannen waren onwijs geschokt door het voorval, en pas na zes jaar voelde een van hen zich genoodzaakt het hele voorval te vertellen aan iemand van het Amerikaanse Ministerie van Financiën (*Edge of Reality*, pp. 129-41).

De belangrijkste kenmerken van dit verhaal zijn typerend voor veel 'dichtbije ontmoetingen van de derde soort'. Een ietwat ander geval is de beroemde ufo-'landing' in Kelly, een klein dorp nabij Hopkinsville, Kentucky, dat uitgebreid werd onderzocht door de politie, Luchtmacht en onafhankelijke onderzoekers. In de avond en nacht van 21 augustus, 1955, hadden zeven volwassenen en vier kinderen van een boerenhuishouden een langdurige ontmoeting met 'humanoïden'. Het voorval begon om zeven uur toen de tienerzoon van de familie een vliegend object achter de boerderij zag 'landen'. Niemand geloofde hem, maar een uur later kwam een 'kleine man' die een 'vreemde gloed' uitstraalde met zijn handen in de lucht richting het huis gelopen. Twee van de mannen in het huis schoten, uit angst, op het wezen toen het zich op een afstand van zo'n vijf meter bevond; het maakte een salto achterover en verdween in de duisternis. Kort daarna verscheen een soortgelijk wezen voor het raam; ze losten wederom een schot, en ook deze verdween. Nadat ze naar buiten waren gegaan schoten de mannen op nog een wezen met klauwachtige handen die zij op het dak hadden gezien; weer een andere zweefde vanuit een nabijgelegen boom naar de grond toen het was beschoten. Ook werden andere wezens gezien en beschoten (of wellicht was het hetzelfde wezen dat steeds weer tevoorschijn kwam), maar de mannen zagen hoe hun kogels van ze afkaatsten en geen effect leken te hebben; het klonk alsof ze een metalen emmer raakten. Na zonder enig resultaat vier patroondozen te hebben leeggeschoten, reden alle elf personen, doodsbang, naar het politiebureau van Hopkinsville. De politie arriveerde na middernacht bij de boerderij en voerden een grondig onderzoek uit op het terrein waarbij zij een aantal vreemde markeringen vonden en verschillende vreemde 'meteoren' in de richting van de boerderij zagen komen, maar geen 'wezens'. Nadat de politie was vertrokken kwamen de wezens weer tevoorschijn waardoor zij voor een nog grotere ontsteltenis zorgden onder de familie.

De 'humanoïden', in dit geval, werden beschreven als zijnde één tot anderhalve meter groot met enorme handen en ogen (zonder pupillen of oogleden), grote puntoren en armen die tot aan de grond reikten. Ze leken geen kleding te dragen, maar 'vernikkeld' te zijn. Ze benaderden de boerderij altijd vanaf de donkerste kant en kwamen niet dichterbij wanneer de buitenlampen werden aangezet.[19]

Dr. Hynek maakt sterk onderscheid tussen 'dichtbije ontmoetingen van de derde soort' en gevallen van zogenaamde 'contactpersonen'. Deze 'contactpersonen' hebben herhaaldelijke ontmoetingen met ufo's en buitenaardse wezen, waarbij zij vaak pseudoreligieuze berichten ontvangen van 'hoog ontwikkelde' wezens van andere planeten die op het punt staan naar de aarde te komen om 'vrede te stichten', en die vaak verbonden zijn aan religieuze ufo-sektes. De doorsnee DO-III-ervaringen, daarentegen, komen in het algemeen sterk overeen met andere 'dichtbije ontmoetingen'; ze worden ervaren door mensen met vergelijkbare beroepen en geloofwaardigheid, zijn evenzo onverwacht en veroorzaken een soort shock bij het zien van iets dat zo ongelooflijk is. De 'inzittenden' die gezien worden (meestal van een korte afstand) verzamelen volgens de getuigen vaak monsters van aarde of stenen waarbij zij een ogenschijnlijke interesse lijken te tonen in menselijke installaties en voertuigen, of 'repareren' hun eigen voertuig. De 'humanoïden' worden beschreven als beschikkend over grote hoofden met voornamelijk onmenselijke kentekenen (geen of grote, ver uit elkaar staande ogen; een kleine of überhaupt geen neus; een lege spleet als mond), spichtige benen, geen nek; sommigen lijken van menselijke lengte te zijn, anderen slechts een meter hoog, zoals in het geval van het Kelly-Hopkinsville-incident. Recentelijk is er een nieuwe catalogus opgesteld van meer dan 1.000 DO-III-gevallen (Hynek, *The UFO Experience*, p.31).

---

[19] Vallee, *UFOs in Space*, pp. 187-91; Hynek, *The UFO Experience*, pp. 172-77.

Er zijn meerdere gevallen geweest, op basis van serieuze meldingen van ogenschijnlijk betrouwbare personen, van 'ontvoeringen' door de inzittenden van een ufo, meestal met 'test'-doeleinden. Bijna al het bewijs voor deze gevallen (wanneer wij 'contactpersonen' niet meerekenen) is verkregen via regressieve hypnose; de ervaring is voor de getuige namelijk zo traumatisch, dat het bewustzijn het weert uit het geheugen, en het is vaak pas na lange tijd dat dergelijke personen akkoord gaan met hypnose teneinde hun mysterieuze 'tijdverlies' te verklaren–daar zij zich slechts het begin van de ontmoeting kunnen herinneren.

Een van de bekendste gevallen van 'ontvoering' vond plaats rond middernacht op 19 september, 1961, nabij Whitfield, New Hampshire. Het werd uiteindelijk het onderwerp van een boek van John Fuller (*The Interrupted Journey*), dat in verkorte vorm werd gedrukt in *Look Magazine*. Op deze avond keerden Barney en Betty Hill terug van een vakantie toen zij een ufo zagen neerdalen en die recht voor hun auto op een zijweggetje landde. Een aantal 'humanoïden' naderden hen en het eerstvolgende dat zij zich konden herinneren was dat zij twee uur later vijftig kilometer dichter bij huis waren. Het geheugenverlies zat hen dwars, met meerdere fysieke en mentale problemen als gevolg, waardoor zij uiteindelijk een psychiater bezochten. Onder hypnose waren zij beiden in staat om, onafhankelijk van elkaar, te vertellen wat er tijdens de verloren tijd had plaatsgevonden. Beiden vertelden dat zij door de 'humanoïden' aan boord waren genomen van een 'schip' en daar lichamelijke onderzoeken moesten ondergaan waarbij monsters werden genomen van hun nagels en huid. Nadat zij de hypnotische suggestie hadden ontvangen dat zij zich niets van de ervaring zouden kunnen herinneren, werden zij weer vrijgelaten. Onder hypnose vertelden zij met grote emotionele beroering over hun ervaring (*The UFO Experience*, pp. 178-84).

In een soortgelijk geval, om half drie 's nachts op 3 december, 1967, zag een politieagent in Ashland, Nebraska, een object met een rij flikkerende lichten op de weg, dat de lucht in schoot zodra hij het naderde. Hij meldde een 'vliegende schotel' aan zijn oversten en keerde terug naar huis met een hevige hoofdpijn, een zoemend geluid in zijn oren en een rode striem onder zijn linkeroor. Later kwam hij tot de ontdekking dat er die nacht een periode van twintig minuten was geweest waar hij zich niets meer van kon herinneren; onder hypnose vertelde hij dat hij de ufo had gevolgd, nadat deze weer was geland. De inzittenden hadden met een fel licht in zijn ogen geschenen en hem vervolgens aan boord genomen van hun 'schip', waar hij bedieningspanelen en computerachtige machines had gezien. (Een Franse ingenieur had iets soortgelijks gezien toen hij voor achttien dagen was 'ontvoerd'.) De 'humanoïden›, gekleed in overalls met daarop het symbool van een gevleugelde slang, vertelden de politieagent dat zij afkomstig waren uit een nabijgelegen sterrenstelsel, basissen hadden in de Verenigde Staten en hun voertuig bestuurden aan de hand van 'omgekeerd elektromagnetisme'; zij nemen willekeurig contact met mensen en 'willen ze verwarren'. Ze lieten de man vrij na hem opgedragen te hebben zich 'niet over deze nacht uit te spreken' (*The Invisible College*, pp. 57-59).

Op het eerste gezicht lijken dergelijke voorvallen simpelweg ongeloofwaardig, net als sommige vreemde gevallen van hallucinatie of een buitengewone verbeelding. Toch hebben er inmiddels te veel van dergelijke voorvallen plaatsgevonden dat wij ze niet zo gemakkelijk van de hand kunnen wijzen. Laat er echter geen misverstand over bestaan dat zij, net als de meldingen van ontmoetingen met fysieke luchtvaartuigen, niet erg overtuigend zijn. Daarbij waarschuwen psychiaters dat de resultaten van 'regressieve hypnose' erg twijfelachtig zijn; de gehypnotiseerde persoon is doorgaans niet in staat om onderscheid te maken tussen echte ervaringen en 'suggesties' die, zij het door de hypnotiseur of een ander op het moment van de vermeende 'dichtbije ontmoeting', in zijn geest zijn geplaatst. Maar zelfs wanneer deze ervaringen niet geheel 'echt' zouden zijn (zoals objectieve fenomenen in tijd en ruimte), dan is het feit dat in de afgelopen jaren zoveel van dergelijke ervaringen in de menselijke geest zijn 'geïmplanteerd' al veelbetekenend genoeg. Ongetwijfeld schuilt er ook wel degelijk *iets* achter deze 'ontvoeringen', en om dit te kunnen verklaren hebben ufo-onderzoekers recentelijk hun blik een andere kant op gericht.

Dergelijke ervaringen, en met name de 'dichtbije ontmoetingen' uit de zeventigerjaren, zijn duidelijk verbonden aan 'paranormale' of occulte fenomenen. Zo heeft men soms vreemde dromen vlak voordat zij ufo's zien, of horen zij geklop op de deur terwijl er niemand aan de deur staat, of worden zij naderhand geplaagd door vreemde bezoekers; sommige getuigen ontvangen ook telepathische berichten van de inzittenden van ufo's. Vandaag de dag materialiseren of dematerialiseren ufo's zich plotseling, in plaats van op hoge snelheid naar ons toe te komen en te vertrekken; soms vinden 'miraculeuze genezingen' plaats in hun bijzijn of wanneer een persoon wordt blootgesteld aan hun licht.[20] Maar 'dichtbije ontmoetingen' met ufo's hebben ook leukemie en stralingsziekte veroorzaakt; vaak is er sprake van tra-

....

[20] Jacques Vallee, *The Invisible College*, E.P. Dutton, Inc., New York, 1975, pp. 17, 21.

gische psychologische gevolgen: persoonlijkheidsstoornissen, krankzinnigheid of zelfs zelfmoord.[21]

De toename van het 'paranormale component' in ufowaarnemingen heeft onderzoekers ertoe gezet overeenkomsten te zoeken tussen ufo-ervaringen en occulte fenomenen, en te zoeken naar de sleutel tot het begrijpen van de paranormale gevolgen die ufo's teweegbrengen (*The Invisible College*, p. 29). Veel onderzoekers hebben de overeenkomsten opgemerkt tussen ufofenomenen en het 19^e-eeuwse spiritisme, waarbij ook paranormale fenomenen werden gecombineerd met vreemde fysieke effecten, maar dan met een primitievere 'technologie'. In het algemeen heeft er in de zeventigerjaren een vernauwing plaatsgevonden van de kloof tussen de 'normale' ufofenomenen uit het verleden en de ufo-sektes, overeenkomstig de toenemende ontvankelijkheid van de mensheid voor occulte praktijken in dit decennium.

4. Een verklaring voor het ufofenomeen

Dr. Jacques Vallees laatste boek over ufo's, *The Invisible College*, onthult wat gerenommeerde wetenschappers momenteel over het fenomeen denken. Hij is van mening dat wij 'zeer dicht in de buurt' zijn van een inzicht in wat zij zijn en merkt op dat het idee van 'buitenaards' intelligent leven in slechts een paar jaar tijd sterk aan populariteit heeft gewonnen, zowel onder wetenschappers als onder waarzeggers, ten gevolge van 'een sterke dorst naar contact met superieure geesten die onze arme, gekwelde en hectische planeet zullen steunen en begeleiden' (p. 195). Hij ziet met name dat het idee van

---

[21] John A. Keel, *UFOs: Operation Trojan Horse*, G. P. Putnam's Sons, New York, 1970, p. 303.

bezoekers uit de ruimte vandaag de dag een grootse mythe, of 'wonderlijke onwaarheid', is geworden: *'Voor grote aantallen mensen is de verwachting van buitenaardse bezoekers van enorm belang geworden'* (p. 207, benadrukking in het origineel).

Toch beschouwt hij het als naïef om in deze mythe te geloven: 'Deze verklaring is simpelweg te zwakzinnig om de diversiteit van het gemelde gedrag van de inzittenden en hun interactie met mensen te verklaren' (p. 27). Dr. Hynek merkt op dat willen wij de verschillende door ufo's geproduceerde effecten kunnen verklaren, wij moeten veronderstellen dat zij 'tot een fenomeen behoren dat zonder twijfel fysieke gevolgen heeft, maar dat tevens de eigenschappen heeft van de paranormale wereld' (*The Edge of Reality*, p. 259). Dr. Vallee gelooft dat 'zij zijn geconstrueerd als *zowel een fysiek vaartuig* (een feit dat mij al lange tijd onweerlegbaar lijkt) *en als een paranormaal toestel*, welks precieze eigenschappen nog bepaald moeten worden (*The Invisible College*, p. 202, benadrukking in het origineel). De theorie dat ufo's helemaal geen fysieke vaartuigen zijn, maar een soort 'parafysische' of paranormale fenomenen, werd in het begin van de vijftigerjaren al voorgesteld door een aantal onderzoekers; maar deze mening werd later weggemoffeld door, aan de ene kant, de sekteleden die erop stonden dat ufo's van 'buitenaardse' oorsprong waren en, aan de andere kant, door de officiële overheidsverklaringen die overeenkwamen met het wijdverspreide idee dat het fenomeen in zijn geheel slechts denkbeeldig is (Keel, *UFOs: Operation Trojan Horse*, pp. 38-41). Enkel recentelijk is uit serieuze onderzoeken geconcludeerd dat ufo's, terwijl zij zeker over bepaalde 'fysieke' eigenschappen bezitten, absoluut niet kunnen worden verklaard als iemands 'ruimteschepen', maar overduidelijk in zekere mate behoren tot het parafysieke of occulte domein.

Waarom, inderdaad, vinden zoveel ufo-'landingen' precies midden op de weg plaats? Waarom moeten zulke fantastisch 'geavanceerde' vaartuigen zo vaak 'gerepareerd' worden? Waarom hebben de inzittenden zo vaak de behoefte om stenen en takken op te rapen (keer op keer voor al meer dan vijfentwintig jaar!) en om zoveel mensen te 'testen'–als zij werkelijk verkenningsvoertuigen van een andere planeet zouden zijn, zoals de 'humanoïden' doorgaans beweren? Dr. Vallee vraagt zich terecht af of het idee van 'buitenaardse bezoekers' wellicht niet een 'afleidende rol dient in het verhullen van de werkelijke, oneindig complexere aard van de technologie die aanleiding geeft tot deze waarnemingen?' (*The Invisible College*, p. 28). Hij gelooft dat 'wij hier niet te maken hebben met opeenvolgende golven van bezoekingen uit de ruimte, maar met een controlesysteem' (p. 195). 'Wat plaatsvindt via de dichtbije bezoekingen van ufo's is het beheersen van het menselijk geloof' (p. 3). 'Met elke nieuwe golf van ufo's wordt de sociale impact groter. Meer jongeren raken gefascineerd met de ruimte, met paranormale fenomenen, met nieuwe grensgebieden binnen het bewustzijn. Er verschijnen meer boeken en artikelen die een directe invloed op onze cultuur uitoefenen' (pp. 197-98). In een ander boek merkt hij op dat het mogelijk is om 'grote delen van elke populatie te laten geloven in het bestaan van bovennatuurlijke rassen, in de mogelijkheid van vliegende machines en in de veelvuldigheid van bewoonde werelden, door deze bloot te stellen aan een reeks volledig geënsceneerde gebeurtenissen welks details nauwkeurig zijn toegespeeld op de cultuur en het bijgeloof van een bepaalde tijd en plek.'[22]

---

[22] Vallee, *Passport to Magonia*, Henry Regnery Co., Chicago, 1969, pp. 150-51.

Een belangrijke aanwijzing voor de betekenis van deze 'geënsceneerde gebeurtenissen' kan gevonden worden in een observatie die regelmatig wordt gedaan door zorgvuldige waarnemers van ufofenomenen, met name in DO-III- en 'contactpersoon'-gevallen: dat zij uiterst 'absurd' zijn, of op zijn minst evenzoveel absurditeit als rationaliteit bevatten (Vallee, *The Invisible College*, p. 196). Individuele 'dichtbije ontmoetingen' bevatten absurde details, zoals de vier pannenkoeken die in 1961 door een inzittende van een ufo werden overhandigd aan een kippenboer uit Wisconsin;[23] nog belangrijker, de ontmoetingen zelf lijken vreemd zinloos, zonder enig doel of nut. Een psychiater uit Pennsylvania suggereerde dat de absurditeit waar vrijwel alle dichtbije ontmoetingen mee gepaard gaan in werkelijkheid een 'hypnosetechniek' is. 'Wanneer de persoon wordt verward door het absurde of het tegenstrijdige, en diens geest probeert te zoeken naar de achterliggende betekenis, dan stelt hij zichzelf enorm open voor gedachteoverdracht, bijvoorbeeld om een paranormale genezing te ontvangen, etc.' (*The Invisible College*, p. 115). Dr. Vallee vergelijkt deze techniek met de irrationale *koans* van de zenmeesters (p. 27) en bemerkt de overeenkomst tussen ufo-ontmoetingen en occulte inwijdingsrituelen die 'de geest openstellen' voor een 'nieuwe verzameling van symbolen' (p. 117). Dit alles wijst op wat hij 'de nieuwe vorm van religie' noemt (p. 202).

Ufo-ontmoetingen zijn derhalve slechts een hedendaagse uitdrukking van een occult fenomeen dat al eeuwen bestaat. De mens heeft het christendom laten vallen en is nu op zoek

....

[23] Ibid., pp. 23-25. Een van de pannenkoeken werd daadwerkelijk geanalyseerd door het Food and Drug Laboratory van de U.S. Department of Health, Education, and Welfare, en bleek van 'aardse afkomst' te zijn.

naar buitenaardse 'verlossers'. Daarom voorziet het fenomeen ons van beelden van ruimteschepen en ruimtewezens. Maar wat is dit fenomeen? Wie is verantwoordelijk voor het 'ensceneren' en met welk doel?

Hedendaagse onderzoekers hebben op zijn minst de eerste twee vragen reeds beantwoord, maar, daar zij enige bekwaamheid binnen het domein van religieuze fenomenen missen, lukt het hen niet de ware betekenis van hun bevindingen te bevatten. Een van de onderzoekers, Brad Steiger, een universiteitsprofessor uit Iowa die meerdere boeken over dit onderwerp heeft geschreven, concludeerde na een recente uitgebreide studie van de 'Blue Book'-documenten het volgende: 'Wij hebben te maken met een multidimensionaal parafysisch fenomeen dat voornamelijk inheems is aan planeet aarde' (*Canadian UFO Report*, zomer, 1977). Drs. Hynek en Vallee hebben voortgeborduurd op de hypothese van 'aardegebonden ruimtewezens' ter verklaring van ufofenomenen en speculeren over 'ineengesloten universums' hier op aarde waar zij mogelijk uit afkomstig zijn, net als hoe 'klopgeesten' fysieke effecten teweegbrengen terwijl zijzelf onzichtbaar blijven. John Keel, wie zijn ufo-onderzoek begon als scepticus en zichzelf beschouwd als agnost op religieus gebied, schrijft: 'Het ware ufo-verhaal... is er een van geesten en fantomen en vreemde mentale afdwalingen; van een onzichtbare wereld die ons omgeeft en ons van tijd tot tijd overweldigd.... Het is een wereld van illusie... waarin de realiteit wordt verdraaid door vreemde krachten die ogenschijnlijk in staat zijn tijd, ruimte en fysieke materie te manipuleren–krachten die ons begripsvermogen vrijwel geheel te boven gaan.... De manifestaties van ufo's lijken over het algemeen slechts kleine variaties te zijn op het eeuwenoude demonologische fenomeen' (*UFOs: Operation Trojan Horse*, pp. 46, 229). In een recente bibliografie van ufofenomenen, die door de Amerikaanse Congresbibliotheek werd voorbereid voor de United States Air Force Office of Scientific Research, staat in de introductie dat 'Veel van de ufomeldingen die momenteel in de populaire pers worden gepubliceerd, vermeende incidenten beschrijven die sterk overeenkomen met demonische bezetenheid en paranormale fenomenen die reeds lange tijd bekend zijn bij theologen en parapsychologen.'[24] De meeste ufo-onderzoekers richten zich nu tot het occulte domein en demonologie in het bijzonder, om nieuwe inzichten te verkrijgen in de fenomenen die zij bestuderen.

Meerdere recente studies van ufo's, uitgevoerd door evangelische protestanten, combineren al dit bewijsmateriaal en concluderen dat ufofenomenen eenvoudigweg en ontegenzeglijk demonisch van oorsprong zijn.[25] Ook de orthodox christelijke onderzoeker kan nauwelijks een andere conclusie trekken. Sommigen of velen van de ervaringen zijn mogelijkerwijs het resultaat van bedrog of hallucinatie; maar het is simpelweg onmogelijk om *alle* van de vele duizenden ufomeldingen op deze manier van de hand te wijzen. Een groot aantal hedendaagse mediums met hun spiritistische fenomenen zijn ook bedrieglijk; maar mediamiek spiritisme zelf, wanneer het authentiek is, produceert zonder twijfel 'paranormale' fenomenen onder de werking van demonen. Ufofenomenen, daar zij uit dezelfde bron voortkomen, zijn niet minder echt.

---

[24] Lynn G. Catoe, *UFOs and Related Subjects: An Annotated Bibliography*, U.S. Government Printing Office, Washington D.C., 1969.

[25] Clifford Wilson en John Weldon, *Close Encounters: A Better Explanation*, Master Books, San Diego, 1978; *Spiritual Counterfeits Project Journal*, Berkely, Calif., augustus 1977: 'UFOs: Is Science Fiction Coming True?'

De casestudies van mensen die contact kregen met ufo's vertonen de typische kenmerken van een betrokkenheid met demonen binnen het occulte domein. Een politieagent in Zuid-Californië, bijvoorbeeld, begon in juni 1966 regelmatig ufo's te zien, bijna altijd 's avonds. Na een 'landing' zagen hij en zijn vrouw duidelijke sporen op de grond. 'Gedurende deze weken van waarnemingen raakte ik volledig geobsedeerd met de ufo's, ervan overtuigd dat er iets *groots* stond te gebeuren. Ik liet mijn dagelijkse Bijbeluurtje vallen en keerde God de rug toe, terwijl ik elk boek over ufo's dat ik maar kon vinden begon te verslinden.... Vele nachten tuurde ik tevergeefs de ruimte af terwijl ik mentaal contact probeerde te leggen met wat ik toentertijd zag als buitenaardse wezens, ik bad bijna dat ze zich zouden manifesteren en contact met mij zouden leggen.' Eindelijk had hij een 'dichtbije ontmoeting' met een 'vaartuig' van zo'n vijfentwintig meter in doorsnede, met roterende witte, rode en groene lichten. Het ging er met hoge snelheid vandoor en liet hem achter in de verwachting dat er nog steeds iets 'groots' stond te gebeuren–maar er gebeurde nooit iets; de ufo's lieten zich niet meer zien en in zijn frustratie keerde hij zich tot alcohol, depressie en zelfmoordneigingen totdat zijn bekering tot Christus een einde bracht aan deze periode in zijn leven. Zij die daadwerkelijk contact hebben gelegd met buitenaardse wezens hebben veelal nog slechtere ervaringen; zij worden soms letterlijk door de wezens 'bezeten' of ervaren hoe de wezens hen proberen te vermoorden wanneer zij zich ertegen verzetten (*UFOs: A Better Explanation*, pp. 298-305). Dergelijke gevallen herinneren ons eraan dat, los gezien van de betekenis van het ufofenomeen in zijn geheel, elke 'dichtbije ontmoeting' met een ufo specifiek bedoelt is om het gecontacteerde individu te misleiden en hem, zo niet tot verdere 'ontmoetingen' en het verspreiden van de ufo-'boodschap', op zijn minst te leiden tot persoonlijke spirituele verwarring en disoriëntatie.

Wat voor de meeste onderzoekers het verwarrendste aspect is van ufofenomenen–namelijk de onverklaarbare vermenging van hun fysieke en paranormale kenmerken–is voor de lezers van orthodoxe boeken, met name die van de kerkvaders, in zijn geheel niet verwarrend. Demonen hebben namelijk ook 'fysieke lichamen', al is hun 'materie' dusdanig subtiel dat het niet door de mens kan worden waargenomen tenzij hun spirituele 'deuren der waarneming' worden geopend, hetzij door Gods wil (zoals in het geval van de heiligen), of tegen Zijn wil in (zoals in het geval van duivelskunstenaars en mediums).[26]

De orthodoxe literatuur kent veel voorbeelden van demonische manifestaties die precies binnen het patroon van ufo's passen: verschijningen van 'solide' wezens en objecten (hetzij de demonen zelf of hun illusionaire creaties) die plotseling 'materialiseren' en 'dematerialiseren', altijd met als doel de mens te verbijsteren en verwarren en hen uiteindelijk naar de verdoemenis te leiden. De biografieën van de 4e-eeuwse Antonius de Grote[27] en de 3e-eeuwse Cyprianus van Carthago[28] staan vol met dergelijke gebeurtenissen.

De biografie van Martinus van Tours (†397), geschreven door zijn discipel, Sulpicius Severus, bevat een interessant voorbeeld van demonische kracht in relatie tot een vreemde

....

[26] De orthodoxe leer van demonen en engelen, hun manifestaties en de menselijke perceptie van hen, zoals deze is samengevat door de grootse orthodoxe kerkvader van de 19e eeuw, Bisschop Ignatius Brianchaninov, is opgenomen in het boek *The Soul After Death*, St. Herman of Alaska Brotherhood, Platina, Calif., 1979.

[27] Eastern Orthodox Books, Willits, Calif., 1976.

[28] *The Orthodox Word*, n. 70, 1976.

'fysieke' manifestatie die sterk overeenkomt met het hedendaagse fenomeen van de 'dichtbije ontmoetingen' met ufo's. Een zekere jongeman genaamd Anatolius werd een monnik nabij het Heilige Martinus'-klooster, maar viel ten prooi aan demonische misleiding uit valse nederigheid. Hij verbeeldde zich dat hij met 'engelen' in gesprek was, en om anderen van zijn verhevenheid te overtuigen, gingen deze 'engelen' ermee akkoord hem een 'schitterend gewaad uit de hemel' te schenken als teken van de 'Kracht van God' die zich in deze jongeman had gevestigd. Eens rond middernacht klonk er een geweldig gebonk van dansende voeten en een gemurmel als van vele stemmen in het kapel, en Anatolius' cel straalde van helder licht. Toen was er stilte en kwam de misleidde jongen zijn cel uit in zijn 'hemelse' gewaad. 'Er werd licht bijgehaald en allen inspecteerden het gewaad nauwkeurig. Het was uitermate zacht, met een onovertroffen glans, en schitterend scharlaken, maar de aard van het materiaal was onmogelijk vast te stellen. Toch leek het, onder het meest nauwkeurige onderzoek van ogen en vingers, niet meer dan een gewoon gewaad te zijn.' De volgende ochtend nam Anatolius' spirituele vader hem bij de hand om hem naar de heilige Martinus te begeleiden en te achterhalen of dit in werkelijkheid niet een truc van de duivel was. Uit angst weigerde de misleidde jongeman mee te komen, 'en toen hij tegen zijn wil werd meegesleurd, verdween het gewaad in de handen van zij die hem meesleepten.' De schrijver van deze vertelling (wie ofwel de gebeurtenis persoonlijk aanschouwde, of het van andere getuigen verteld heeft gekregen) concludeert dat 'de duivel niet in staat was zijn illusies in stand te houden of hun aard verborgen te houden nu zij zouden worden onderworpen aan Martinus' ogen.' 'Het lag zo volledig binnen zijn macht de duivel te kunnen zien, dat hij hem onder enigerlei vorm herkende, ongeacht of hij zijn natuurlijke vorm behield of zichzelf veranderde in om het even welke vorm van "spirituele verdorvenheid"'–inclusief de vormen van heidense goden en het voorkomen van Christus zelve, gehuld in een felrood licht en gekleed in koninklijke gewaden en een kroon.[29]

Het is duidelijk dat de manifestaties van de hedendaagse 'vliegende schotels' gemakkelijk binnen de 'technologie' van demonen liggen; door niets anders kunnen zij zo goed worden verklaard. De veelvoudige demonische misleidingen die in de orthodoxe literatuur staan omschreven zijn toegesneden op de mythologie van het heelal, meer niet; de Anatolius die hierboven is genoemd, zou vandaag de dag simpelweg bekendstaan als een 'contactpersoon'. En het doel achter het 'ongeïdentificeerde' object in dergelijke vertellingen is helder: het verbijsteren van de toeschouwers via het 'mysterieuze' en het produceren van 'bewijsmateriaal' voor de 'gevorderde intelligenties' ('engelen', als het slachtoffer daar in gelooft, of 'ruimtebezoekers' voor de moderne mens), om zo vertrouwen te scheppen voor de *boodschap* die zij willen overbrengen. Deze boodschap zullen wij hieronder behandelen.

Een demonische 'ontvoering' vrij dicht bij ufo-'ontvoeringen' wordt omschreven in de biografie van Nilus van Sora, de 15e-eeuwse oprichter van het bezitloze leven in Rusland. Enige tijd na het overlijden van de heilige, leefden er een zekere priester en diens zoon in zijn klooster. Op een dag, toen de jongen op pad was voor een boodschap, 'kwam er plotseling een vreemde man op hem af die hem vastgreep en meenam, alsof meegesleurd met de wind, naar een ondoordringbaar bos waar hij hem naar een grote ruimte in zijn verblijfplaats

---

[29] F. R. Hoare, vertaler, *The Western Fathers*, Harper Torchbacks, New York, 1965, pp. 36-41.

bracht en hem in het midden van deze blokhut voor het raam zette.' Toen de priester en de monniken baden voor bijstand van de heilige Nilus in het terugvinden van de verloren jongen, schoot de heilige de jongen te hulp en stond hij 'voor de ruimte waar de jongen in stond, en toen hij met zijn staf op het raam tikte, schokte het gebouw en vielen alle onreine geesten ter aarde.' De heilige droeg de demon op de jongen terug te brengen naar de plek vanwaar hij hem had meegenomen, en werd toen onzichtbaar. Toen, na enig gejammer onder de demonen, 'greep dezelfde vreemdeling de jongen vast en bracht hem, wederom als met een windvlaag, terug naar de skite ... en werd onzichtbaar nadat hij de jongen op een hooibaal had gelegd.' Nadat de monniken hem gevonden hadden, vertelde de jongen 'alles wat hem was overkomen, wat hij had gezien en had gehoord. En vanaf dat moment was de jongen erg deemoedig, alsof hij met stomheid geslagen was. Uit angst verliet de priester samen met zijn zoon de skite.'[30] Tijdens een soortgelijke demonische 'ontvoering' in het 19e-eeuwse Rusland, werd een jongeman, nadat zijn moeder hem had vervloekt, voor twaalf jaar lang de slaaf van een 'demongrootvader' en was hij in staat om uit het niets tussen menigten te verschijnen, zodat de demon verwarring onder hen kon zaaien.[31]

Dergelijke waargebeurde verhalen van demonische activiteit waren in vroegere eeuwen gemeenplaats. Het is een teken van de hedendaagse spirituele crisis dat de moderne mens, vanwege al diens trotse 'verlichting' en 'wijsheid', zich

....

[30] *The Northern Thebaid*, St. Herman of Alaska Brotherhood, Platina, Calif., 1975, pp. 91-92. [Derde editie, 2004, pp. 95-96.]
[31] S. Nilus, *The Power of God and Man's Weakness* (in het Russisch), St. Sergius' Lavra, 1908; St. Herman Brotherhood, 1976, pp. 279-98.

wederom bewust wordt van dergelijke ervaringen–*maar niet langer over het christelijke raamwerk beschikt aan de hand van welke zij ze kunnen verklaren.* Hedendaagse ufo-onderzoekers, zoekend naar een verklaring voor fenomenen die te tastbaar zijn om te negeren, hebben de handen ineengeslagen met de hedendaagse paranormale onderzoekers in een poging een 'unificatietheorie' te formuleren die zowel de paranormale als de fysieke fenomenen zal omvatten. Echter gaan dergelijke onderzoekers enkel verder met de benadering van de 'verlichte' moderne mens en vertrouwen zij erop dat hun wetenschappelijke observaties hen van antwoorden zullen voorzien binnen een *spiritueel* domein dat geheel niet 'objectief' benaderd kan worden, maar louter met geloof. De fysieke wereld is moreel neutraal en kan door een objectieve waarnemer relatief goed gekend worden; maar het onzichtbare spirituele domein omvat zowel goede als kwade wezens en de 'objectieve' waarnemer beschikt niet over de middelen om deze van elkaar te onderscheiden, tenzij hij de openbaring accepteert die ons is toegekomen door de onzichtbare God. Derhalve plaatsen de hedendaagse ufo-onderzoekers de Goddelijke inspiratie op hetzelfde niveau als de satanisch geïnspireerde automatische geschriften van het spiritisme, en maken zij geen onderscheid tussen de daden van engelen en die van demonen. Zij zijn zich er inmiddels van bewust (na een lange periode waarin materialistische vooroordelen de bovenhand hadden onder wetenschappers) dat er een niet-fysiek domein bestaat, en zij zien diens effecten terug in de ufofenomenen; maar zolang zij dit domein 'wetenschappelijk' blijven benaderen, zullen zij evenzo gemakkelijk worden misleid door de ongeziene krachten als de naïefste 'contactpersoon'. Wanneer zij trachten te bepalen *wie* of *wat* er achter het ufofenomeen zit, en wat het doel achter dit fenomeen zou kunnen zijn, zien zij zich gedwongen zich toe te geven aan de wildste speculaties. Derhalve geeft dr. Vallee toe niet te kunnen zeggen of de bron van de ufo-manifestaties een moreel neutraal 'onbemand uurwerk', een goedaardige 'plechtige bijeenkomst van wijzen' (zoals de 'buitenaardse' mythe ons laat geloven), of 'een verschrikkelijk bovenmenselijke monstruositeit' is 'waarvan zelfs de overpeinzing een mens tot waanzin zal drijven', oftewel, het werk van demonen (*The Invisible College*, p. 206).

Een ware evaluatie van de ufo-ervaring kan enkel worden gedaan op basis van de christelijke openbaring en ervaring, en is louter toegankelijk voor de deemoedige christelijke gelovige die vertrouwt op deze bronnen. Laat er geen twijfel over bestaan, het is niet geheel aan ons, de mens, om de onzichtbare wereld van engelen en demonen te 'verklaren'; maar ons is wel voldoende christelijke kennis geschonken om te weten hoe deze wezens in onze wereld handelen en hoe wij op hun handelingen moeten reageren, met name wat betreft het ontkomen aan de vangnetten van demonen. Ufo-onderzoekers hebben geconcludeerd dat de fenomenen die zij hebben bestudeerd in feite identiek zijn aan de fenomenen die ooit als 'demonisch' werden bestempeld; maar louter de christen–de orthodoxe christen die verlicht is met het kerkvaderlijke begrip van de Schrift en de tweeduizend jaar tellende ervaring van de heiligen met onzichtbare wezens–is in staat de volledige betekenis van deze conclusie te bevatten.

5. *De betekenis van ufo's*

Wat is dan de betekenis van de ufofenomenen van onze tijd? Waarom steken zij nu juist op dit punt in onze geschiedenis de kop op? Wat is hun boodschap? Naar welke toekomst wijzen zij?

Om te beginnen zijn ufofenomenen slechts een deel van een verbazingwekkend explosieve groei van 'paranormale' gebeurtenissen–die slechts een paar jaar geleden nog beschouwd zouden worden als 'wonderen'. Dr. Vallee, in *The Invisible College*, benadrukt de seculiere waardering voor dit feit: 'Waarnemingen van ongebruikelijke gebeurtenissen doemen plotseling bij de duizenden op in ons leefmilieu' (p. 87), met als gevolg 'een algemene verschuiving van 's mens geloofspatronen en zijn relatie tot het onzichtbare' (p. 114). 'Er gebeurd iets met het menselijk bewustzijn' (p. 34); dezelfde 'sterke kracht door [welke] het menselijk ras in het verleden is beïnvloed, beïnvloed het nu weer' (p. 14). In christelijke taal betekent dit: een nieuwe demonische invloed stort zich uit over de mensheid. Vanuit het christelijke apocalyptische perspectief (zie het eind van dit boek), zien wij dat de kracht die tot nu toe de laatste en verschrikkelijkste manifestatie van demonische activiteit op aarde heeft weten te weerhouden, van ons is weggenomen (II Tes. 2:7). De orthodox christelijke overheid en publieke orde (wiens hoofdvertegenwoordiger op aarde de orthodoxe keizer was), alsmede het orthodox christelijke wereldbeeld, bestaan niet langer als geheel, en Satan is 'losgelaten uit zijn gevangenis', waar hij door de gratie van de Kerk van Christus werd vastgehouden, om 'de volken te misleiden' (Op. 20:7-8) en hen voor te bereiden op het vereren van de antichrist aan het einde der tijden. Het is wellicht nog nooit eerder in het christelijke tijdperk voorgekomen dat de demonen zich zo openlijk en uitvoerig laten zien als nu. En de theorie van 'ruimtebezoekers' is slechts een van de vele voorwendselen die zij gebruiken om aanvaarding te ontvangen voor het idee dat 'hogere wezens' nu de leiding moeten nemen over het lot van de mensheid.[32]

Ten tweede zijn ufo's slechts de nieuwste vorm van de *mediamieke technieken* waarmee de duivel nieuwe rekruten vergaart binnen zijn occulte domein. Zij zijn een verschrikkelijk teken van het feit dat de mens, zoals nooit tevoren in het christelijke tijdperk, vatbaar is geworden voor demonische invloeden. In de negentiende eeuw was het doorgaans noodzakelijk om duistere seancekamers te betreden om in contact te kunnen komen met demonen, maar nu hoeft men enkel de ruimte in te kijken (vaak in het duister van de nacht, dat wel). De mensheid heeft hetgeen tot nu toe was overgebleven van de basiskennis van het christendom verloren, en stelt zichzelf passief ter beschikking van om het even welke 'krachten' uit de ruimte naar beneden komen. De nieuwe film, *Close Encounters of the Third Kind*, is een schokkende openbaring van hoe *bijgelovig* de 'postchristelijke' mens is geworden– onmiddellijk en zonder aarzeling bereid om de nauwelijks vermomde demonen te geloven en gehoorzamen, zonder enige rekening te houden met waar dit hen zal leiden.[33]

....

[32] Veel van de meldingen van 'Yeti' en andere 'monsters' vertonen dezelfde occulte kenmerken als ufowaarnemingen en vinden geregeld plaats in samenhang met dergelijke waarnemingen.

[33] Twee andere recent ontdekte 'paranormale' fenomenen onthullen hoe stoutmoedig de demonen momenteel gebruikmaken van fysieke middelen (met name van moderne technologische apparatuur) om contact te kunnen leggen met de mens. (1) Een Litouwse onderzoeker (inmiddels door anderen gevolgd) heeft het fenomeen ontdekt van mysterieuze stemmen die op onverklaarbare wijze verschijnen op taperecorders, zelfs wanneer de opname wordt uitgevoerd onder klinische omstandigheden in een volledig geluidloze omgeving, met resultaten die sterk overeenkomen met die van seances. De aanwezigheid van een medium of 'paragnost' in de kamer lijkt

Ten derde luidt de 'boodschap' van ufo's als volgt: bereid je voor op de antichrist; de 'verlosser' van de afvallige wereld zal komen om de leiding over te nemen. Wellicht zal hijzelf wel aan de hemel verschijnen om zijn imitatie van Christus te voltooien (Matt. 24:30; Hand. 1:11); wellicht zullen slechts de 'ruimtebezoekers' publiekelijk landen om hun 'kosmische' offers te brengen aan hun meester; of wellicht zal 'het vuur uit de hemel' (Openb. 13:13) slechts een deel zijn van de grootse demonische spektakels van het einde der tijden. Hoe het ook zit, de boodschap voor de hedendaagse mensheid luidt als volgt: verwacht verlossing, niet van de christelijke openbaring en het geloof in een onzichtbare God, maar van voertuigen uit de ruimte.

Het is een van de tekenen van het einde der tijden dat er *verschrikkelijke dingen en grote tekenen vanuit de hemel* zullen plaatsvinden (Lukas 21:11). Zelfs honderd jaar geleden schreef bisschop Ignatius Brianchaninov, in zijn boek *On Miracles and Signs* (Yaroslavl, 1870, herdrukt door Holy Trinity Monastery, Jordanville, New York, 1960), over 'het streven dat in de hedendaagse christelijke maatschappij kan worden

....

de frequentie waarmee het fenomeen zich voordoet te vergroten (Konstantin Raudive, *Breakthrough: An Amazing Experiment in Electronic Communication with the Dead*, Taplinger Publishing Co., New York, 1971). (2) 'Ruimtewezens' met metaalachtige stemmen maken naar verluid al enige tijd gebruik van de telefoon om te communiceren met zowel 'contactpersonen' als ufo-onderzoekers. De kans op bedrog is bij dergelijke fenomenen uiteraard hoog. Toch zijn de afgelopen jaren *de stemmen van de doden,* zo overtuigend voor zij waarmee contact wordt gelegd, waargenomen tijdens telefoongesprekken met hun geliefden. Het kan nauwelijks worden ontkend, zoals de rapporteur van dit fenomeen opmerkt, dat 'de demonen van weleer wederom in ons midden zijn'–in een tot voorheen ongekende mate (Keel, *UFOs: Operation Trojan Horse*, p. 306).

waargenomen naar het aanschouwen van wonderen en zelfs het uitvoeren van wonderen.... Een dergelijk streven onthult de zelfdeceptie, gestoeld op zelfvertrouwen en ijdele roem, dat zich ophoudt in de ziel en er de macht over krijgt' (p. 32). Ware wonderdoeners zijn in aantallen afgenomen en zelfs uitgestorven, maar de mens 'heeft een nog nooit zo grote dorst gehad naar wonderen.... Langzaamaan naderen we de tijd waarin een groots strijdtoneel zal worden geopend voor een veelvoudigheid aan markante, valse wonderen, om het ongelukkige nazaat van de vleselijke wijsheid dat door deze wonderen zal worden verleid en misleid, richting de verdoemenis te lokken' (pp.48-49).

Van bijzonder belang voor de ufo-onderzoekers, is dat 'de wonderen van de antichrist zich voornamelijk zullen manifesteren in het luchtruim, waar de heerschappij van Satan hoofdzakelijk gevestigd is. De tekenen zullen met name inspelen op het zicht, door deze te vleien en te misleiden. Heilige Johannes de Theoloog, na de gebeurtenissen die voorafgaan aan het einde van de wereld te hebben aanschouwd in de openbaring, zei dat de antichrist grootse tekenen zal produceren en zelfs *vuur uit de hemel laat neerkomen op aarde, voor de ogen van de mensen* (Openb. 13:13). Dit is het teken dat door de Schrift wordt aangeduid als het ultieme teken van de antichrist, en de plaats waar dit teken zal verschijnen is in de lucht; het zal een schitterend en verschrikkelijk spektakel zijn' (p. 13). Om deze reden merkt de heilige Simeon de Nieuwe Theoloog op dat 'hij die moeite ondervindt met de gebeden, zijn blik zelden tot de hemel moet richten uit angst voor de kwade geesten die daar vertoeven en verantwoordelijk zijn voor een grote verscheidenheid aan bedrogen in de lucht' (*Philokalia*, 'De drie vormen van oplettendheid'). 'De mens zal niet begrijpen dat de wonderen van de antichrist geen goed, rationeel doel hebben, geen definitieve betekenis, dat zij vreemd zijn aan de waarheid, gevuld met leugens, dat zij een monsterlijk, kwaadwillig en betekenisloos toneelspel zijn dat in toenemende mate zal verbijsteren en erop gericht is om alles te reduceren tot perplexiteit en vergetelheid, om te misleiden en te verleiden, om de aandacht te lokken door middel van onze fascinatie voor een pompeus, leeg en stom effect' (p. 11). 'Alle demonische manifestaties hebben het kenmerk dat zelfs het kleinste beetje aandacht dat aan hen geschonken wordt, gevaarlijk is; van een dergelijke oplettendheid alleen, zelfs zonder enige sympathie voor de manifestatie, kan men al worden bezegeld met een uiterst schadelijke indruk en worden onderworpen aan een serieuze verleiding' (p. 50). Duizenden 'contactpersonen' en zelfs simpele getuigen hebben de vreselijke waarheid van deze woorden onder ogen moeten komen; en maar weinigen hebben er aan weten te ontkomen, wanneer zij er eenmaal diep bij betrokken zijn geraakt.

Zelfs de seculiere onderzoekers van ufofenomenen achten het nodig om men te waarschuwen voor hun gevaren. Zo schrijft John Keel, bijvoorbeeld, het volgende: 'Je bezighouden met ufo's kan evenzo gevaarlijk zijn als je bezighouden met zwarte magie. Het fenomeen aast op de neuroot, de goedgelovige en de onvolwassen persoon. Paranoïde schizofrenie, demonomania en zelfs zelfmoord kunnen het gevolg zijn–zoals al meerdere keren het geval is geweest. Een milde nieuwsgierigheid naar ufo's kan namelijk uitlopen in een vernietigende obsessie. Om deze reden wil ik ouders sterk aanraden hun kinderen hier niet bij betrokken te laten raken. Ook schoolleraren en andere volwassenen moeten tieners niet aanmoedigen een interesse te ontwikkelen in dit onderwerp' (*UFOs: Operation Trojan Horse*, p. 220).

Aan de vooravond van onze huidige eeuw van ongeloof en revolutie (1817), legde bisschop Ignatius Brianchaninov met ontzag en een gevoel van onheil het visioen vast van een simpele Russische smid in een dorpje nabij Petersburg. Op het midden van de dag zag hij plotseling een verscheidenheid aan demonen in menselijke vorm, zittend in de bomen van het bos en gekleed in vreemde gewaden en puntmutsen, terwijl zij een griezelig en beangstigend lied zongen onder begeleiding van ongelooflijk vreemde muziekinstrumenten: 'Onze tijd is aangebroken, onze wil zal zegevieren!'[34]

Wij leven aan het eind van dit beangstigende tijdperk van demonische triomf en vreugde, wanneer de griezelige 'humanoïden' (nog een van de vele maskers van de demonen) zichtbaar zijn geworden voor duizenden mensen en door middel van hun absurde ontmoetingen bezit nemen van de zielen van zij die de Gratie Gods hebben verloren. Het ufofenomeen is voor orthodoxe christenen een teken om het pad naar verlossing des te behoedzamer en bedachtzamer te bewandelen, in de wetenschap dat wij niet enkel door valse religies, maar zelfs door ogenschijnlijk fysieke objecten, kunnen worden verleid. In vroegere eeuwen waren christenen erg behoedzaam voor vreemde en nieuwe fenomenen, daar zij op de hoogte waren van de listen van de duivel; maar na het moderne tijdperk van 'verlichting' zijn de meesten er niet louter nieuwsgierig naar geworden, maar er zelfs actief naar op zoek, terwijl zij de duivel hebben verbannen naar het domein van verbeelding. Een bekendheid met de aard van ufo's kan derhalve helpen bij het ontwaken van orthodoxe christenen tot een bewust spiritueel leven en een bewust orthodox wereldbeeld dat niet gemakkelijk zal gehoorzamen aan de hedendaagse populaire ideeën.

---

[34] S. Nilus, *Svyatynya pod Spudom*, Sergiev Posad, 1911, p. 122.

De bewuste orthodoxe christen leeft in een duidelijk gevallen wereld, waarvan zowel de aarde beneden als de sterren daarboven even ver verwijdert zijn van het verloren paradijs waarnaar hij streeft. Hij maakt deel uit van een leidend ras dat afstamt van Adam, de eerste mens, en waarvan ieder in nood is van de verlossing die vrijelijk wordt aangeboden door de Zoon van God door Zijn reddende offer aan het kruis. Hij weet dat de mens niet zal 'evolueren' tot iets 'hogers', noch heeft hij enige reden te geloven dat er 'hoogontwikkelde' wezens op andere planeten zijn; maar hij is zich er goed van bewust dat er naast hemzelf absoluut 'hoogontwikkelde intelligenties' zijn in het universum; deze zijn van tweeërlei aard en hij streeft ernaar om zo te leven dat hij zich uiteindelijk zal aansluiten bij zij die God dienen (de engelen), en om enig contact te vermijden met zij die God de rug hebben toegekeerd en er in hun afgunst en venijn naar streven om de mens deelgenoot te maken van hun tegenspoed (de demonen). Hij weet dat de mens, uit zwakte en liefde voor de zelf, snel geneigd is om de fout in te gaan en te geloven in 'sprookjes' die contact met 'hogere wezens' en een 'hogere staat van zijn' beloven, zonder de worsteling van het christelijke leven te hoeven doorstaan–of die ogenschijnlijk zelfs een *ontsnapping* aan de worsteling van het christelijke leven zijn. Hij wantrouwt zijn eigen vermogen om door de bedrogen van de demonen heen te kunnen kijken en klampt zich derhalve des te steviger vast aan de richtlijnen van de Schrift en de kerkvaders die hem door de Kerk van Christus worden aangeboden.

Een dergelijk persoon beschikt over het vermogen om zich te verzetten tegen de religie van de toekomst, de religie van de antichrist, in om het even welke vorm deze zich ook zal voordoen; de rest van de mensheid, daarentegen, is, behalve door een wonder van God, hopeloos verloren.

VII

DE 'CHARISMATISCHE OPLEVING'

EEN TEKEN VAN DE TIJD

Costa Deir nam de microfoon en vertelde ons hoe hij een bezwaard hart had voor de Griekse Orthodoxe Kerk. Hij vroeg de episcopaalse vader Driscoll te bidden dat de Heilige Geest die Kerk zou schoonvegen zoals Hij dat ook met de Katholieke Kerk deed. Terwijl vader Driscoll bad, huilde Costa Deir in de microfoon. Het gebed werd opgevolgd door een lang bericht in heilige tongen en een evenzo lange interpretatie volgens welke de gebeden waren gehoord en welke stelde dat de Heilige Geest door de Griekse Orthodoxe Kerk zou blazen en deze zou ontwaken.... Tegen deze tijd werd er zo veel gehuild en geroepen dat ik mij er emotioneel van distantieerde.... Toch hoorde ik mezelf iets verrassends zeggen, 'Als we op een dag lezen hoe de Geest zich door de Griekse Orthodoxe Kerk beweegt, laten wij dan niet vergeten dat wij hier waren op het moment dat het begon.'[1]

Zes maanden nadat de hierboven beschreven gebeurtenis plaatsvond tijdens een interkerkelijke 'charismatische' bijeen-

---

[1] Pat King, in *Logos Journal*, sept.-okt. 1971, p. 50. Dit 'internationale charismatische tijdschrift' moet niet worden verward met v. E. Stephanou's *Logos*.

komst in Seattle, begonnen orthodoxe christenen inderdaad te horen dat de 'charismatische geest' in beweging was gekomen binnen de Griekse Orthodoxe Kerk. In januari 1972 begon v. Eusebius Stephanou's *Logos* verslag te doen over deze beweging, die even daarvoor was ontstaan in meerdere Griekse en Syrische parochiën in Amerika en zich inmiddels verder heeft verspreid, daar zij door dr. Eusebius actief wordt gepromoot. Nadat de lezer op de volgende pagina's de beschrijving van deze 'geest' in de woorden van diens vertegenwoordigers heeft gelezen, zou hij het niet moeilijk te geloven moeten vinden dat deze juíst werd opgeroepen en ingeboezemd in de orthodoxe wereld, door dergelijke dringende verzoeken van 'interkerkelijke christenen'. Want als er een conclusie uit deze beschrijving getrokken kan worden, dan moet het beslist de conclusie zijn dat de spectaculaire hedendaagse 'charismatische opleving' niet louter een fenomeen van hyperemotionaliteit en protestants reveil is–al zijn deze elementen ook sterk aanwezig–maar het in werkelijkheid het werk is van een 'geest' die kan worden opgeroepen en die 'wonderen' doet. De vraag die wij op deze pagina's zullen trachten te beantwoorden is: *wat of wie is deze geest?* Als orthodoxe christenen weten zij dat het niet louter God is Wie wonderen doet; de duivel heeft zijn eigen 'wonderen' en is zelfs in staat om nagenoeg elk authentiek wonder van God te imiteren. Op deze pagina's zullen wij derhalve voorzichtig trachten *de geesten te beproeven of zij uit God zijn* (I Joh. 4:1).

Wij zullen van start gaan met een bondige geschiedkundige achtergrond, aangezien geen ieder kan ontkennen dat de 'charismatische opleving' de orthodoxe wereld is toegekomen vanuit de protestantse en katholieke denominaties die, op hun beurt, het hebben ontvangen van de pinkstersektes.

1. De 20e-eeuwse pinksterbeweging

De oorsprong van de moderne pinksterbeweging, hoewel deze wel al 19^e-eeuwse antecedenten kende, gaat terug naar precies zeven uur 's avonds op Oudejaarsdag van het jaar 1900. Al enige tijd daarvoor had een methodistische minister in Topeka, Kansas, genaamd Charles Parham, als reactie op de toegegeven zwakte van zijn christelijk ambt, zich verdiept in een uitgebreide studie van het Nieuwe Testament samen met een groep van zijn studenten teneinde het geheim van de *kracht* van het apostolische christendom te ontdekken. Zijn studenten deduceerden uiteindelijk dat dit geheim lag in het 'spreken in tongen' dat, zo zij dachten, altijd samenging met het ontvangen van de Heilige Geest in de Handelingen van de apostelen. Met een toenemend enthousiasme besloten Parham en zijn studenten te bidden tot zijzelf de 'Doop van de Heilige Geest' ontvingen en in tongen begonnen te spreken. Op 31 december, 1900, baden zij van 's ochtends tot 's avonds zonder enig succes, totdat een van de jonge meisjes opperde dat er een gerecht miste in dit experiment: 'het opleggen van handen'. Parham legde zijn handen op het hoofd van het meisje en zij begon onmiddellijk in een 'onbekende tong' te spreken. Binnen drie dagen tijd vonden er veel van dergelijke 'doopsels' plaats, inclusief die van Parham zelf en twaalf andere ministers van verschillende denominaties en bij allen werd er gesproken in tongen. De herleving verspreidde zich al snel naar Texas, waarna het ook een spectaculair succes had in een kleine zwarte kerk in Los Angeles. Sindsdien heeft het zich over de gehele wereld verspreid en beweert het tien miljoen leden te hebben.

Gedurende een halve eeuw bleef de pinksterbeweging sektarisch en werd het overal door de gevestigde denominaties ontvangen met vijandigheid. Daarna, echter, begon het spreken in tongen ook langzamerhand in de denominaties zelf te verschijnen, hoewel het in eerste instantie vrij stil werd gehouden, totdat in 1960 een episcopaalse priester in de buurt van Los Angeles er grootschalige publiciteit aan verleende door publiekelijk te verklaren dat hij de 'Doop van de Heilige Geest' had ontvangen en in tongen sprak. Na enige aanvankelijke vijandigheid, ontving de 'charismatische opleving' de officiële of onofficiële goedkeuring van alle grote denominaties en heeft het zich in zowel Amerika als daarbuiten snel weten te verspreiden. Zelfs de eens zo onbuigzame en xenofobische rooms-katholieke kerk, toen het eenmaal serieus de 'charismatische opleving' oppikte, heeft zich enthousiast door deze beweging laten meeslepen. In Amerika gaven de rooms-katholieke bisschoppen in 1969 hun goedkeuring aan de beweging, en de paar duizend katholieken die er toen bij betrokken waren, zijn inmiddels uitgegroeid tot ontelbare honderden duizenden die periodiek bijeenkomen in lokale en landelijke 'charismatische' conferenties welks deelnemers soms oplopen tot in de tientallen duizenden. De rooms-katholieke landen van Europa zijn ook enthousiast 'charismatisch' geworden, zoals blijkt uit de 'charismatische' conferentie in de zomer van 1978 in Ierland, die werd bijgewoond door duizenden Ierse priesters. Niet lang voor zijn overlijden, ontmoette paus Paul VI een delegatie van 'charismatici' en verkondigde hij ook een lid van de Pinksterkerk te zijn.

Wat kan de oorzaak zijn achter het spectaculaire succes van een 'christelijke' vernieuwing in een ogenschijnlijk 'postchristelijke' wereld? Het antwoord op die vraag bestaat zonder twijfel uit twee factoren: ten eerste, de ontvankelijke bodem van miljoenen 'christenen' die het gevoel hebben dat hun geloof droog is, te rationeel, louter uitwendig en geen vurigheid of inherente kracht bezit; ten tweede, de overduidelijk krachtige 'geest' die aan dit fenomeen ten grondslag ligt en die, onder de juiste omstandigheden, in staat is een verscheidenheid en variëteit aan 'charismatische' fenomenen te produceren, waaronder genezing, spreken in tongen, interpretatie, profetie–en, ten grondslag liggend aan al het voorgaande, een overweldigende ervaring die de 'Doop van (of in, of met) de Heilige Geest' genoemd wordt.

Maar wat *is* deze 'geest' precies? Belangrijk om op te merken is dat deze vraag zelden of nooit wordt gesteld door de aanhangers van de 'charismatische opleving'; hun eigen 'doop'-ervaring is zo krachtig en is voorafgegaan door zulk een effectieve psychologische voorbehandeling in de vorm van geconcentreerd gebed en een torenhoge verwachting, dat zij er überhaupt nooit aan zullen twijfelen dat zij de Heilige Geest inderdaad hebben ontvangen en dat de fenomenen die zij hebben gezien en ervaren in hun geheel niet verschillen van de fenomenen die worden beschreven in de Handelingen van de apostelen. Tevens is de psychologische atmosfeer van de beweging vaak zo eenzijdig en gespannen, dat het wordt gezien als een godslastering jegens de Heilige Geest om haar ook maar enigszins in twijfel te trekken. Van de honderden boeken die reeds zijn verschenen over deze beweging, zijn er slechts een paar die voorzichtige twijfels durven te uiten aangaande haar spirituele validiteit.

Laten wij, om een beter idee te kunnen krijgen van de onderscheidende kenmerken van de 'charismatische opleving', een aantal getuigenverklaringen en handelingen van de betrokkenen bestuderen, en deze naast de standaard van de heilige orthodoxie leggen. Deze getuigenverklaringen zullen, met een aantal aangegeven uitzonderingen, genomen worden uit de apologetische boeken en tijdschriften van de beweging, geschreven door zij die de beweging *gunstig gezind* zijn en overduidelijk enkel het materiaal zullen publiceren dat hun standpunt lijkt te ondersteunen. Daarnaast zullen wij enkel minimaal gebruikmaken van pinksterbronnen, waarbij wij ons voornamelijk zullen beperken tot protestantse, katholieke en orthodoxe deelnemers aan de hedendaagse 'charismatische opleving'.

2. De 'oecumenische' geest van de 'charismatische opleving'

Voordat wij de 'charismatische' getuigenverklaringen zullen citeren, moeten wij eerst kennis nemen van een van de belangrijkste kenmerken van de oorspronkelijke pinksterbeweging die maar zelden door 'charismatische' schrijvers wordt genoemd, en dat is dat het aantal en de verscheidenheid van pinkstersektes gewoonweg verbazingwekkend is. Elk heeft een eigen doctrinair accent en velen hebben geen verbondenheid met de andere sektes. Er zijn 'Vergaderingen van God', 'Kerken van God', 'Pinkster-' en 'Heiligheid'-lichamen, 'Full Gospel'-groepen, etc., en velen daarvan zijn, op hun beurt, weer onderverdeeld in kleinere sektes. Het eerste dat men te zeggen zou kunnen hebben over de 'geest' achter een dergelijke anarchie, is dat het absoluut geen geest van vereniging is, wat in scherp contrast staat met de oorspronkelijke apostolische kerk waar deze beweging beweert naar terug te keren. Desalniettemin wordt er binnen deze 'charismatische opleving' veel gesproken, met name tijdens het afgelopen decennium, over de 'vereniging' die het inspireert. Maar over wat voor vereniging hebben zij het dan?–de ware vereniging van de Kerk waar alle orthodoxe christenen van zowel de eerste als de twintigste eeuw mee bekend zijn, of de pseudovereniging van de oecumenische beweging, die ontkent dat de Kerk van Christus bestaat?

Het antwoord op deze vraag wordt vrij duidelijk gegeven door wellicht de meest vooraanstaande 'profeet' van de 20^e-eeuwse pinksterbeweging, David Du Plessis, wie, gedurende de afgelopen twintig jaar, intensief het nieuws over de 'Doop van de Heilige Geest' heeft verspreid onder de denominaties van de Wereldraad van Kerken, naar aanleiding van een 'stem' door welke hem dat in 1951 werd opgedragen. 'De pinkstervernieuwing wint binnen de kerken aan kracht en snelheid. Het meest opmerkelijke is dat deze vernieuwing met name te vinden is in de zogenaamde liberale samenlevingen, maar in veel mindere mate in de evangelische en geheel niet in alle fundamentalistische segmenten van het protestantisme. De laatstgenoemden zijn momenteel zelfs de felste tegenstanders van deze glorieuze vernieuwing, omdat wij de krachtigste manifestaties van deze Geest in de pinksterbeweging en de modernistische Wereldraadbewegingen zien' (Du Plessis, p. 28).[2]

In de Rooms-Katholieke Kerk vindt de 'charismatische opleving' eveneens binnen de 'liberale' kringen plaats, wat onder andere resulteert in een toename in hun oecumenische praktijk en liturgische experimenten ('gitaarmissen' en dergelijke); terwijl de traditionalistische katholieken net zo sterk in strijd zijn met de beweging als de fundamentalistische protestanten. De oriëntatie van de 'charismatische opleving' is zonder twijfel sterk oecumenisch. Een 'charismatische' lutherse pastoor, Clarence Finsaas, schrijft: 'Velen zijn ver-

---

[2] De meeste boeken zullen in dit hoofdstuk enkel geciteerd worden op basis van auteur en paginanummer; de volledige bibliografische informatie zal aan het eind van het hoofdstuk worden verschaft.

rast dat de Heilige Geest zich ook doorheen de verschillende tradities van de historische Kerk kan bewegen ... het maakt weinig verschil of de geschiedenis van de kerkelijke leer nu in het calvinisme of de remonstrantie ligt, wat bewijst dat God boven onze geloofsbelijdenissen ligt en geen denominatie een monopolie heeft op Hem' (Christenson, p. 99). Een episcopaalse pastoor, sprekend over de 'charismatische opleving', meldt dat 'oecumenisch gezien, leidt het tot een wonderbaarlijke vereniging van christenen van verschillende tradities, voornamelijk op het niveau van de lokale kerken' (Harper, P. 17). Het Californische 'charismatische' tijdschrift *Inter-Church Renewal* staat vol met demonstraties van een dergelijke 'vereniging': 'De duisternis van de eeuwen werd verdreven en een rooms-katholieke non en protestant konden met een vreemde nieuwe vorm van liefde weer van elkaar houden,' wat bewijst dat de 'oude kerkelijke barrières afbrokkelen. Oppervlakkige doctrinaire verschillen worden aan de kant gezet, zodat alle gelovigen kunnen samenkomen in de vereniging van de Heilige Geest.' De orthodoxe priester, v. Eusebius Stephanou, gelooft dat 'deze uitbarsting van de Heilige Geest alle kerkelijke grenzen overstijgt.... De Geest van God verplaatst zich ... zowel binnen als buiten de Orthodoxe Kerk' (*Logos*, jan. 1972, p. 12).

Hier bevindt de orthodoxe christen die alert is op het 'beproeven van de geesten' zich op bekend terrein, namelijk het terrein dat is bezaaid met de gebruikelijke oecumenische clichés. Laat ons bovendien opmerken dat deze nieuwe 'uitbarsting van de Heilige Geest', precies zoals de oecumenische beweging zelf, zich *buiten de Orthodoxe Kerk* voordoet; de enkele orthodoxe parochiën die het nu oppakken, volgen overduidelijk een hedendaags populair verschijnsel dat geheel buiten de grenzen van de Kerk van Christus is volgroeid.

Maar wat kunnen zij die zich buiten de Kerk van Christus bevinden aan orthodoxe christenen leren? Het is zeker waar (geen bewust orthodox persoon zal dit ontkennen) dat orthodoxe christenen soms te schande worden gemaakt, door de geestdrift en de hartstocht van sommige rooms-katholieken en protestanten, vanwege hun kerkbezoek, missionaire activiteiten, gezamenlijk bidden, het lezen van de Schrift, en dergelijke. Fervente niet-orthodoxe personen kunnen de orthodoxen te schande maken, zelfs in het licht van de misvattingen van hun eigen geloofsovertuigingen, wanneer zij meer moeite doen om God te behagen dan veel orthodoxe personen dat doen, ondanks dat het de orthodoxen zijn die beschikken over de volledigheid van het apostolische christendom. De orthodoxen zouden zich er goed aan doen om van hen te leren, en zich bewust te worden van het spirituele rijkdom van hun eigen Kerk dat zij over het hoofd zien vanwege spirituele luiheid of slechte gewoonten. Dit alles heeft betrekking op de *menselijke* kant van het geloof, op de menselijke inspanningen die kunnen worden geleverd tijdens religieuze activiteiten, ongeacht of iemands geloof nu juist of onjuist is.

De 'charismatische' beweging, daarentegen, beweert in contact te zijn met *God* en een manier gevonden te hebben om de *Heilige Geest*, de uitbarsting van de gratie Gods, te kunnen ontvangen. Toch is het juist de *Kerk*, en niets anders, die door onze Heer Jezus Christus is gesticht als het middel om gratie over te brengen aan de mens. Moeten wij geloven dat de Kerk nu vervangen dient te worden door een of andere 'nieuwe openbaring' die in staat is om ook buiten de Kerk gratie aan de mens te schenken, onder een groep van mensen die wellicht wel in Christus geloven, maar die geen enkele kennis hebben van of ervaring hebben met de mysteriën (sacramenten) die door Christus zijn gesticht, noch enige verbinding hebben tot de apostelen en diens opvolgers die Hij heeft aangesteld ter toediening van de mysteriën? Nee: het is vandaag de dag zo zeker als het in de eerste eeuw was dat *de gaven van de Heilige Geest niet worden geopenbaard aan hen die zich buiten de Kerk bevinden.* De orthodoxe kerkvader van de negentiende eeuw, bisschop Theophan de Kluizenaar, schrijft dat de gave van de Heilige Geest 'juist geschonken wordt via het sacrament van de myronzalving, dat door de apostelen werd geïntroduceerd ter vervanging van het opleggen van handen' (wat de vorm is die het sacrament aanneemt in de Handelingen van de apostelen). 'Wij allen–zij die zijn gedoopt en de myronzalving hebben ontvangen–beschikken over de gave van de Heilige Geest ... alhoewel het niet in iedereen actief is.' De Orthodoxe Kerk biedt de mogelijkheid om deze gave te activeren, en 'er is geen ander pad.... Zonder het sacrament van de myronzalving is de Heilige Geest nooit nedergedaald en zal Hij ook nooit nederdalen, net zoals dit vroeger niet bij de apostelen gebeurde zonder het opleggen van de handen.[3]

---

[3] Bisschop Theophan de Kluizenaar, *What Is the Spiritual Life*, Jordanville, New York, 1962, pp. 247-48 (in het Russisch). [Tweede Engelstalige editie: *The Spiritual Life*, St. Paisios Serbian Orthodox Monastery, Safford, Arizona, 2003, p. 270.] V. Eusebius Stephanou (*Logos*, jan. 1972, p. 13) tracht de hedendaagse 'ontvangst van de Heilige Geest' buiten de Kerk te rechtvaardigen door de vertelling te citeren van het huishouden van Cornelius de Honderdman (Handelingen 10), door welke de Heilige Geest werd ontvangen *voor* de doping. Maar het verschil in deze twee gevallen is van cruciale aard: de ontvangst van de Heilige Geest door Cornelius en zijn huishouden diende als het teken dat zij zich door middel van de doping zouden moeten aansluiten bij de Kerk, terwijl de hedendaagse pinksterleden via *hun* ervaring enkel overtuigd raken van hun zelfmisleiding dat er niet één enkele verlossende Kerk van Christus *is*.

Kortom, de oriëntatie van de 'charismatische opleving' kan worden omschreven als een van een nieuwe en diepere of 'spirituele' oecumene: elke christen is 'hernieuwd' binnen zijn eigen traditie, maar tegelijkertijd op een vreemde manier verenigd (want het is *dezelfde ervaring*) met anderen die evenzo zijn 'hernieuwd' binnen hun eigen tradities, welke allemaal verschillende vormen van ketterij en goddeloosheid bevatten! Deze vorm van relativisme leidt tevens tot een ontvankelijkheid voor geheel nieuwe religieuze praktijken, zoals wanneer een orthodoxe priester de leken toestaat hem hun handen 'op te leggen' voor de koninklijke deuren van een orthodoxe kerk (*Logos*, april 1972, p. 4). De afloop van dit alles is de superoecumene visie van de vooraanstaande 'pinksterprofeet' die zegt dat velen binnen de Pinksterkerk 'zich de mogelijkheid begonnen voor te stellen dat de pinksterbeweging aan het einde der tijden de Kerk van Christus zou worden. Echter is deze situatie de afgelopen tien jaar compleet veranderd. Veel van mijn broeders zijn er inmiddels van overtuigd dat de Heer Jezus Christus, het hoofd van de Kerk, Zijn Geest zal uitstorten over al het vleselijke en dat de historische kerken zullen worden gereanimeerd en hernieuwd en vervolgens in deze hernieuwing zullen worden verenigd door de Heilige Geest' (Du Plessis, p. 33). Binnen de 'charismatische opleving' is er klaarblijkelijk geen ruimte voor zij die geloven dat de Orthodoxe Kerk de Kerk van Christus is. Het is derhalve niet verwonderlijk dat zelfs sommige orthodoxe pinksterleden toegeven dat zij de 'orthodoxe aard' van deze beweging in eerste instantie 'verdacht' vonden (*Logos*, april 1972, p. 9).

Maar laten wij nu verder kijken dan de oecumenische theorieën en prakrijken van de pinksterbeweging en ons richten tot hetgeen werkelijk kracht verleend aan de 'charismatische opleving': de daadwerkelijke ervaring van de *kracht* van de 'geest'.

3. 'Spreken in tongen'

Wanneer wij de geschriften van de 'charismatische opleving' nauwkeurig onder de loep nemen, zullen wij zien dat deze beweging sterk overeenkomt met de vele sektarische bewegingen uit het verleden, daar het, voornamelijk ofwel volledig, gestoeld is op een nogal bizarre leerstellige nadruk of religieuze praktijk. Het enige verschil is dat deze nadruk vandaag de dag wordt gelegd op een specifiek punt dat door geen van de sektarische in het verleden als zo centraal werd beschouwd: tongentaal.

Volgens de statuten van verschillende pinkstersekten, wordt 'de Doop van de gelovigen in de Heilige Geest waargenomen door de eerste fysieke tekenen van het spreken in tongen' (Sherrill, p. 79). En niet alleen is dit het *eerste* teken van een bekering tot een pinkstersekte of -oriëntatie: volgens de hoogste pinksterautoriteiten moet deze praktijk worden doorgezet wil men de 'geest' niet weer verliezen. Aldus schrijft David Du Plessis: 'De praktijk van het bidden in tongentaal zal in de levens van zij die in de Geest zijn gedoopt moeten worden doorgezet en aangesterkt, anderzijds zullen zij wellicht merken dat de andere manifestaties van de Geest nog maar zelden zullen verschijnen of zelfs geheel zullen doen ophouden' (Du Plessis, p. 89). Velen getuigen ervan, zoals ook een protestant dat doet, dat tongentaal 'inmiddels een essentiële aanvulling op mijn godsdienstige leven' is geworden (Lillie, p. 50). En een rooms-katholiek boek over dit onderwerp zegt, op behoedzamere toon, dat van alle 'gaven van de Heilige Geest' het spreken in tongentaal 'vaak, maar niet altijd, als eerst wordt ontvangen. Voor velen is het derhalve een drempel die overschreden moet worden om het domein van de gaven en vruchten van de Heilige Geest te betreden' (Ranaghan, p. 19).

Hier kunnen wij reeds een overdreven nadruk opmerken die absoluut niet in het Nieuwe Testament aanwezig is, waarin het spreken in tongen beslist onbeduidend is en dient als een teken van de afdaling van de Heilige Geest op Pinksteren (Hand. 2) en op twee andere aangelegenheden (Hand. 10 en 19). Na de eerste of wellicht de tweede eeuw is er in geen enkele orthodoxe bron nog enig verslag van te vinden, noch is het vastgelegd als te hebben plaatsgevonden onder de kerkvaders van de Egyptische woestijn, wie zo gevuld waren met de Geest van God dat zij verscheidene verbazingwekkende wonderen verrichten, waaronder het laten herrijzen van de doden. De orthodoxe houding tegenover het oprechte spreken in tongen kan derhalve worden opgesomd met de woorden van Gezegende Augustinus (Homilieën op Johannes, VI:10): 'In de vroegste der tijden *viel de Heilige Geest neer op zij die geloofden, en zij spraken in tongen* die zij niet hadden geleerd, *daar zij deze uitlating ontvingen van de Geest.* Dit waren tekenen van de tijd. Want, zoals gepast is, moest dit teken van de Heilige Geest zich in alle tongen laten zien ter aantoning dat het Evangelie van God zich door alle tongen ter aarde dient te begeven. Dit werd gedaan als teken, en het verdween.' En alsof hij reageert op de hedendaagse pinksterleden met hun vreemde nadruk van dit gegeven, gaat Augustinus verder: 'Wordt het vandaag de dag verwacht dat zij waarop de handen worden gelegd in tongen spreken? Of wanneer wij deze kinderen onze handen oplegden, wachtte elk van jullie dan af of zij in tongen zouden spreken? En wanneer hij zag dat zij niet in tongen spraken, waren enigen van jullie zo pervers van hart om te zeggen, "Deze hebben de Heilige Geest niet ontvangen"?'

Hedendaagse pinksterleden, om hun gebruik van tongentaal te rechtvaardigen, refereren voornamelijk naar de eerste epistel van Paulus aan de Korintiërs (hfst. 12-14).

Maar Paulus schreef deze passage juist omdat 'tongentaal' was uitgegroeid tot een bron van wanorde binnen de Kerk van Korinthe; en zelfs terwijl hij het niet verbiedt, maakt hij diens belang beslist onbeduidend. Deze passage, daarom, zou, allesbehalve het aanmoedigen van een hedendaagse opleving van 'tongentaal', het in plaats daarvan moeten ontmoedigen-met name wanneer men realiseert (zoals de pinksterleden zelf toegeven) dat er ook *andere* bronnen zijn voor het spreken in tongen naast de Heilige Geest! Als orthodoxe christenen zijn wij ons er reeds van bewust dat spreken in tongen als een ware *gave van de Heilige Geest* zich niet kan voordoen onder zij die zich buiten de Kerk van Christus begeven; maar laten wij dit moderne fenomeen nauwkeuriger bekijken en zien of het eigenschappen bevat die wellicht aan ons zullen onthullen van welke bron het *wel* afkomstig is.

Als wij reeds wantrouwig worden van het overdreven belang dat door de hedendaagse pinksterleden aan 'tongentaal' wordt toegekend, dan zouden wij er helemaal door moeten worden wakker geschud wanneer wij de omstandigheden bestuderen waarin het zich voordoet.

Verre van een vrijelijk en spontaan geschonken gave, zonder tussenkomst van de mens-zoals de ware gaven van de Heilige Geest-is het spreken in tongen iets dat vrij voorspelbaar kan worden veroorzaakt door middel van een standaardtechniek van geconcentreerd 'groepsgebed' in combinatie met psychologische suggestieve protestantse hymnen ('Hij komt! Hij komt!'), dat wordt afgesloten met het 'opleggen van handen' en soms samengaat met puur fysieke inspanningen als het keer op keer herhalen van een bepaalde frase (Koch, p. 24), of louter het maken van geluiden met de mond. Een iemand geeft toe dat, zoals vele anderen, na het spreken in tongen, 'Ik vaak onzinnige lettergrepen mompelde om het bidden-in-tongen op gang te laten komen' (Sherrill, p. 127); en dergelijke inspanningen, verre van ontmoedigd te worden, worden in werkelijkheid juist aangemoedigd door pinksterleden. 'Geluiden maken met de mond is niet hetzelfde als "spreken in tongen", maar het kan blijk geven van een oprechte daad van geloof die door de Heilige Geest geëerd zal worden door aan de betreffende persoon de kracht van het spreken in een andere taal te schenken' (Harper, p. 11). Een andere protestantse pastoor zegt: 'De eerste hindernis voor het spreken in tongen, zo lijkt het, is simpelweg de realisatie dat *u* moet 'voortspreken'.... De eerste lettergrepen en woorden klinken u wellicht vreemd in de oren. Wellicht zullen zij u verhinderen, of zult u denken dat u het slechts verzint. Maar zolang u *met geloof blijft spreken*... zal de Geest voor u een taal van gebed en eerbied vormgeven' (Christenson, p. 130). Een jezuïtisch 'theoloog' verteld over hoe hij dergelijk advies in de praktijk heeft gebracht: 'Na het ontbijt voelde ik mij bijna fysiek aangetrokken tot de kapel waar ik mij nederzette om te bidden. In navolging van Jims omschrijving van zijn eigen ontvangst van de gave van de tongentaal, begon ik zachtjes tegen mezelf 'la, la, la, la,' te zeggen. Tot mijn grote consternatie volgde er een vlugge beweging van de tong en lippen die samenging met een geweldig gevoel van innerlijke toewijding' (Gelpi, p. 1).

Zou een nuchtere orthodoxe christen deze gevaarlijke paranormale spelletjes kunnen verwarren met de *gaven van de Heilige Geest?!* Hier is overduidelijk niets, maar dan ook niets, christelijk of spiritueel aan. Dit is, daarentegen, het domein van paranormale mechanismen die in werking kunnen worden gezet door middel van concrete psychologische of fysieke technieken, en het 'spreken in tongen' lijkt binnen dit domein een sleutelrol te spelen als ware het een soort 'trigger'. In ieder geval heeft het geen gelijkenis met de *spirituele* gave zoals deze wordt omschreven in het Nieuwe Testament, maar komt het veel dichter in de buurt van het *sjamanistische* 'spreken in tongen' zoals dat wordt beoefend in primitieve religies, waar de sjamaan of medicijnman een bepaalde techniek toepast om in een trance te geraken en vervolgens een boodschap aan of van een 'god' over te kunnen brengen in een taal die hem niet is aangeleerd.[4] Op de hierop volgende pagina's zullen wij 'charismatische' ervaringen tegenkomen die zo vreemd zijn, dat de vergelijking met het sjamanisme niet al te vergezocht zal lijken, met name wanneer wij begrijpen dat het primitieve sjamanisme slechts een bepaalde uitdrukking is van een 'religieus' fenomeen dat, allesbehalve vreemd aan het moderne Westen, in werkelijkheid een belangrijke rol speelt in de levens van sommige hedendaagse 'christenen': *mediamiek*.

4. 'Christelijke' mediamiek

Een nauwkeurige en objectieve bestudering van het 'spreken in tongen' is gedaan door de Duitse lutherse pastoor, dr. Kurt Koch (*The Strife of Tongues*). Na honderden voorbeelden te hebben bestudeerd van hoe deze 'gave' zich de afgelopen jaren heeft gemanifesteerd, kwam hij tot de conclusie, op basis van de Schrift, dat slechts vier van deze gevallen *mogelijk* hetzelfde waren als de gave zoals deze wordt omschreven in de Handelingen van de apostelen; maar bij geen van deze was hij daar volledig van overtuigd. De orthodoxe christen, gesteund door de volledigheid van de kerkvaderlijke traditie van de Kerk van Christus, zou in dit oordeel strenger zijn dan dr. Koch. In tegenstelling tot deze enkele mogelijk po-

---

[4] Zie Burdick, pp. 66-67.

sitieve gevallen, daarentegen, vond dr. Koch een aantal gevallen van een onmiskenbare demonische bezetenheid–daar het 'spreken in tongen' een veelvoorkomende 'gave' is van de bezetenen. Maar pas in dr. Kochs uiteindelijke conclusie vinden wij wat mogelijk de sleutel is tot de gehele beweging. Hij concludeert dat de 'tongentaal'-beweging allesbehalve een 'heropleving' is, daar er maar weinig sprake is van berouw of overtuiging van zonde, maar voornamelijk een zoektocht naar macht en ervaring; het fenomeen van tongentaal is niet de gave waar in Handelingen over wordt gesproken, noch is het (in de meeste gevallen) echte demonische bezetenheid; eerder, 'het wordt steeds duidelijker dat wellicht meer dan 95% van de gehele tongentaalbeweging *mediamiek* van aard is' (Koch, p. 35).

Wat is een 'medium'? Een medium is een persoon met een zekere paranormale gevoeligheid, welke hem in staat stelt het voertuig of middel te zijn voor de manifestatie van ongeziene krachten of wezens (wanneer er echte wezens bij betrokken zijn, zoals starets Ambrosius van Optina duidelijk heeft aangegeven,[5] betreft het altijd de gevallen geesten wiens domein dit is, en niet de 'geesten van de doden' zoals dit wordt voorgesteld door de spiritisten). Bijna alle niet-christelijke religies maken veelvuldig gebruik van mediamieke gaven, zoals helderziendheid, hypnose, 'miraculeuze' genezing, het laten verschijnen en verdwijnen van objecten alsmede hun verplaatsing tussen twee locaties, etc.

Het moet worden opgemerkt dat orthodoxe heiligen ook beschikten over meerdere van soortgelijke gaven–maar er is een immens verschil tussen de ware christelijke gaven en diens mediamieke imitaties. De ware christelijke gave van

....

[5] V. P. Bykov, *Tikhie Priyuty*, Moskou, 1913, pp. 168-70.

genezing, bijvoorbeeld, wordt geschonken door God Zelf als antwoord op fervent gebed, met name een krachtig gebed van een rechtvaardige (Jak. 5:16), en ook via een gelovig fysiek contact met objecten die door God zijn geheiligd (wijwater, relieken van heiligen, etc.; zie Hand. 19:12; II Kon. 13:21). Maar mediamieke genezing, zoals elke andere mediamieke gave, wordt verwezenlijkt door middel van bepaalde concrete technieken en paranormale toestanden die gecultiveerd en toegepast kunnen worden door oefening, en die geen enkele relatie hebben tot heiligdom of het handelen van God. Het mediamieke vermogen kan geërfd worden, of verkregen worden via overdracht door contact met iemand die over deze gave beschikt, of zelfs via het lezen van occulte boeken.[6]

Veel mediums beweren dat hun gaven absoluut niet bovennatuurlijk van aard zijn, maar afkomstig van een deel van de natuur waar wij maar weinig kennis van hebben. In zekere mate zal dat ongetwijfeld zo zijn; maar het is ook zo dat het domein waar deze gaven hun oorsprong vinden het rijk van de gevallen geesten is, die zonder aarzeling gebruik zullen maken van de kans die hen wordt verleend door zij die dit domein betreden, om hen in de val te lokken en zo hun eigen demonische krachten en manifestaties te versterken en deze zielen naar de verdoemenis te leiden. En wat de verklaring voor sommige mediamieke fenomenen ook mag zijn, God heeft in Zijn openbaring aan de mensheid elk contact met het occulte domein strikt verboden: *Onder u mag niemand gevonden worden die zijn zoon of zijn dochter door het vuur laat gaan, die waarzeggerij pleegt, die wolken duidt of aan wichelarij doet, die een tovenaar is, die bezweringen doet, die een dodenbe-*

---

[6] Zie Kurt Koch, *Occult Bondage and Deliverance*, Kregel Publications, Grand Rapids, Michigan, pp. 168-70.

zweerder of een waarzegger raadpleegt, of die doden raadpleegt. Want iedereen die zulke dingen doet, is een gruwel van de Heere (Deut. 18:10-12; zie ook Lev. 20:6).

Het is praktisch onmogelijk om de mediamiek te combineren met het authentieke christendom, daar het verlangen naar mediamieke gaven of fenomenen strijdig is met de fundamentele christelijke doelstelling van de verlossing van de ziel. Dat wil echter niet zeggen dat er geen 'christenen' zijn die zich, veelal onbewust (zoals we zullen zien), bezighouden met mediamieke praktijken; het wil enkel zeggen dat zij geen authentieke christenen zijn, maar dat hun christendom slechts een 'nieuw christendom' is, zoals dat door Nikolaj Berdjajev werd gepredikt en hieronder nogmaals zal worden behandeld. Dr. Koch deed, zelfs vanuit zijn protestantse achtergrond, een valide observatie toen hij opmerkte: 'Het *religieuze* leven van een persoon raakt niet aangetast door het occultisme of spiritisme. Het spiritisme is inderdaad zelfs grotendeels een religieuze beweging. Maar de duivel neemt ons dan ook niet onze "religie" af…. Er is echter een groot verschil tussen religieus zijn en wedergeboren worden door de Heilige Geest. Het is spijtig dat onze christelijke denominatie meer "religieuze" mensen bevat dan authentieke christenen.'[7]

De bekendste vorm van mediamiek in het hedendaagse Westen is de spiritistische seance waarbij contact gelegd

....

[7] Kurt Koch, *Between Christ and Satan*, Kregel Publications, 1962, p. 124. Dit boek, tezamen met dr. Kochs *Occult Bondage*, bieden een opmerkelijk bevestiging, gebaseerd op 20e-eeuwse ervaringen, van nagenoeg elke manifestatie van mediamiek, magie, tovenarij, etc., die gevonden wordt in de Schrift en de levens van de orthodoxe heiligen- en waarvan de bron van elk, uiteraard, de duivel is. Enkel wat betreft een paar aspecten zal de orthodoxe lezer zijn opvattingen moeten corrigeren.

wordt met bepaalde krachten die waarneembare verschijnselen produceren, zoals kloppingen, stemmen, verschillende vormen van communicatie zoals automatisch schrijven en spreken in tongen, het verplaatsen van objecten, en de verschijning van handen en 'menselijke' figuren die zich soms laten fotograferen. Deze verschijnselen worden geproduceerd met behulp van vastgestelde houdingen en technieken aan de kant van de aanwezigen, waarvan wij er hier een aantal zullen citeren uit het standaardnaslagweg over het onderwerp.[8]

1. *Passiviteit:* 'De activiteit van een geest wordt gemeten aan de hand van de mate van passiviteit of onderdanigheid die gevonden wordt in de gevoelige, of het medium.' 'Mediamiek ... kan door middel van een ijverige voorbereiding worden bereikt door ieder die bewust, en uit vrije wil, zijn lichaam en gevoelige, intellectuele vermogens overgeeft aan een binnendringende of dominante geest.'

2. *Solidair van geloof:* Alle aanwezigen moeten een 'positieve houding hebben tegenover het medium'; de spiritistische fenomenen worden 'vergemakkelijkt door een bepaalde sympathie die ontstaat uit een harmonie van ideeën, opvattingen en gevoelens die aanwezig zijn onder de aanwezigen en het medium. Wanneer deze sympathie en harmonie, alsmede de persoonlijke overgave van de wil, afwezig zijn in de leden van de "kring", dan zal de seance falen.' Tevens is 'het aantal aanwezigen van groot belang. Wanneer dit aantal namelijk te groot is, zal dit de voor succes noodzakelijke harmonie belemmeren.'

3. Alle aanwezigen 'slaan de handen ineen om de zogenaamde *magnetische kring* te vormen. Door dit gesloten circuit draagt ieder lid zijn of haar energie bij aan het collectieve

---

[8] Simon A. Blackmore, S. J., *Spiritism Facts and Frauds*, Benzinger Bros., New York, 1924: Hfst. IV, 'Mediums', pp. 89-105 *passim*.

krachtveld dat aan het medium wordt doorgegeven.' Deze 'magische kring' is echter enkel noodzakelijk voor de minder bekwame mediums. Mme Blavatsky, medium en oprichtster van de moderne 'theosofie', lachte naderhand om de primitieve technieken van het spiritisme toen ze in het Oosten veel krachtigere mediums ontmoette, tot welke categorie ook de fakir uit hoofdstuk III behoort.

4. 'De noodzakelijke spiritistische *atmosfeer* wordt gemeenlijk op kunstmatige wijze opgewekt, zoals door het zingen van hymnen, het spelen van zachte muziek of zelfs een gebedsofferande.'

De spiritistische seance, laat dit duidelijk zijn, is een vrij primitieve vorm van mediamiek – al maakt dat diens technieken ook des te evidenter – en zorgt maar zelden voor spectaculaire resultaten. Er zijn andere, subtielere vormen waarvan sommigen zelfs de naam 'christelijk' dragen. Om dit te beseffen hoeft men enkel te kijken naar de technieken van een 'gebedsgenezer' zoals Oral Roberts (die, totdat hij zich een aantal jaren geleden aansloot bij een methodistenkerk, een pastoor was binnen de Heilige Pinkstersekte), die 'miraculeuze' genezingen laat plaatsvinden door een 'magnetische kring' te vormen, bestaande uit mensen met de juiste sympathie, passiviteit en harmonie van 'geloof' en die hun handen op het televisiescherm leggen wanneer hij op tv is; de genezing kan zelfs plaatsvinden door een glas water te drinken dat op de tv heeft gestaan en dus de geactiveerde mediamieke energieën heeft geabsorbeerd. Maar dergelijke genezingen, net als die worden veroorzaakt door spiritisme en hekserij, kunnen een zware tol eisen in de vorm van latere psychische, om maar niet te spreken van spirituele, aandoeningen.[9]

---

[9] Voor meer over Oral Roberts, zie Kurt Koch, *Occult Bondage*, pp. 52-55.

Wanneer men dit domein betreedt, moet men zeer voorzichtig zijn, daar de duivel continu de werken van God nabootst. Veel mensen met mediamieke gaven blijven daarom ook van mening dat zij christenen zijn en dat hun gaven afkomstig zijn van de Heilige Geest. Het is echter onmogelijk te zeggen of dit ook geldt voor de 'charismatische' beweging–dat het, inderdaad, zoals sommigen beweren, voornamelijk een vorm van mediamiek is?

Wanneer wij de 'charismatische' beweging toetsen op de aanwezigheid van enige mediamieke kenmerken, valt direct op dat er tijdens de 'charismatische' gebedsbijeenkomsten sprake is van al de voornaamste voorwaarden voor de spiritistische seance zoals die hierboven staan beschreven, terwijl er van geen van deze kenmerken sprake is, niet in dezelfde mate noch dezelfde vorm, bij de authentieke christelijke eredienst van de Orthodoxe Kerk.

1. De 'passiviteit' van de spiritistische seance komt overeen met wat 'charismatische' schrijvers beschrijven als 'een soort *loslaten*.... Hier komt meer bij kijken dan het bewust en uit vrije wil openstellen van iemands bewustzijn; het heeft tevens betrekking op een groter, zelfs verborgen domein van iemands onderbewustzijn.... De enige optie is om de zelf–lichaam, geest en zelfs de tong–over te geven zodat de Heilige Geest het lichaam *volledig kan bezetten*.... Dergelijke personen staan er open voor–zij hebben hun verdediging laten zakken en God beweegt zich krachtig door heel hun lichaam' (Williams, pp. 62-63; cursivering in het origineel). Een dergelijke 'spirituele' houding is niet die van het christendom: het is, in tegendeel, de houding van het zenboeddhisme, oosters 'mysticisme', hypnose en spiritisme. Een dergelijk overdreven passiviteit is geheel vreemd aan de orthodoxe spiritualiteit, en dient enkel als een open uitnodiging voor het werk van

misleidende geesten. Een sympathieke observeerder merkt op dat, tijdens een pinksterbijeenkomst, de aanwezigen die in tongen spreken of als tolk functioneren 'bijna in een trance lijken te gaan' (Sherrill, p. 87). Deze passiviteit is in bepaalde 'charismatische' gemeenschappen zo uitgesproken, dat zij de kerkorganisatie en haar vaste diensten in hun geheel opheffen en blindelings alles zullen doen wat de 'geest' hen opdraagt.

2. Er heerst een zekere 'solidariteit van geloof'–niet slechts een solidariteit van het christelijk geloof en de hoop op verlossing, maar een specifieke unanimiteit in het verlangen naar, en de verwachting van, 'charismatische' *fenomenen*. Dit geldt voor alle 'charismatische' gebedsbijeenkomsten; maar een nog uitgesprokener solidariteit is vereist voor het ervaren van de 'Doop van de Heilige Geest', die gemeenlijk wordt uitgevoerd in een aparte kleine kamer onder het toeziend oog van enkelen die het reeds hebben ervaren. De aanwezigheid van ook maar één persoon die een negatieve mening is toegedaan over de ervaring, is veelal genoeg om de 'Doop' niet te laten plaatsvinden–precies zoals de slechte voorgevoelens en het gebed van de hierboven genoemde orthodoxe priester (pp. 68-69) genoeg was om het indrukwekkende schouwspel van de Ceylonese fakir te laten verdwijnen.

3. De spiritistische 'magnetische kring' komt overeen met het 'ineen sluiten van de handen' van de Pinksterkerk, wat altijd wordt gedaan door zij die reeds de 'Doop' en het spreken in tongen hebben ervaren en die, in de woorden van de pinkstergelovigen zelf, dienen als '*kanalen* van de Heilige Geest' (Williams, p. 64)–een woord dat gebruikt wordt door spiritisten ter verwijzing naar mediums.

4. De 'charismatische', net als de spiritistische 'atmosfeer' wordt opgewekt door middel van suggestieve hymnen en

gebeden, alsmede het klappen in de handen, waardoor een gevoel wordt geproduceerd van toenemende spanning en een bijna bedwelmende hoedanigheid' (Sherrill, p. 23).

Het bezwaar kan echter nog steeds gemaakt worden dat alle overeenkomstigheden tussen de mediamiek en de pinksterkerk slechts toevalligheden zijn; en om aan te kunnen tonen of de 'charismatische' beweging inderdaad mediamiek van aard is, zullen wij moeten bepalen wat voor soort 'geest' het is waarmee via de pinksterkerkelijke 'kanalen' wordt gecommuniceerd. Een aantal getuigenissen, afgelegd door zij die het hebben ervaren–en die ervan overtuigd zijn dat het werkelijk de Heilige Geest betreft–wijzen duidelijk in de richting van diens ware aard. 'De groep sloot zich om mij heen, alsof zij met hun lichamen een trechter vormden waardoor de pulserende energiestroming van de aanwezige Geest werd geleid. Terwijl ik daar zat, vloeide het mijn lichaam binnen' (Sherrill, p. 122). Tijdens een katholieke gebedsbijeenkomst van de pinksterkerk, 'legde je na het betreden van de kamer nagenoeg het loodje door de sterke zichtbare aanwezigheid van God' (Ranaghan, p. 79). (Vergelijk de 'bruisende' atmosfeer van bepaalde heidense en hindoeïstische riten; zie hierboven, p. 98.) Een andere man omschrijft zijn 'doopdienst' als volgt: 'Ik werd me bewust van het feit dat de Heer zich in de kamer bevond en mij naderde. Ik kon Hem niet zien, maar ik voelde hoe ik achterover op mijn rug werd geduwd. Ik leek naar de vloer te zweven ...' (*Logos Journal*, nov.-dec. 1971, p. 47). Andere soortgelijke voorbeelden zullen hieronder worden gegeven tijdens onze behandeling van de fysieke fenomenen waar de 'charismatische' ervaring mee gemoeid is. Deze 'pulserende', 'zichtbare', 'duwende' geest die 'nadert' en 'stroomt' lijkt de mediamieke aard van de 'charismatische' beweging te bevestigen. De Heilige Geest zal absoluut nooit zo omschreven worden!

Laten we ook vooral een van de reeds genoemde kenmerkende eigenschappen van het 'charismatische' spreken in tongen niet vergeten: dat het niet enkel tijdens de eerste ervaring van de 'Doop van de Heilige Geest' wordt ontvangen, maar dat het (zowel privé als in het openbaar) moet worden voortgezet en moet uitgroeien tot een 'essentieel component' van het religieuze leven, omdat anders de 'gaven van de Geest' kunnen verdwijnen. Een presbyteriaanse 'charismatische' schrijver spreekt van de specifieke functie van deze praktijk bij het 'voorbereiden' van 'charismatische' bijeenkomsten: 'Veelal is het zo dat ... een selecte groep van tevoren de tijd zal nemen om gebeden in de Geest op te zeggen [dat wil zeggen, in tongen]. Dit versterkt het gevoel van Gods aanwezigheid en kracht dat aan de bijeenkomst wordt overgedragen.' En: 'Wij merken dat stilletjes bidden in de Geest tijdens de bijeenkomst helpt om opengesteld te blijven voor de aanwezigheid van God ... [want] zodra iemand eenmaal gewend is geraakt om hardop in tongen te bidden ... bestaat er een grotere kans dat via diens adem, die zich langs de stembanden en de tong begeeft, zich de ademhaling van de Geest zal manifesteren om stilletjes, en toch hartgrondig, verder te bidden in het binnenste van de persoon' (Williams, p. 31). Laat ons tevens niet vergeten dat het spreken in tongen kan worden opgewerkt door kunstmatige hulpmiddelen, zoals 'het maken van geluiden met de mond'–en wij zo tot de onvermijdelijke conclusie komen dat 'charismatisch' spreken in tongen helemaal geen 'gave' is maar een *techniek*, die zelf kan worden aangeleerd met behulp van weer andere technieken en die nóg meer 'gaven van de Geest' kan opwekken, *zolang iemand maar blijft oefenen*. Is dat geen aanwijzing van de voornaamste prestatie van de hedendaagse pinksterbeweging–namelijk dat het *een nieuwe mediamieke techniek heeft ont-*

dekt waarmee een paranormale staat van zijn kan worden bereikt en vastgehouden, en waarin miraculeuze 'gaven' normaal zijn? Als dat zo is, dan wordt door de 'charismatische' definitie van het 'ineenslaan van de handen'–'het eenvoudige dienstwerk waarbij een of meerdere personen, die zelf als kanalen voor de Heilige Geest dienen, zich verbinden met andere, minder gezegende personen', en waarbij 'het van belang [is] dat zij die dit dienstwerk uitvoeren zelf het bewegen van de Heilige Geest hebben ervaren' (Williams, p. 64)–precies *de overgave van de mediamieke gave beschreven door zij die het reeds hebben bemachtigd en daardoor zelf mediums zijn geworden.* De 'Doop van de Heilige Geest' wordt zo dus een *mediamieke inwijding.*

En als de 'charismatische' beweging in werkelijkheid inderdaad een mediamieke beweging is, dan valt alles wat tot op heden onduidelijk was, zolang het als een christelijke beweging werd beschouwd, op zijn plek. De beweging steekt de kop op in Amerika, waar vijftig jaar daarvoor het spiritisme is ontstaan in een soortgelijk psychologisch klimaat: een dood, gerationaliseerd protestants geloof wordt plotseling overweldigd door een werkelijke ervaring van een onzichtbare 'kracht' waar rationeel noch wetenschappelijk een verklaring voor gevonden kan worden. De beweging is het succesvolst in de landen die over een omvangrijke geschiedenis met het spiritisme of de mediamiek beschikken: voornamelijk Amerika en Engeland, maar ook Brazilië, Japan, de Filippijnen en zwart Afrika. Er kan nauwelijks een voorbeeld gevonden worden van 'spreken in tongen' in zelfs ook maar enige nominale christelijke context gedurende de 1.600 jaar na de tijd van Paulus (en zelfs dan is het een geïsoleerd en kortstondig hysterisch fenomeen), exact tot aan de totstandkoming van de 20e-eeuwse pinksterbeweging, zoals de academische geschiedkundige van het religieus 'enthousiasme' heeft opgemerkt[10]; en toch beschikken meerdere sjamanen en heksendokters uit primitieve religies over deze 'gave', alsmede de hedendaagse spiritistische mediums en de bezetenen. De 'profetieën' en 'interpretaties' die worden gedaan tijdens 'charismatische' diensten, zoals wij zullen zien, zijn merkwaardig vaag en stereotypisch in hun uitdrukking, zonder enige specifiek christelijke of profetische inhoud. De leer wordt ondergeschikt gemaakt aan de praktijk: het motto van beide bewegingen zou kunnen zijn, zoals 'charismatische' enthousiastelingen blijven herhalen, *'het werkt'*–exact de valkuil waar, zoals wij reeds hebben gezien, het hindoeïsme zijn slachtoffers naartoe leidt. Er is nauwelijks enige twijfel mogelijk dat de 'charismatische' beweging, voor zover het zijn fenomenen betreft, in het algemeen veel meer lijkt op het spiritisme en andere niet-christelijke religies, dan op het orthodoxe christendom. Maar wij zullen hiervoor nog veel meer voorbeelden moeten geven om aan te tonen hoe waar dit is.

Tot op heden hebben wij enkel, met uitzondering van de uitspraken van dr. Koch, geciteerd uit de werken van zij die voorstander zijn van de 'charismatische' beweging en die enkel hun getuigenissen geven van wat zij beschouwen als het werk van de Heilige Geest. Laten wij daarom nu de getuigenissen citeren van een aantal personen die de 'charismatische' beweging verlaten heeft, of geweigerd heeft zich erbij aan te sluiten, omdat zij de mening waren toegedaan dat de 'geest' waardoor het wordt bezielt *niet* de Heilige Geest was.

1. 'In Leicester (Engeland) deed een jongeman bericht van het volgende: hij en zijn vriend waren al enige jaren

---

[10] Ronald A. Knox, *Enthusiasm, A Chapter in the History of Religion*, Oxford (Galaxy Book), 1961, pp. 550-51.

gelovig, toen zij werden uitgenodigd voor een bijeenkomst van een groep tongensprekers. Ze werden gegrepen door de atmosfeer van de bijeenkomst en naderhand baden zij voor de tweede zegening en de Doop van de Heilige Geest. Na een langdurig gebed, leek het alsof er iets warms over hen heen viel. Ze voelden zich erg opgewonden. Gedurende de daaropvolgende weken genoten zij van deze nieuwe ervaring, maar de gevoelens namen geleidelijk af. De man die mij dit vertelde, merkte dat hij al het verlangen om de Bijbel te lezen en te bidden, had verloren. In het licht van de Schrift analyseerde hij zijn ervaring en realiseerde zich dat het niet van God afkomstig was geweest. Hij toonde berouw en zweerde het af.... Zijn vriend, daarentegen, ging verder met het spreken in tongen en ging er uiteindelijk aan onderdoor. Vandaag de dag overweegt hij het überhaupt niet meer om als een christen' te leven (Koch, p. 28).

2. Twee protestantse pastoors attendeerden een 'charismatische' gebedsbijeenkomst in een presbyteriaanse kerk in Hollywood. 'Allebei waren we het er van tevoren over eens dat zodra de eerste persoon in tongen zou spreken, wij het volgende gebed zouden opzeggen, "Heer, als deze gave van u afkomstig is, zegen dan deze broeder, maar als het niet van u afkomstig is, laat het dan stoppen en laat geen tongengebed in onze aanwezigheid plaatsvinden.' ... Een jongeman luidde de bijeenkomst in met een korte toewijding, waarna het werd geopend voor gebed. Een vrouw begon vloeiend in een vreemde taal te bidden zonder enig gestotter of geaarzel. Een vertolking werd niet gegeven. Eerwaarde B. en ik begonnen zachtjes te bidden zoals wij dit van tevoren hadden afgesproken. En wat gebeurde er? Niemand sprak meer in tongen, hoewel normaal gesproken iedereen tijdens deze bijeenkomsten, met uitzondering van een architect, in

een vreemde taal bidt' (Koch, p. 15). Hier ziet u dat in de afwezigheid van de mediamieke solidariteit van geloof, het fenomeen niet optreedt.

3. 'In San Diego, Californië, ontving ik een vrouw voor counseling. Ze vertelde me over een slechte ervaring die ze had gehad tijdens een dienstreis die was georganiseerd door een lid van de tongenbeweging. Ze had zijn bijeenkomsten bijgewoond, gedurende welke hij gesproken had over de noodzaak van de gave van het spreken in tongen, en tijdens een nabespreking had ze hem haar akkoord gegeven om zijn handen op haar te leggen, zodat zij de Doop van de Heilige Geest en de gave van het spreken in tongen kon ontvangen. Op dat moment verloor ze haar bewustzijn en viel ze neer op de vloer. Toen ze weer bij kennis kwam, merkte ze dat ze nog steeds op de vloer lag terwijl haar mond zich automatisch opende en sloot zonder dat er enig geluid uit haar keel kwam. Ze was ontzettend bang. Om haar heen stond een aantal volgelingen van deze evangelist die uitriepen, "O, zuster, u heeft wonderbaarlijk mooi gesproken in tongen. Nu bezit u de Heilige Geest." Maar het slachtoffer van deze zogenaamde Doop van de Heilige Geest was ervan genezen en is nooit meer naar deze groep van tongensprekers teruggekeerd. Toen ze naar mij toekwam voor advies, leed ze nog steeds aan de negatieve bijwerkingen van deze "spirituele doop"' (Koch, p. 26).

4. Een orthodoxe christen in Californië deelt een verhaal over een privéontmoeting met een 'door de geest gevulde' pastoor die hetzelfde podium gedeeld heeft met de vooraanstaande katholieke, protestante en pinksterkerkelijke vertegenwoordigers van de 'charismatische' beweging; 'Gedurende vijf uur lang sprak hij in tongen en maakte hij gebruik van ieder hulpstuk (psychologisch, hypnotisch en het "opleggen van de handen") om de aanwezigen ertoe te bewegen

de "Doop van de Heilige Geest" te ontvangen. Het was een werkelijk verschrikkelijk tafereel. Toen hij zijn handen op een van onze vriendinnen legde begon ze rochelende geluiden te maken, te kreunen, te huilen en te schreeuwen. Hier was hij erg tevreden over en zei dat ze leed voor anderen–dat ze voor hen bemiddelde. Toen hij vervolgens zijn handen op mijn hoofd legde, voelde ik een sterk kwaad. Zijn tongenspraak was her en der doorspekt met wat Engelse zinnen: "Je beschikt over een profetische gave, ik voel het." "Je hoeft enkel je mond te openen en het eruit te laten stromen." "Je blokkeert de Heilige Geest." Met de gratie Gods wist ik mijn mond te houden, maar ik ben er vrij zeker van dat als ik gesproken had, iemand anders voor mij het woord zou hebben gedaan.' (Uit een privégesprek.)

5. Lezers van *The Orthodox Word* zullen zich het verhaal herinneren van de 'gebedswake' die werd gehouden door het Syrisch-Antiochse aartsbisdom van New York tijdens diens conventie in Chicago in augustus van 1970, waar, nadat een dramatische en emotionele sfeer was gezet, jongeren begonnen te 'getuigen' over hoe de 'geest' hen beheerste. Meerdere aanwezigen vertelden naderhand echter over hoe de sfeer 'duister en onheilspellend', 'verstikkend' en 'duister en kwaadaardig' was geweest, en met behulp van een miraculeuze tussenkomst van de heilige Herman van Alaska, wiens icoon in de ruimte aanwezig was, werd de bijeenkomst onderbroken en de kwaadaardige atmosfeer verdreven (*The Orthodox Word*, nrs. 33-34, 1970, pp. 196-99).

Er zijn verschillende andere gevallen waarin mensen hun interesse in het gebed, in het lezen van de Schrift of in het christendom in het algemeen, zijn verloren en zelfs zijn gaan geloven, zoals een bepaalde student dat ook deed, dat 'hij niet langer de Bijbel hoefde te lezen, daar God de Vader Zich aan hem zou openbaren en persoonlijk tot hem zou spreken' (Koch, p. 29).

Wij zullen weldra in de gelegenheid komen om de getuigenissen te citeren van velen die aan hun 'charismatische' ervaring niets negatiefs of kwaadaardigs vinden, en wij zullen de betekenis van hun getuigenis bestuderen. Echter, zonder reeds tot een conclusie te komen wat betreft de *precieze* aard van de 'geest' die deze 'charismatische' fenomenen teweegbrengt, kunnen wij het op basis van het tot nu toe verzamelde bewijs eens zijn met dr. Koch: 'De tongenbeweging is de expressie van een uitzinnige gesteldheid waarin een uitbraak van demonische krachten zich manifesteert' (Koch, p. 47). Dat wil zeggen, de beweging, die zonder twijfel 'uitzinnig' is de zin dat het zichzelf overgeeft aan het handelen van een 'geest' die niet de Heilige Geest is, is van zichzelf of in zijn intentie niet demonisch (zoals het hedendaagse occultisme en satanisme dat wel degelijk zijn), maar het stelt zich van nature in het bijzonder open voor de manifestatie van overduidelijk demonische krachten die soms inderdaad waarneembaar zijn.

Dit boek is gelezen door een aantal mensen die hebben deelgenomen aan de 'charismatische' beweging, en velen van hen hebben de beweging daarna verlaten, daar zij erkenden dat de geest die zij hadden ervaren tijdens 'charismatische' fenomenen *niet* de Heilige Geest was. Tegen dergelijke mensen die betrokken zijn bij de 'charismatische' beweging en nu dit boek lezen, wensen wij het volgende te zeggen: Het is goed mogelijk dat u het gevoel hebt dat uw betrokkenheid bij de 'charismatische' beweging grotendeels iets goeds is geweest (hoewel u uw bedenkingen kunt hebben over bepaalde dingen die u hebt gezien of ervaren); het is goed mogelijk dat u niet in staat bent te accepteren dat er iets demonisch aan is. Door te suggereren dat de 'charismatische' beweging door de mediamiek is geïnspireerd, trachten wij niet uw *gehele* ervaring van uw betrokkenheid erbij in diskrediet te brengen. Als u bent ontwaakt voor het voelen van berouw voor uw zonden, voor de realisatie dat de Heer Jezus Christus de Verlosser van de mensheid is, voor de oprechte liefde voor God en uw medemens–dan is dat alles inderdaad goed en zal dat niet verloren gaan wanneer u afstand doet van de 'charismatische' beweging. Maar als u de mening bent toegedaan dat 'spreken in tongen', of 'profeteren', of om het even welke andere 'bovennatuurlijke' fenomenen u wellicht hebt ervaren, van God afkomstig zijn–dan zal dit boek voor u als een uitnodiging dienen te ontdekken dat het domein van de ware christelijke spirituele ervaring vele malen diepgaander is dan wat u tot op heden hebt ervaren, dat de listen van de duivel vele malen subtieler zijn dan u zich wellicht heeft voorgesteld; dat de bereidwilligheid van onze gevallen menselijke aard om illusie met waarheid te verwarren, en emotioneel comfort met een spirituele ervaring, vele malen groter is dan u denkt. Het volgende onderdeel van dit hoofdstuk zal dit uitvoerig behandelen.

Op de vraag wat de ware aard van de 'tongen' is waarin vandaag de dag gesproken wordt, kan waarschijnlijk geen eenvoudig antwoord worden gegeven. We weten vrij zeker dat, in de pinksterbeweging, net zoals in het spiritisme, elementen van zowel bedrog als suggestie een belangrijke rol spelen onder de soms intense druk die wordt uitgevoerd in de 'charismatische' kringen om de fenomenen tot manifestatie te dwingen. Derhalve getuigd een lid van de voornamelijk pinksterkerkelijke 'Jezusbeweging' dat wanneer hij in tongen sprak, het 'niets meer dan het opbouwen van emoties' was door 'gewoon wat woorden te mompelen'; en een ander geeft openlijk toe dat 'Toen ik een christen werd, de mensen om mij heen mij simpelweg vertelden dat het iets was dat je moest doen. En dus bad ik dat het mij op een dag ook zou lukken; ik ging zelfs zo ver door hen te imiteren om ze het idee te wekken dat ik ook over de gave beschikte' (Ortega, p. 49). Een aantal van de zogenaamde 'tongen' is dus overduidelijk niet authentiek, of op zijn best het resultaat van suggestie onder emotionele en bijna hysterische omstandigheden. Toch zijn er ook gedocumenteerde gevallen van pinksterkerkelijk spreken in een niet-aangeleerde taal (Sherrill, pp. 90-95); tevens zijn er de getuigenissen van velen wat betreft het gemak en de verzekerdheid en kalmte waarmee zij (zonder enige hysterische omstandigheden) een staat van 'tongenspraak' kunnen betreden; en er is sprake van een onmiskenbaar bovennatuurlijk karakter in het aanverwante fenomeen van 'zingen in tongen' waarbij ook de melodie door de 'geest' wordt geïnspireerd en velen zich erbij aansluiten om een effect te creëren dat afwisselend wordt omschreven als zijnde 'griezelig maar buitengewoon prachtig' (Sherrill, p. 118) en 'onvoorstelbaar, menselijkerwijs onmogelijk' (Williams, p. 33). Het zou derhalve duidelijk moeten zijn dat geen psychologische of emotionele uitleg een afdoende verklaring kan zijn voor het fenomeen van de hedendaagse 'tongensprekers'. Als het niet het werk is van de Heilige Geest–en inmiddels is het overduidelijk dat dit niet het geval kan zijn–dan kan het hedendaagse 'spreken in tongen' als een authentiek 'bovennatuurlijk' fenomeen niet anders zijn dan de manifestatie van een gave van *een andere geest.*

Om deze 'geest' nauwkeuriger te kunnen identificeren, en om meer inzicht te kunnen krijgen in de 'charismatische' beweging, niet enkel in diens fenomenen maar ook in diens 'spiritualiteit', zullen wij dieper moeten putten uit de bronnen van de orthodoxe traditie. En zullen wij, allereerst, moeten terugkeren naar een leer van de orthodoxe ascetische traditie die in deze reeks artikelen reeds is behandeld, ter verklaring van de macht die het hindoeïsme heeft over diens volgelingen: *prelest*, oftewel spirituele misleiding.

5. *Spirituele misleiding*

Het concept van *prelest*, een sleutelconcept binnen de orthodoxe ascetische leer, is geheel afwezig in de protestants-katholieke wereld waar de 'charismatische' beweging uit is voortgekomen; en dit verklaart waarom een zo overduidelijke deceptie een zo sterke grip kan krijgen op nominale 'christelijke' kringen en waarom een 'profeet' zoals Nikolaj Berdjajev, die een orthodoxe achtergrond heeft, het als essentieel beschouwt binnen dit 'nieuwe tijdperk van de Heilige Geest' '*dat er niets van het ascetische wereldbeeld overblijft*'. De reden moge duidelijk zijn: het orthodoxe ascetische wereldbeeld biedt men het enige middel waarmee zij, na de Heilige Geest te hebben ontvangen tijdens hun doop en myronzalving, de Heilige Geest kunnen blijven ontvangen gedurende de rest van hun leven; daarbovenop onderwijst het hoe je spirituele misleiding kunt herkennen en je ertegen kunt beschermen. De 'nieuwe spiritualiteit' waarvan Berdjajev droomde, en die door de 'charismatische' beweging wordt gepraktiseerd, is op een geheel andere fundering gegrondvest en wordt, in het licht van de orthodoxe ascetische leer, gezien als bedrog. Derhalve is er binnen hetzelfde universum geen plek voor beide opvattingen: om de 'nieuwe spiritualiteit' of de 'charismatische' beweging te accepteren, dient men het orthodoxe christendom te verwerpen; en andersom, om een orthodoxe christen te blijven, dient men de 'charismatische' beweging, dat louter een persiflage is op de orthodoxie, te verwerpen.

Om dit te benadrukken, zullen wij hieronder de leer van de Orthodoxe Kerk op het gebied van spirituele misleiding herhalen, zoals deze met name wordt gevonden in de 19e-eeuwse samenvatting van deze leer door bisschop Ignatius Brianchaninov, een hedendaagse orthodoxe kerkvader, in het eerste volume van zijn werk.

Er bestaan twee hoofdvormen van *prelest* of spirituele misleiding. Van de eerste en spectaculairdere vorm is sprake wanneer een persoon streeft naar een hogere spirituele staat of spirituele visioenen, zonder eerst gezuiverd te zijn van de hartstochten en terwijl hij nog steeds afhankelijk is van zijn eigen beoordelingsvermogen. Aan een dergelijk persoon schenkt de duivel grootse 'visioenen'. Hier zijn veel voorbeelden van te vinden in de heiligenlevens, een van de belangrijkste studieboeken van de orthodoxe ascetische leer. Zo betrad de heilige Nicolaas, bisschop van Novgorod (31 jan.), onvoorbereid en in tegenstrijd met de raadgeving van zijn abt het solitaire leven, om al snel een stem te horen die samen met hem bad. Toen sprak 'de Heer' tegen hem en zond Hij een 'engel' om in zijn plaats te bidden en hen die naar hem toe kwamen te onderwijzen. Dit deed hij, terwijl hij altijd de 'engel' naast hem zag bidden, en zijn bezoekers waren verwonderd over zijn spirituele wijsheid en de 'gaven van de Heilige Geest' waarover hij leek te beschikken, waaronder 'profetieën' die altijd uitkwamen. Het bedrog werd pas geopenbaard toen de vaders van het klooster achter zijn aversie voor het Nieuwe Testament kwamen (hoewel hij het Oude Testament, dat hij nog nooit had gelezen, uit zijn hoofd kende). Door hun gebeden begon hij berouw te tonen, zijn 'wonderen' stopten en uiteindelijk zou hij een authentieke staat van heiligdom bereiken. De heilige Isaac van het Holenklooster van Kiev (14 feb.) aanschouwde een fel licht en 'Christus' openbaarde zich aan hem met 'engelen'; toen Isaac, zonder zich te kruisigen, neerknielde voor 'Christus', kregen de demonen vat op hem en na hevig met hem gedanst te hebben, lieten ze hem op sterven na dood achter. Ook hij wist uiteindelijk een authentieke staat van heiligdom te bereiken. Er zijn veel soortgelijke gevallen waarin 'Christus' en 'engelen' zich aan asceten openbaren en hen wonderbaarlijke krachten en 'gaven van de Heilige Geest' schenken, die de misleidde asceet uiteindelijk vaak tot krankzinnigheid of zelfmoord drijven.

Maar er is ook een meer voorkomende, minder spectaculaire vorm van spirituele misleiding die diens slachtoffers niet voorziet van grootse visioenen, maar van slechts alledaagse 'religieuze gevoelens'. Dit gebeurt, volgens de geschriften van bisschop Ignatius, 'wanneer het hart verlangt en streeft naar het genot van heilige en goddelijke gevoelens terwijl het hier nog absoluut niet klaar voor is. Ieder die niet beschikt over een berouwvolle geest, die zichzelf vol van verdiensten en waarde acht, die niet standvastig vasthoudt aan de leer van de Orthodoxe Kerk maar aan een andere traditie of een andere onorthodoxe leer of zelfs zijn eigen arbitraire beoordelingsvermogen–verkeerd in een staat van bedrog.' De Rooms-Katholieke Kerk beschikt over complete spirituele handboeken geschreven door mensen die zich in deze staat van bedrog bevinden; zoals Thomas à Kempis' *Initiation of Christ*. Bisschop Ignatius heeft hierover het volgende te zeggen: 'Er heerst in dit boek, en er straalt van diens pagina's, de zalving van de kwaadaardige geest die de lezer vleit en hem bedwelmd.... Het boek geleidt de lezer onmiddellijk in communie met God, zonder enige voorafgaande zuivering door berouw.... Zo raken vleselijke mensen in extase van een genot en een bedwelming die zonder enige moeite kunnen worden ervaren, zonder enige zelfverloochening, zonder berouw, zonder *kruisiging van het vlees met zijn hartstochten en begeerten* (Gal. 5:24), met vleierij van hun gevallen staat.' En het resultaat, zoals I. M. Kontzevitch, de grote overdrager van het kerkvaderlijke onderricht, het schreef, is dat 'de asceet, strevend naar het ontvlammen van de liefde voor God in zijn hart zonder enige berouw te tonen, zich inspant om een gevoel van genot en extase te ervaren, maar in plaats daarvan exact het tegenovergestelde bereikt: "hij treedt in communie met Satan en raakt besmet met een haat voor de Heilige Geest" (bisschop Ignatius).'

Dit is de daadwerkelijk staat waarin de aanhangers van de 'charismatische' beweging zich, zelfs zonder het te vermoeden, bevinden, en kan het duidelijkst worden waargenomen door, punt voor punt, hun ervaringen en opvattingen te bestuderen en te vergelijken met de lessen van de orthodoxe kerkvaders, zoals bisschop Ignatius deze heeft uiteengezet.

A. De houding ten opzichte van 'spirituele' ervaringen

Met weinig tot geen fundering in de authentieke bronnen van de christelijke spirituele ervaring–de heilige mysteries van de Kerk en de spirituele leer van Christus en Zijn apostelen die ons is nagelaten door de kerkvaders–hebben de volgelingen van de 'charismatische' beweging geen enkel middel waarmee zij de gratie Gods kunnen onderscheiden van diens vervalsing. Alle 'charismatische' schrijvers vertonen in zekere mate een tekort aan behoedzaamheid en onderscheidingsvermogen jegens hun ervaringen. Sommige leden van de katholieke pinksterkerk, bijvoorbeeld, 'verdrijven Satan' nog voordat zij zullen vragen om 'gedoopt te worden in de Geest'; maar de effectiviteit van deze daad, zoals reeds naar voren zal komen uit hun eigen getuigenis, komt overeen met die van de joden in Handelingen (19:15), op wiens 'uitdrijving' de kwade geest reageerde met: *Jezus ken ik en van Paulus weet ik af, maar u, wie bent u?* Heilige Johannes Cassianus, de grote 5e-eeuwse orthodoxe vader van het Westen, die in zijn conference over de 'goddelijke gaven' met groot onderscheidingsvermogen schreef over de werking van de Heilige Geest, merkt op dat 'de demonen soms [wonderen verrichten] om de mens die gelooft dat hij over wonderlijke gaven beschikt trots te maken, om hem zo klaar te maken voor een nog wonderlijkere val. En zij doen alsof zij, door het heiligdom van hen waarvan zij in werkelijkheid weten dat zij onheilig zijn, worden opgebrand en uit het lichaam worden gedreven waarin zij verbleven.... In de Schrift lezen we: *Er zullen valse christussen en valse profeten opstaan....*'[11]

De 18e-eeuwse Zweedse 'visionair', Emanuel Swedenborg–een vreemde voorloper van de hedendaagse occulte en 'spirituele' heropleving–had ruime ervaring met spirituele wezens waar hij regelmatig visueel en verbaal contact mee had. Hij maakte onderscheid tussen twee soorten geesten, de 'goedaardige' en de 'kwaadaardige'; zijn ervaring is recentelijk bevestigd door de bevindingen van een klinische psycholoog die, in een psychiatrische kliniek in Ukiah, Californië, met 'hallucinerende' patiënten werkte. Deze psycholoog nam de stemmen die door zijn patiënten werden gehoord serieus en ging een serie 'dialogen' met hen aan (via de tussenpersoon van de patiënten zelf). Hieruit concludeerde hij, net als Swedenborg, dat er twee soorten 'wezens' zijn die contact hebben gelegd met de patiënten: de 'hogere' en de 'lagere'.

---

[11] Conference XV:2, in Owen Chadwick, *Western Asceticism*, Westminster Press, Philadelphia, Penn., 1958, p. 258.

In zijn eigen woorden: 'Stemmen van de lagere orde komen overeen met dronken schooiers in een bar die voor de lol anderen plagen en pesten. Ze stellen schunnige daden voor en branden de patiënt vervolgens af voor het overwegen ervan. Ze vinden een zwakke plek in het geweten van de patiënt en blijven daar eindeloos op hameren.... Het vocabulaire en de gedachtegoed van de wezens van de lagere orde zijn beperkt, maar zij beschikken wel over een hardnekkige wil om te vernietigen.... Ze hameren op elke zwakheid, beweren over waanzinnige krachten te beschikken, liegen, maken beloften om vervolgens de wil van de patiënt te ondermijnen.... Allen van de lagere orde zijn niet-religieus of antireligieus.... Volgens een van de patiënten leken ze op conventionele duivels die naar zichzelf refereerden als demonen....

'In direct contrast staan de zeldzamere hallucinaties van de hogere orde.... Dit contrast kan worden geïllustreerd aan de hand van de ervaring van één man. Voor langere tijd had hij het geruzie van de lagere orde moeten aanhoren over hoe ze hem zouden vermoorden. (Maar) er kwam hem op een avond ook een licht toe, zo fel als de zon. Hij wist direct dat deze van een andere orde afkomstig was, daar het licht zijn vrijheid respecteerde en zich terugtrok wanneer hij er angstig van werd.... Toen de man werd aangemoedigd om deze vriendelijke zon te naderen, betrad hij een wereld van numineuze belevenissen.... [Eens] verscheen er een erg krachtig en indrukwekkend Christusachtige figuur.... Sommige patiënten ervaren op verschillende momenten zowel de hogere als de lagere orde en voelen zich gevangen tussen een persoonlijke hemel en hel. Velen kennen echter enkel de aanvallen van de lagere orde. De hogere orde beweert macht te hebben over de lagere en laat dit van tijd tot tijd ook zien, maar niet voldoende om de meeste patiënten gerust te stellen.... De hogere orde lijkt vreemd begaafd, gevoelig, wijs en religieus te zijn.'[12]

Ieder die de orthodoxe heiligenlevens en andere geestelijke literatuur leest, weet dat al deze geesten–zowel de 'goede' als de 'kwade', de 'lagere' als de 'hoge'–demonen zijn, en dat het onderscheid tussen ware goedaardige geesten (engelen) en deze kwaadaardige geesten niet gemaakt kan worden op basis van iemands eigen gevoelens of indrukken. De wijdverspreide praktijk van 'exorcisme' binnen 'charismatische' kringen biedt in zijn geheel geen garantie dat de kwaadaardige geesten daadwerkelijk worden uitgedreven; uitdrijvingen zijn ook veelvoorkomend (en ogenschijnlijk succesvol) onder de primitieve sjamanen,[13] door wie ook wordt erkent dat er verschillende soorten geesten zijn–die, echter, allen demonen zijn, of zij nu lijken te vluchten wanneer zij worden uitgedreven of juist verschijnen wanneer zij worden opgeroepen, om aan de sjamaan zijn krachten te verlenen.

Niemand zal ontkennen dat de 'charismatische' beweging zich in haar geheel sterk afkeert van het hedendaagse occultisme en sjamanisme. Maar de subtielere kwaadaardige geesten doen zich voor als 'engelen van het licht' (2 Kor. 11:14), en een sterk onderscheidingsvermogen tezamen met een diepgeworteld wantrouwen voor alle buitengewone 'spirituele' ervaringen zijn vereist om hier niet door misleid te worden. Ten aanzien van de subtiele, onzichtbare vijanden die een onzichtbare oorlog tegen het mensenras voeren, dient de naïeve, goedgelovige houding jegens de ervaringen van de

---

[12] Wilson van Dusen, *The Presence of Other Worlds*, Harper and Row, New York, 1974, pp. 120-25.

[13] Zie I. H. Lewis, *Ecstatic Religion, An Anthropological Study of Spirit Possession and Shamanism*, Penguin Books, Baltimore, 1971, pp. 45, 88, 156, etc., en illustratie 9.

meesten die betrokken zijn bij de 'charismatische' beweging, als een open invitatie voor spirituele misleiding. Zo raadt één pastoor bijvoorbeeld aan om te mediteren op bepaalde passages uit de Schrift, om vervolgens de gedachten die door deze lezing worden 'opgewekt' op papier te zetten: 'Dit is het persoonlijke bericht van de Heilige Geest aan jou' (Christenson, p. 139). Maar elke serieuze student van de christelijke spiritualiteit weet dat, bijvoorbeeld, 'gedurende het begin van het kloosterleven de onreine demonen [de beginnelingen] zullen instrueren in het interpreteren van de Schrift... zodat zij hen geleidelijk misleiden in de hoop dat zij hen in de richting van ketterij en godslastering kunnen leiden' (*De ladder* van Johannes Climacus, Trede 26:152).

Helaas lijkt de houding van de orthodoxe volgelingen van de 'charismatische heropleving' niet over een beter onderscheidingsvermogen te beschikken dan die van de katholieken en protestanten. Zij zijn overduidelijk niet goed bekend met de orthodoxe kerkvaders of heiligenlevens, en wanneer zij, zoals zelden gebeurt, wel een kerkvader citeren, doen zij dat veelal uit context (hierover later meer, betreffende de heilige Serafim). De aantrekkingskracht van de 'charismatische' beweging is er met name een van *belevenis*. Een orthodoxe priester schrijft: 'Sommigen hebben gedurfd deze belevenis "prelest" te noemen–spirituele trots. Niemand die de Heer op deze manier is tegengekomen, zou voor deze misleiding kunnen vallen' (*Logos*, april 1972, p. 10). Maar het is een erg zeldzame orthodoxe christen die in staat is om de subtielere vormen van spirituele misleiding (waarin 'trots', bijvoorbeeld, de vorm kan aannemen van 'nederigheid') te onderscheiden op basis van enkel het *gevoel* dat hij van hen heeft, zonder verdere verwijzing naar de kerkvaderlijke traditie; enkel iemand die de kerkvaderlijke traditie reeds volledig heeft geassimileerd in diens gedachtegoed en praktijk, en een groot heiligdom heeft bereikt, kan veronderstellen hiertoe in staat te zijn.

Hoe is de orthodoxe christen voorbereid op het weerstaan van spirituele misleiding? Hij beschikt over een hele reeks aan door God geïnspireerde kerkvaderlijke boekwerken die, samen met de Schrift, de veroordeling van de eerste 1900 jaar van Christus' Kerk vertegenwoordigen voor vrijwel elke denkbare spirituele en pseudospirituele ervaring. Later zullen wij zien dat deze traditie een zeer duidelijke veroordeling kent over exact de kwestie die door de 'charismatische' beweging wordt aangehaald: die wat betreft de mogelijkheid van een nieuwe en wijdverspreide 'uitstorting van de Heilige Geest' aan het einde der tijden. Maar zelfs zonder de kerkvaders te raadplegen, is de orthodoxe christen beschermd tegen spirituele misleiding door alleen al de wetenschap dat een dergelijke misleiding niet enkel bestaat, maar alomtegenwoordig is, alsmede binnen in hemzelf. Bisschop Ignatius schrijft: 'Wij worden allen misleid, en die wetenschap is ons beste preventiemiddel tegen misleiding. De grootste misleiding, daarentegen, is om jezelf als zijnde vrij van misleiding te beschouwen.' Hij citeert Gregorius de Sinaïet, die ons waarschuwt: 'Het is geen kleine taak om de precieze waarheid te achterhalen en onszelf te zuiveren van alles dat gratie in de weg staat; het is immers gebruikelijk voor de duivel om, zeker bij beginners, zijn misleiding te camoufleren als de waarheid en zo een spiritueel uiterlijk te geven aan het kwaad.' En 'God is niet boos op hij die, uit angst voor misleiding, met uiterste zorgvuldigheid over zichzelf waakt, zelfs als hij daardoor een boodschap van God zou negeren.... In tegendeel, God zal zo'n iemand prijzen voor zijn verstandigheid.'

Derhalve, door volledig onvoorbereid te zijn op spirituele oorlogvoering, zich onbewust van het bestaan van de meest subtiele spirituele misleiding (in tegenstelling tot de overduidelijke vormen van het occultisme), gaat de katholieke, protestantse of ongeïnformeerde orthodoxe christen naar een gebedsbijeenkomst om 'gedoopt (of gevuld) te worden met de Heilige Geest'. De atmosfeer van de bijeenkomst is erg losjes, daar deze bewust wordt 'opengelaten' voor het werk van een 'geest'. Daarom beschrijven katholieken (die beweren behoedzamer te zijn dan protestanten) een aantal van hun pinksterbijeenkomsten als volgt: 'Er leken geen grenzen te zijn, geen remmingen.... Ze zaten in kleermakerszit op de vloer. Dames in jeansbroeken. Een monnik in een witte robe. Sigarettenrokers. Koffiedrinkers. Biddend op een manier die voor hen het prettigst was.... Het werd me duidelijk dat ze het naar hun zin hadden! Is dat wat ze bedoelden wanneer zij zeiden dat de Heilige Geest onder hen was?' En bij een andere katholieke pinksterbijeenkomst, 'buiten het feit dat niemand dronk, leek het wel een cocktailfeestje' (Ranaghan, pp. 157, 209). Bij interkerkelijke 'charismatische' bijeenkomsten is de atmosfeer evenzo informeel dat het niemand verrast wanneer een bejaarde vrouw wordt geïnspireerd door de 'geest', middenin een huilbui, om vervolgens op te staan en 'een klein dansje' te doen (Sherrill, p. 118). Voor de nuchtere orthodoxe christen is het eerste wat opvalt aan een dergelijke atmosfeer een duidelijk tekort aan wat binnen zijn goddelijke diensten bekendstaat als een oprechte piëteit en eerbied, voortkomend uit de vreze Gods. En deze eerste indruk wordt maar al te duidelijk bevestigd door het waarnemen van de werkelijk vreemde gevolgen die de 'pinkstergeest' veroorzaakt wanneer het deze losse atmosfeer betreedt. Een aantal van deze effecten zullen wij nu nader behandelen door ze onder de beoordelende loep te nemen van de kerkvaders van de Kerk van Christus.

B. Fysieke aanvullingen op de 'charismatische' ervaring

Een van de meest gebruikelijke reacties op de ervaring van de 'Doop van de Heilige Geest' is *gelach*. Zoals een katholiek bekend: 'Ik was zo vol van vreugde dat ik enkel kon lachen terwijl ik op de vloer lag' (Ranaghan, p. 28). En een andere katholiek: 'Ik kan mij herinneren dat het gevoel van de aanwezigheid en de liefde van God zo sterk was, dat ik een half uur lang in de kapel heb zitten lachen uit vreugde voor de liefde van God' (Ranaghan, p. 64). Een protestant geeft toe dat tijdens zijn 'doop' 'Ik begon te lachen.... Ik wilde gewoon alsmaar lachen zoals je dat doet wanneer je je zo goed voelt dat je het niet kunt verwoorden. Ik verging van het lachen' (Sherrill, p. 113). En een andere protestant: 'De nieuwe tong die mij werd geschonken ging gepaard met golven van vreugde waarin elke angst die ik had leek weg te vloeien. Het was een tong van gelach' (Sherrill, p. 115). Een orthodoxe priester, v. Eusebius Stephanou, schrijft: 'Ik was niet in staat de brede glimlach op mijn gezicht, die ieder moment in lachen had kunnen uitbreken, te verbergen–een lachen van de Heilige Geest die in mij een verfrissende uitbarsting teweegbracht' (*Logos*, april 1972, p. 4).

Er kunnen vele voorbeelden worden verzameld van deze werkelijk vreemde reactie op een 'spirituele' ervaring, en een aantal 'charismatische' apologeten zijn tot een hele filosofie gekomen van 'spirituele vreugde' en 'Gods gekkigheid' om het te verklaren. Maar deze filosofie is allesbehalve christelijk; een dergelijk concept als het 'gelach van de Heilige Geest' komt nergens in het geheel van het christelijke gedachtegoed en de christelijke ervaring voor. Hier wordt dus wellicht meer dan waar dan ook duidelijk dat de 'charismatische heropleving' een allesbehalve christelijke religieuze stroming is; deze ervaring is puur werelds en heidens, en waar het niet kan worden verklaard in termen van emotionele hysterie (voor v. Eusebius zorgde het gelach immers voor een 'verlichting' en een 'verlossing' van 'een intens gevoel van zelfbewustzijn en schaamte' en een 'emotionele verwoesting'), kan het enkel worden verklaard aan de hand van een zekere mate van 'bezetenheid' door een of meerdere van de heidense goden- die binnen de Orthodoxe Kerk demonen worden genoemd. Zo ziet, bijvoorbeeld, een vergelijkbare 'inwijding' van een heidense Inuitsjamaan eruit: 'Soms barstte ik in tranen uit en voelde ik mij zielsongelukkig, zonder te weten waarom. Om vervolgens, zonder enige verklaarbare reden, van stemming te veranderen en een enorme vreugde te ervaren, een vreugde zó krachtig, dat ik deze niet kon bedwingen en luidkeels in zingen uitbarstte, waarbij er maar één woord over mijn lippen kwam: vreugde, vreugde! En toen, te midden van deze mysterieuze en overweldigende vreugde, werd ik een sjamaan.... Ik zag en hoorde met nieuwe ogen en oren. Ik had mijn verlichting doorgemaakt ... en niet alleen ik kon nu door het duister der leven heen kijken, maar hetzelfde heldere licht straalde ook van mij uit ... en alle geesten der aarde, hemel en zee kwamen nu tot mij en werden mijn knechten (Lewis, *Ecstatic Religion*, p. 37).

Het is niet verrassend dat onvermoede 'christenen', nadat zij zich bewust hebben opengesteld voor dergelijke heidense ervaringen, deze nog steeds zullen interpreteren als zijnde 'christelijk'; psychologisch zijn zij immers nog steeds christenen, maar spiritueel gezien zijn zij het domein van onmiskenbaar niet-christelijke houdingen en praktijken binnengetreden. Hoe beoordeelt de orthodoxe ascetische traditie zoiets als het 'gelach van de Heilige Geest'? Staretsen Barsanuphius en John, de 6e-eeuwse asceten, geven het eenduidige orthodoxe antwoord op deze vraag van een orthodoxe monnik die geplaagd werd door dit probleem (antwoord 451): 'In het vrezen voor God is er geen plek voor gelach. De Schrift zegt ons dat enkel *een dwaas verheft zijn stem in het lachen* (Sirach 21:23); en het woord van de dwaas is te allen tijde verstoord en verstoken van gratie.' De heilige Efrem de Syriër leert ons even zo onomstotelijk: 'Gelach en vertrouwdheid vormen het begin van de corruptie van de ziel. Als u deze in uzelf herkent, weet dan dat u de diepten van het kwaad hebt bereikt. Bid onophoudelijk tot God dat Hij u zal bevrijden van deze dood.... Gelach verwijdert ons van de zegen die beloofd is aan zij die treuren (Matt. 5:4) en vernietigt dat wat is opgebouwd. Gelach is een belediging voor de Heilige Geest, biedt geen voordelen voor de ziel en onteert het lichaam. Gelach verdrijft de deugden en maakt de herinnering aan de dood, alsmede de herdenking van de martelingen, onmogelijk' (*Philokalia*, Russische editie, Moskou, 1913: vol. 2, p. 488). Is het niet evident hoe gemakkelijk een tekort aan basiskennis van het christendom iemand op een dwaalspoor kan leiden?

Een ten minste even zo veelvoorkomende reactie op een charismatische 'doop' is de psychologische naaste verwante van gelach: *tranen*. Deze komen voor bij individuen, maar met grote regelmaat ook bij hele groepen mensen tegelijk (waarbij het in het laatste geval veelal losstaat van de 'doopervaring'), en verspreid zich zonder enige verklaarbare reden als een soort virus (zie Sherrill, pp. 109, 117). 'Charismatische' schrijvers vinden de oorzaak hiervoor niet in de 'overtuiging van de zonde', die binnen protestantse gemeenten veelal als de veroorzaker van dergelijke fenomenen wordt aangewezen;

zij geven er überhaupt geen reden voor, en die lijkt er ook simpelweg niet te zijn, behalve dat deze ervaring zij die aan deze 'charismatische' atmosfeer zijn blootgesteld simpelweg 'overkomt'. De orthodoxe kerkvaders, zoals bisschop Ignatius opmerkt, leren ons dat tranen vaak samengaan met de tweede vorm van spirituele deceptie. De heilige Johannes van de Ladder, wanneer hij vertelt over de verschillende- zowel goede als kwade-oorzaken van tranen, waarschuwt ons: 'Vertrouw niet op uw tranenfonteinen zolang uw ziel niet volledig is gezuiverd' (Trede 7:35); en over een specifieke vorm van tranen zegt hij stellig: 'Tranen die beginnen te vloeien zonder onderliggende gedachten, behoren enkel een irrationele aard toe' (Trede 7:17).

Naast gelach en tranen, en vaak zelfs hiermee gepaard gaande, zijn er nog een aantal andere fysieke reacties op de 'Doop van de Heilige Geest', waaronder een gevoel van warmte, verschillende soorten stuiptrekkingen, kronkelen en te gronde vallen. Alle voorbeelden die hier worden aangehaald, zo dient te worden benadrukt, zijn die van alledaagse protestanten en katholieken en beslist niet enkel die van pinksterextremisten, wiens ervaringen zelfs nog vele malen spectaculairder en ongeremder zijn.

'Toen mij de handen werden opgelegd, voelde het onmiddellijk alsof mijn gehele borstkas mijn schedel probeerde binnen te dringen. Mijn lippen begonnen te trillen en mijn brein maakte salto's. Toen begon ik te grijnzen' (Ranaghan, p. 67). Een ander had na de gebeurtenis 'geen emoties meer, maar wel een ontzettend warm lichaam en een ontspannen gevoel' (Ranaghan, p. 91). Weer een ander geeft de volgende getuigenis: 'Zodra ik neerknielde begon ik te beven…. Plotseling werd ik gevuld door de Heilige Geest en realiseerde ik mij dat "God echt was". Ik begon tegelijkertijd te lachen en te huilen en voordat ik het wist, lag ik languit op de grond voor het altaar, gevuld met de vrede van Christus' (Ranaghan, p. 34). Weer een ander zegt het volgende: 'Terwijl ik een kniebuiging maakte en zachtjes de Heer bedankte, lag D. languit op de grond en werd herhaaldelijk door een onzichtbare kracht omhooggetrokken. Door een inzicht dat mij van goddelijke aard moet zijn toegekomen ... wist ik dat D. zichtbaar werd bewogen door de Heilige Geest' (Ranaghan, p. 29). En een ander: 'Mijn handen (die meestal koud zijn vanwege een slechte doorbloeding) werden warm en vochtig. Warmte overspoelde mijn hele lichaam' (Ranaghan, p. 30). En: 'Ik wist dat God in mij actief was. Ik voelde een onmiskenbare tinteling in mijn handen en onmiddellijk brak het zweet me uit' (Ranaghan, p. 102). Een lid van de 'Jezusbeweging' zegt: 'Ik voel iets in mij opzwellen en voordat ik het in de gaten heb begin ik in tongen te spreken' (Ortega, p. 49). Een 'charismatische' apologeet benadrukt dat dergelijke ervaringen gebruikelijk zijn bij de 'Doop van de Heilige Geest', die 'veelal wordt gekenmerkt door een subjectieve ervaring die de ontvanger een geweldig gevoel van nabijheid tot de Heer geeft. Dit vraagt soms om een dusdanige uiting van aanbidding en adoratie, dat het niet kan worden beperkt tot de gebruikelijke restricties die ons door de etiquette van onze westerse maatschappij worden opgelegd! Op zulke momenten zijn mensen in beven uitgebarsten, hebben zij hun armen richting de hemel geworpen, hun stem verheven boven de gebruikelijke toonhoogten of hebben zij zich zelfs te gronde geworpen' (Lillie, p. 17).

Men weet niet meer waar hij meer van moet opkijken: van de algehele incongruentie van dergelijke hysterische gevoelens en ervaringen die niets maar dan ook niets met spiritualiteit te maken hebben, of van de onvoorstelbare lichtzinnigheid waardoor dergelijke misleidde mensen hun 'stuiptrekkingen' toeschrijven aan de 'Heilige Geest', 'goddelijke inspiratie' of zelfs de 'vrede van Christus'. Dit zijn overduidelijk mensen die, binnen het spirituele en religieuze domein, niet alleen de juiste begeleiding missen, maar ook geheel onervaren en absoluut *ongeletterd* zijn. De gehele geschiedenis van het orthodoxe christendom is dergelijke 'extatische' ervaringen, aangespoord door de Heilige Geest, vreemd. Het is louter dwaasheid wanneer bepaalde 'charismatische' apologeten deze kinderlijke en hysterische ervaringen, die werkelijk iedereen kan ervaren, durven te vergelijken met de goddelijke openbaringen die worden toegekend aan de grootste heiligen, zoals aan de heilige Paulus op de weg naar Damascus, of aan de heilige Johannes de Evangelist op Patmos. Deze heiligen vielen neer voor de ware God (zonder stuiptrekkingen en al helemaal zonder gelach), terwijl deze pseudochristenen enkel reageren op de aanwezigheid van een *binnendringende geest* en louter zichzelf aanbidden. De eerwaarde Macarius van Optina schreef aan een persoon die zich in eenzelfde staat bevond: 'Om te denken dat u de liefde van God zult vinden in troostende gevoelens, betekent dat u niet God zoekt, maar uzelf. Dat wil zeggen, u zoekt uw eigen troost, terwijl u het pad van verdriet uit de weg gaat, daar u uzelf verloren ziet zonder spirituele troost'.[14] Als deze 'charismatische' ervaringen überhaupt al religieuze ervaringen zouden zijn, dan zijn zij *heidense* religieuze ervaringen; sterker nog, zij lijken exact overeen te komen met de mediamieke inwijdingservaringen van *geestelijke bezetenheid*, wat veroor-

---

[14] *Starets Macarius of Optina*, Harbin, 1940, p. 100 (in het Russisch). [Engelse editie: *Elder Macarius of Optina*, St. Herman of Alaska Brotherhood, Platina, Calif., 1995, p. 326]

zaakt wordt door 'een innerlijke kracht die zich vanbinnen opwelt en de controle tracht over te nemen' (Koch, *Occult Bondage*, p. 44). Uiteraard zijn niet alle 'Dopen van de Heilige Geest' even extatisch als een aantal van deze ervaringen (al zijn sommigen zelfs *extatischer*); maar ook dit komt overeen met de spiritistische praktijk: 'Wanneer geesten een medium vinden dat voldoende vriendelijk, onderdanig of passief van geest is, dan treden zij stilletjes binnen alsof zij hun thuis gevonden hebben; terwijl, daartegenover staand, wanneer de paragnost minder goedwillend of passief van geest is, dan zal de geest met meer geweld binnendringen, zoals te zien zal zijn aan de stuiptrekkingen in het gezicht en bevingen van de ledematen van het medium' (Blackmore, *Spiritism*, p. 97).

Deze ervaring van 'geestelijke bezetenheid', echter, dient niet verward te worden met daadwerkelijke demonische bezetenheid, waarvan sprake is wanneer een onreine geest zich permanent huisvest in een persoon en vervolgens zowel fysieke als psychologische verstoringen teweegbrengt, welke, de eerlijkheid gebied het te zeggen, niet lijken te worden genoemd in 'charismatische' bronnen. Mediamieke 'bezetenheid' is slechts tijdelijk en gedeeltelijk van aard, daar het medium ermee instemt om zich voor een bepaald doel te laten *gebruiken* door de binnendringende entiteit. Maar de 'charismatische' teksten maken het zelf vrij duidelijk dat waar we mee te maken hebben met deze ervaringen–wanneer zij echt zijn en niet slechts het resultaat van suggestie–niet louter de ontwikkeling van een of andere mediamieke vaardigheid is, maar de daadwerkelijke bezetenheid van een geest. Deze personen lijken het daarom bij het juiste eind te hebben wanneer zij zich omschrijven als zijnde 'door een geest gevuld'–al is dit overduidelijk niet de Heilige Geest!

Bisschop Ignatius noemt meerdere voorbeelden van dergelijke fysieke verschijnselen waar spirituele deceptie mee gepaard gaat: een daarvan is een monnik die beefde en vreemde geluiden maakte en deze tekenen beschouwde als de 'vruchten van het gebed'; een andere is een monnik die de bisschop had ontmoet en die, als gevolg van zijn extatische gebedsmethode, een dusdanige hitte in zijn lichaam voelde dat hij tijdens de wintermaanden geen verwarmende kleding nodig had, en deze hitte kon zelfs door anderen gevoeld worden. Als algemeen uitgangspunt, zo schrijft bisschop Ignatius, gaat de tweede vorm van spirituele deceptie gepaard met 'een materiële, passievolle verwarming van het bloed'; 'het gedrag van de asceten van het latinisme, omarmd door deceptie, is altijd extatisch geweest als gevolg van deze buitengewoon materiële en passievolle warmte'–de staat van zulke Latijnse 'heiligen' als Franciscus van Assisi en Ignatius Loyola. Deze *materiële* verwarming van het bloed, een kenteken van de spiritueel misleidden, moet worden onderscheiden van de *spirituele* warmte die gevoeld wordt door personen zoals de heilige Serafim van Sarov, die daadwerkelijk de Heilige Geest tot zich mocht ontvangen. Maar de Heilige Geest wordt niet ontvangen middels extatische 'charismatische' ervaringen, maar via de lange en moeizame weg van het ascetisme, het 'pad van verdriet' waarover de eerwaarde Macarius sprak, binnen de Kerk van Christus.

C. 'Spirituele gaven' waar de 'charismatische' ervaring mee gepaard gaat

De voornaamste bewering van de volgelingen van de 'charismatische beweging', is dat zij 'spirituele gaven' hebben ontvangen. Een van de eerste van deze 'gaven', die is op te merken bij zij die zijn 'gedoopt in de Heilige Geest', is een nieuwe 'spirituele' kracht en bravoure. Deze bravoure danken zij aan de ervaring die zij ongetwijfeld hebben gehad, al kunnen wij wel degelijk hun interpretatie ervan in twijfel trekken. Een aantal typische voorbeelden: 'Ik hoef niet te geloven in Pinksteren, want ik heb het met mijn eigen ogen aanschouwd' (Ranaghan, p. 40). 'Plotseling wist ik precies wat ik tegen anderen moest zeggen en wat zij wilden horen.... Ik merkte dat de Heilige Geest mij een zekere bravoure gaf om dit ook uit te spreken en het had een merkbaar effect' (Ranaghan, p. 64). 'Ik was er zo van overtuigd dat de Heilige Geest Zich aan Zijn woord zou houden, dat enige vorm van "wat als" niet in mijn gebed voorkwam. Ik bad enkel met "het is" en "het zal" en ander soortgelijk declaratief taalgebruik' (Ranaghan, p. 67). Een orthodox voorbeeld: 'We bidden voor wijsheid en plotseling zijn we wijs in de Heer. We bidden voor liefde en we voelen ware liefde voor ieder mens. We bidden voor genezing en wij worden genezen. We bidden voor wonderen en, gelovend, zien wij wonderen gebeuren. We bidden voor tekenen en ontvangen ze. We bidden in bekende en onbekende tongenspraak' (*Logos*, april 1972, p. 13).

Hier, wederom, wordt een authentiek orthodox kenmerk, dat doorgaans enkel verkregen en op de proef gesteld wordt door jaren van intensief ascetisch werk en te groeien in het geloof, ogenschijnlijk onmiddellijk verkregen door middel van een 'charismatische' ervaring. Het is natuurlijk waar dat de apostelen en martelaren een geweldige bravoure kregen via de speciale gratie Gods; maar het is louter belachelijk wanneer elke 'charismatische christen', zonder enig besef van wat goddelijke gratie is, zich wenst te vergelijken met deze groten der heiligen. Daar het is gebaseerd op een ervaring van deceptie, is de 'charismatische' bravoure niets meer dan een koortsachtige imitatie–zo kenmerkend voor deze beweging–van de ware christelijke bravoure, en dient derhalve enkel als nog een van de zovele kenmerken van de 'charismatische' deceptie. Bisschop Ignatius schrijft dat een bepaalde 'zelfverzekerdheid en bravoure doorgaans op te merken zijn in mensen die lijden aan zelfdeceptie, en er in hun deceptie van overtuigd zijn dat zij heilig zijn en een spirituele groei doormaken.' 'Zij die lijden aan deze vorm van deceptie vertonen een buitengewone pompeusheid: zij zijn als het ware dronken van zichzelf en verwarren hun zelfdeceptie met een toestand van goddelijke genade. Zij zijn doordrenkt en stromen over van hoogmoedigheid en trots, terwijl zij aan velen, die anderen enkel kunnen beoordelen op basis van hun voorkomen in plaats van hun daden, zullen voorkomen als zijnde nederig.

Naast het spreken in tongen, is de meest voorkomende 'bovennatuurlijke' gave van zij die zijn 'gedoopt in de Heilige Geest' het ontvangen van 'boodschappen van God' in de vorm van 'profetieën' en 'interpretaties'. Een katholiek meisje zegt over haar 'charismatische' vrienden: 'Bij sommigen van hen merkte ik dat zij in tongen spraken, wat ik in sommige gevallen heb kunnen verstaan. De boodschappen brengen altijd veel troost en vreugde van de Heer' (Ranaghan, p. 32). Eén zo'n 'interpretatie' wordt als volgt samengevat: 'Hij sprak de woorden Gods, een troostende boodschap' (Ranaghan, p. 18). Het zijn bovenal gedurfde uitspraken; tijdens een andere bijeenkomst 'kondigde een vrouw een "boodschap Gods" aan, sprekend in de eerste persoon' (Ranaghan, p. 2), Een 'charismatische' protestant schrijft dat in dergelijke boodschappen 'Gods Woord direct wordt gecommuniceerd!... Het Woord kan plotseling worden uitgesproken door eenieder die aanwezig is, waardoor er geregeld een "Zo zegt de Heere" losbreekt onder het genootschap. En dit gebeurt meestal in de eerste persoon (maar niet altijd), zoals "Ik zijt met u om u te zegenen"' (Williams, p. 27).

Een aantal specifieke teksten van 'profetie' en 'interpretatie' worden gegeven in de vele apologetische boeken die de 'charismatische beweging' rijk is:

1. 'Wees als een boom die meebuigt met Zijn wil, geworteld in Zijn kracht en omhoog rijkend naar Zijn liefde en licht' (Ford, p. 35).
2. 'Net zoals de Heilige Geest ter aarde kwam naar Maria om Jezus binnen in haar te vormen, zo ook zal de Heilige Geest naar u toekomen en zal Jezus Zich onder u begeven'–gesproken in tongen door een rooms-katholiek en 'geïnterpreteerd' door een protestant (Ford, p. 35).
3. 'De voeten van Hij die de straten van Jeruzalem bewandelde zijn achter u. Zijn blik is genezend voor zij die Hem naderen, maar dodelijk voor zij die van Hem wegvluchten'–dit had een speciale betekenis voor een van de leden van de gebedsgroep (Ford, p. 35).
4. 'Ik geef u mijn hand. U hoeft deze enkel te nemen en ik zal u leiden'–deze zelfde boodschap werd een aantal minuten eerder al in een andere kamer aan een rooms-katholieke priester gegeven; hij noteerde dit en betrad de gebedskamer net op tijd om het woord voor woord een tweede keer uitgesproken te horen worden (Ranaghan, p. 54).
5. 'Maakt u zich niet ongerust, Ik ben blij met het standpunt dat u heeft ingenomen. Ik weet dat dit moeilijk voor u zal zijn, maar het zal een grote zegen voor een ander zijn'–hiermee werd een van de aanwezigen die recentelijk een moeilijk besluit had moeten nemen definitief gerustgesteld (Sherrill, p. 88).

6. 'Mijn vrouw kwam binnen en begon het orgel de bespelen. Plotseling kwam de Geest van God tot haar en zij begon in tongen te spreken. Zij profeteerde, "Mijn zoon, ik ben bij je. Omdat je in de kleine dingen trouw bent gebleven aan het geloof, zal ik je nu voor iets groots gebruiken. Ik leid je bij de hand. Ik begeleid je, wees niet bang. Je bent het middelpunt van mijn wil. Kijk niet naar rechts of naar links, maar ga op dit pad verder"'–deze 'profetie' ging samen met een 'visioen' en was de directe oorzaak van de oprichting van een grote en invloedrijke pinksterorganisatie, het *Full Gospel Business Men's Fellowship International* (*Logos Journal*, sept.-okt. 1971, p. 14).

Volgens de verklaring van getuigen die van mening zijn dat dergelijke boodschappen rechtstreeks op hen van toepassing zijn, kunnen wij geloven dat op zijn minst een aantal van deze iets bovennatuurlijks hebben, en niet louter zijn 'verzonnen'. Maar maakt de *Heilige Geest* werkelijk gebruik van dergelijke kunstmatige methoden om met de mens te communiceren? (De 'geesten' bij seances doen dat zeker!) Waarom is de taal zo monotoon en stereotypisch, vaak niet onderdoend voor die van waarzegmachines die je vindt in Amerikaanse cafés? Waarom zijn de boodschappen zo vaag en dromerig, klinkend alsof ze worden uitgesproken tijdens een trance? Waarom is hun inhoud altijd een van 'troost', 'soelaas en vreugde' en geruststelling zonder een profetisch of dogmatisch karakter–alsof de 'geest', net zoals de 'geesten' bij seances, uiterst tevreden was met zijn niet-confessionele publiek? *Wie, überhaupt, is deze vreemd karakterloze 'Ik' die spreekt?* Mogen wij de woorden van een *ware* profeet van God hier wel aan toekennen?– *Laten uw profeten die in uw midden zijn, en uw waarzeggers u niet bedriegen.... Want met leugen profeteren zij tegen u in Mijn Naam. Ik heb hen niet gezonden, spreekt de Heere* (Jeremia, 29:8-9).

Net zoals iemand die is 'gedoopt in de naam van de Geest' veelal in staat is in tongen te spreken over diens persoonlijke overtuigingen, en zich er in het algemeen van bewust is dat 'de Heer' altijd in diens aanwezigheid is, zo ervaart deze ook buiten de context van een gebedsbijeenkomst vaak private 'openbaringen', waaronder hoorbare stemmen en voelbare 'aanwezigheden'. Zo omschrijft de 'profeet' van een 'charismatische bijeenkomst' een van zijn ervaringen: 'Ik ontwaakte uit een diepe slaap door een stem die mij luid en duidelijk in de oren klonk ... en duidelijk zei: "God heeft geen kleinzonen".... Toen leek het alsof er iemand in de kamer was en deze aanwezigheid gaf mij een goed gevoel. Plotseling werd het me duidelijk dat het de Heilige Geest moest zijn geweest die tot mij sprak' (Du Plessis, p. 61).

Hoe zijn dergelijke ervaringen te verklaren? Bisschop Ignatius schrijft: 'Eenieder die bezeten raakt door deze vorm van spirituele misleiding *fantaseert* [de tweede vorm van *prelest* heet 'fantasie', *mnenie* in het Russisch] te beschikken over de vele geschenken van de Heilige Geest. Deze fantasie bestaat uit valse concepten en valse gevoelens, en binnen deze aard behoort het volledig tot het domein van de vader en vertegenwoordiger van bedrog: de duivel. Iemand die, met het gebed, streeft naar de onthulling van het gevoel van de nieuwe mens in zijn hart, maar die op geen enkele manier in staat is dit te verwezenlijken, vervangt dit met zelfgemaakte gevoelens, met vervalsingen waar gevallen geesten zich maar al te graag aan willen hechten. Terwijl hij zijn onjuiste gevoelens, zowel die van hemzelf als die van de demonen, beschouwt als zijnde authentiek en gratievol, ontvangt hij ideeën die overeenkomen met deze gevoelens.'

Exact dit proces is waargenomen door zij die schreven over het spiritisme. Voor ieder die zich serieus bezighoudt met het spiritisme (en dat zijn niet enkel de mediums), komt er een moment waarop de gehele valse spiritualiteit–die een passiviteit van geest en een openheid voor de activiteit van 'geesten' cultiveert, en die zich zelfs manifesteert in zulke ogenschijnlijk onschuldige bezigheden als het gebruik van een ouijabord–resulteert in een daadwerkelijke bezetenheid van deze persoon door een kwade geest, waarna onmiskenbaar 'bovennatuurlijke' fenomenen zich zullen voordoen.[15] In de 'charismatische opleving' wordt dit moment van transitie gezien als de ervaring van de 'Doop van de Heilige Geest'. En dit moment, wanneer het authentiek is, is exact het moment waarop de zelfmisleiding overgaat tot een vorm van demonische misleiding, en het 'charismatische' slachtoffer quasi verzekerd raakt van het idee dat zijn misleidde 'religieuze gevoelens' vanaf dan een reactie zullen krijgen van de 'Geest' en hem derhalve een 'leven vol wonderen' te wachten staat.

D. De nieuwe 'uitstorting van de Heilige Geest'

In het algemeen hebben de volgelingen van de 'charismatische opleving' het gevoel dat zij (zoals zij constant blijven

...

[15] Zie Blackmore, *Spiritism*, pp. 144-75, waar een voorbeeld wordt gegeven van een katholieke priester die fysiek werd achternagezeten door een ouijabord (door de lucht geslingerd, natuurlijk, door een demon) toen hij trachtte het gebruik ervan op te geven!

herhalen) 'gevuld zijn met de Geest'. 'Ik voelde me vrij, rein, herboren en volledig gevuld met de Heilige Geest' (Ranaghan, p. 98). 'Vanwege hetgeen in werking is getreden door de Doop van de Heilige Geest, heb ik een betere visie gekregen op wat het leven in de Geest werkelijk is. Het is werkelijk een leven vol wonderen ... Een leven waarin je keer op keer gevuld wordt met de levenschenkende liefde van de Geest van God' (Ranaghan, p. 65). Zij beschrijven hun 'spirituele' staat steevast met soortgelijke woorden; zo schrijft een katholieke priester, 'Welke andere effecten zich ook hebben voorgedaan, vrede en vreugde lijken, nagenoeg zonder uitzondering, te zijn ervaren door al zij die geraakt zijn door de Geest' (Ranaghan, p. 185). Een interkerkelijke 'charismatische' groepering beweert dat het doel van diens leden is om, overal waar zij zich bevinden, 'de liefde, vreugde en vrede van Jezus Christus te tonen en te verspreiden' (*Inter-Church Renewal*). In deze 'spirituele' staat (waarin, kenmerkend, zowel berouw tonen als verlost worden zelden ter sprake komen), bereiken sommigen grote hoogten. In een katholiek zorgde het geschenk van de 'Geest' 'gedurende lange tijd (meerdere uren) voor een gevoel van extase, waardoor het voelde alsof ik een voorproefje kreeg op het koninkrijk der hemelen' (Ranaghan, p. 103). Spectaculaire verhalen worden er verteld over onder andere verlossingen van drugsverslavingen. De Griekse priester v. Eusebius Stephanou vat deze 'spiritualiteit' samen door een rooms-katholieke priester te citeren die beweert dat de 'charismatische' beweging rijk is aan 'een nieuw besef van de aanwezigheid van God, een nieuwe gewaarwording van Christus, een sterker verlangen om te bidden, de mogelijkheid om God te aanbidden, een nieuw verlangen om de Schrift te lezen, de Schrift die tot leven komt als het Woord van God, een nieuwe gretigheid om anderen aan

Christus te introduceren, een nieuwe barmhartigheid voor anderen en een gevoeligheid voor hun behoeften, een nieuw besef van vrede en vreugde....' En v. Eusebius presenteert het ultieme argument van de gehele beweging: 'U zult de boom herkennen aan zijn vruchten.... Demonstreren deze vruchten de aanwezigheid van de duivel, of de verlossende Geest van Christus? Geen verstandige orthodoxe die de vruchten van de Geest met eigen ogen heeft gezien, zal deze vraag onjuist kunnen beantwoorden' (*Logos*, jan. 1972, p. 13).

Er is geen enkele reden om hieraan te twijfelen. Inderdaad, er zijn ook veel getuigenissen–daar hebben wij reeds een aantal voorbeelden van gegeven–die dit tegenspreken en stellig beweren dat de 'geest' van de 'charismatische opleving' duister en onheilspellend is; toch kan er niet aan worden getwijfeld dat veel volgelingen van de 'charismatische opleving' het gevoel hebben dat het wel degelijk 'christelijk' en 'spiritueel' is. Zolang deze mensen zich buiten de Orthodoxe Kerk begeven, zien wij ons niet gedwongen hun meningen van een opmerking te voorzien. Maar wanneer een orthodoxe priester ons zegt dat sektarische fenomenen worden veroorzaakt door de Heilige Geest, en hij ons zelfs vermaant: 'Blijf niet achter. Open uw hart voor de ingevingen van de Heilige Geest en wees onderdeel van de groeiende charismatische opleving' (*loc. cit.*)–dan hebben wij het recht en de plicht om hun meningen nader te onderzoeken, en deze te beoordelen niet op basis van de standaard van het vage humanistische 'christendom' dat in het Westen de boventoon is gaan voeren en bereid is alles als zijnde 'christelijk' te bestempelen wanneer het louter zo 'aanvoelt', maar op basis van de nogal verschillende standaard van het orthodoxe christendom. En op basis van deze standaard is er niet één punt uit bovenstaande lijst van 'spirituele vruchten', die niet ook (zoals in het verleden is gebeurt in de sektarische en ketterse bewegingen) geproduceerd kunnen worden door de duivel die zich voordoet als een 'engel van licht', juist met als doel het volk weg van de Kerk van Christus en naar *een andere vorm van het 'christendom'* te leiden. Als de 'geest' van de 'charismatische opleving' niet de Heilige Geest is, dan zijn ook deze 'spirituele vruchten' niet van God afkomstig.

Volgens bisschop Ignatius wordt de vorm van misleiding die bekendstaat als *fantasie* 'bevredigd met het opwekken van valse gevoelens en toestanden van genade, van waaruit een vals en onjuist begrip van het gehele spirituele leven tot stand komt.... Het creëert continu pseudo-spirituele toestanden van zijn, een intieme vriendschap met Jezus, een inwendig gesprek met Hem, mystieke openbaringen, stemmen, geneugten.... Het kleedt zichzelf in het masker van nederigheid, vroomheid en wijsheid.' In tegenstelling tot de spectaculairdere vorm van spirituele misleiding, zal *fantasie*, hoewel het 'de geest naar de meest beangstigende misvatting leidt, het niet in de richting van delirium leiden', zodat de persoon nog vele jaren of zelfs een heel mensenleven in deze staat van zijn kan vertoeven zonder dat deze misvatting zal worden opgemerkt. Eenieder die ten prooi valt aan deze warme, comfortabele en koortsige staat van misleiding, pleegt in feite spirituele zelfmoord, daar hij zich het zicht op zijn eigen spirituele staat ontneemt. Zo schrijft bisschop Ignatius: 'Daar hij fantaseert dat hij gevuld is met Gods gratie, zal hij nooit deze gratie ontvangen.... Hij die aan zichzelf geschenken van gratie toeschrijft, sluit zichzelf af en zal vanwege deze "fantasie" nooit de Goddelijke gratie kunnen ontvangen, maar zet in plaats daarvan de poort wijd open voor een besmetting met zonden en demonen.' *Want u zegt: Ik ben rijk en steeds rijker geworden en heb aan niets gebrek, maar u weet niet dat juist u ellendig, beklagenswaardig, arm, blind en naakt bent* (Openb. 3:17).

Zij die zijn besmet door de 'charismatische' deceptie zijn niet alleen zelf 'gevuld met een geest'; zij zien om zich heen tevens het begin van een 'nieuw tijdperk' van de 'uitstorting van de Heilige Geest', gelovend, net als v. Eusebius Stephanou, dat 'de wereld aan de vooravond staat van een grootse spirituele ontwaking' (*Logos*, feb. 1972, p. 18); en de woorden van de profeet Joël liggen continu op het puntje van hun tong: *Ik zal mijn Geest uitstorten op alle vlees* (Joël 2:28). De orthodoxe christen weet dat deze profetie in het algemeen refereert naar het laatste tijdperk dat werd ingeluid met de komst van onze Heer, en meer specifiek naar Pinksteren (Handelingen 2), en naar elke orthodoxe heilige die daadwerkelijk rijk is aan de geschenken van de Heilige Geest–zoals de heilige Johannes van Kronstadt en de heilige Nektarios van Egina, die beide zelfs in de corrupte twintigste eeuw duizenden wonderen hebben verricht. Maar voor het 'charismatische' van vandaag de dag liggen de miraculeuze geschenken voor iedereen voor het oprapen; nagenoeg iedereen die het wil, kan in tongen spreken en doet dat ook, en er bestaan zelfs handleidingen die het u uitleggen.

Maar wat leren de kerkvaders van de Orthodoxe Kerk ons? Volgens bisschop Ignatius bestaan de geschenken van de Heilige Geest 'enkel in orthodoxe christenen die christelijke perfectie hebben bereikt, op voorhanden gezuiverd en bereid door het tonen van berouw.' Deze geschenken 'worden geschonken aan de heiligen van God, uitsluitend door Gods goede wil en Gods handelen, en niet door de wil van de mens of individuele kracht. Zij worden onverwachts en uiterst zeldzaam geschonken in gevallen van extreme noodzaak, door Gods wonderlijke voorzienigheid, en niet op basis van pure willekeur' (de heilige Isaac de Syriër). 'Het dient te worden opgemerkt dat deze spirituele geschenken vandaag de dag met uiterste gematigdheid worden geschonken, in overeenkomst met de verzwakking waarmee het christendom in het algemeen is omgeven. Deze geschenken dienen enkel en uitsluitend ter verlossing. "Fantasie", daarentegen, overstelpt diens geschenken in grenzeloze weelde en met grootse snelheid.'

Kortom, de 'geest' die zijn 'geschenken' plotseling uitstrooit over deze overspelige generatie, gecorrumpeerd en misleid door eeuwen van valse overtuigingen en pseudo-vroomheid, is enkel op zoek naar een 'teken' en is niet de Heilige Geest van God. Deze mensen hebben de Heilige Geest nooit gekend noch aanbeden. Ware spiritualiteit ligt zo ver buiten hun bereik dat, voor de nuchtere aanschouwer, zij het enkel bespotten met hun paranormale en emotionele–soms zelfs demonische–fenomenen en godslasterlijke uitspraken. Van ware spirituele gevoelens, zo schrijft bisschop Ignatius, 'kan de vleselijke mens zich geen voorstelling maken: een voorstelling van gevoelens is immers altijd gebaseerd op gevoelens die het hart reeds bekend zijn, terwijl spirituele gevoelens volledig vreemd zijn aan het hart dat louter bekend is met vleselijke en emotionele gevoelens. Zulk een hart weet niet eens af van het *bestaan* van spirituele gevoelens.'

GECITEERDE BRONNEN VOOR DIT HOOFDSTUK

Burdick, Donald W. *Tongues–To Speak or not to Speak*. Moody Press, 1969.
Christenson, Larry. *Speaking in Tongues*. Dimension Books, Minneapolis, 1968.

Du Plessis, David J. *The Spirit Bade Me Go.* Logos International, Plainfield, New Jersey, 1970.

Ford, J. Massingberd. *The Pentecostal Experience.* Paulist Press, New York, 1970.

Gelpi, Donald L., S. J. *Pentecostalism, A Theological Viewpoint.* Paulist Press, New York, 1971.

Harper, Michael. *Life in the Holy Spirit.* Logos Books, Plainfield, New Jersey, 1966.

Koch, Kurt. *The Strife of Tongues.* Kregel Publications, Grand Rapids, 1969.

Lillie, D. G. *Tongues under Fire.* Fountain Trust, Londen, 1966.

Ortega, Ruben (samensteller). *The Jesus People Speak Out.* David C. Cook Publishing Co., Elgin, Illinois, 1972

Ranaghan, Kevin; Ranaghan, Dorothy. *Catholic Pentecostals.* Paulist Press, 1969.

Sherrill, John L. *They Speak with Other Tongues.* Spire Books, Old Tappan, New Jersey, 1965.

Williams, J. Rodman. *The Era of the Spirit.* Logos International, 1971.

VIII
CONCLUSIE: DE GEEST VAN HET EINDE DER TIJDEN

1. DE 'CHARISMATISCHE OPLEVING' ALS EEN TEKEN DES TIJDS

Tot aan het einde van dit tijdperk zal er geen tekort zijn aan profeten van de Here Gods, noch aan dienaren van Satan. Maar in het einde der tijden zal het de ware dienaren Gods lukken om zich te verschuilen van de mensheid en zullen zij in hun midden niet langer wonderen verrichten zoals vandaag de dag. In plaats daarvan zullen zij een pad bewandelen van bezigheid en nederigheid, en in het koninkrijk der hemelen zullen zij grootser zijn dan de vaders die verheerlijkt zijn door wonderen. Want in die tijd zal niemand voor het oog van de mensheid enige wonderen verrichten die de mens zal inspireren om met ijver te streven naar ascetische inspanningen.... Velen, bezeten door onwetendheid, zullen zich in de afgrond storten en dwalen over de gehele breedte van het brede en ruime pad.

Profetie van de heilige Niphon
van Constantinopel, Cyprus[1]

---

[1] Gepubliceerd in het Russisch, samen met de geschriften van de heiligen Barsanuphius de Grote en Johannes, Moskou, 1855, pp. 654-55.

A. Een 'Pinksteren zonder Christus'

Voor orthodoxe christenen zijn de hedendaagse 'tongen', zoals die omschreven staan in het Nieuwe Testament, ook een 'teken'; maar vandaag de dag zijn zij een teken niet van het begin van het evangelie van verlossing voor de mensheid, maar van diens eind. Voor de nuchtere orthodoxe christen zal het niet lastig zijn om gelijkgestemd te zijn met de apologeten van de 'charismatische opleving' wat betreft de opvatting dat deze nieuwe 'uitstorting van de geest' inderdaad kan betekenen dat 'de voleinding van de wereld aanstaande is' (v. Eusebius Stephanou in *Logos*, april 1972, p. 3). *Maar de Geest zegt uitdrukkelijk dat in latere tijden sommigen afvallig zullen worden van het geloof en zich zullen wenden tot misleidende geesten en leringen van demonen* (1 Tim. 4:1). In de laatste tijden zullen wij zien hoe *de geesten van de demonen tekenen doen* (Openb. 16:14).

De Schrift en de orthodoxe kerkvaders maken onmiskenbaar aan ons duidelijk dat het einde der tijden niet gekenmerkt zal zijn door een grootse spirituele 'opleving', van een 'uitstorting van de Heilige Geest', maar juist door een bijna universele apostasie, van een zo subtiele spirituele deceptie dat zelfs de uitverkorenen, ware dat mogelijk, misleid zullen worden, en van een vrijwel volledige verdwijning van het christendom op aarde. *Maar zal de Zoon des mensen, als Hij komt, wel het geloof op aarde vinden?* (Lukas 18:8). Het is juist in de laatste dagen dat Satan zal worden losgelaten (Openb. 20:3) om zo de laatste en grootste uitstorting van kwaad op aarde te bewerkstelligen.

De 'charismatische opleving', het product van een wereld verlegen om sacramenten en gratie, een wereld die dorst naar spirituele 'tekenen' zonder in staat te zijn de geesten van wie deze tekenen afkomstig zijn te herkennen, is op zichzelf een 'teken' van deze afvallige tijd. De oecumenische beweging zelf zal te allen tijde een beweging blijven van 'goede intenties' en zwakke humanitaire 'goede daden'; maar wanneer het wordt vergezeld door een beweging met 'macht', ja met *allerlei kracht, tekenen en wonderen van de leugen* (2 Tess. 2:9), wie zal dan in staat zijn het te stoppen? De 'charismatische opleving' is de redder in nood van een spartelende oecumene en stuwt het verder richting diens einddoel. En dit einddoel, zoals wij reeds hebben gezien, is niet slechts 'christelijk' van aard–de 'wederoprichting van de Kerk van Christus', om de godslasterlijke uitspraak van patriarch Athenagoras van Constantinopel te gebruiken–maar is slechts de eerste stap in de richting van een groter einddoel dat geheel buiten de kaders van het christendom ligt: de totstandbrenging van de 'spirituele vereniging' van alle religies, van de gehele mensheid.

De volgelingen van de 'charismatische opleving' geloven echter dat hun ervaring geheel 'christelijk' is; zij willen niets te maken hebben met het occultisme of oosterse religies; en zij zullen ongetwijfeld de vergelijking tussen de 'charismatische opleving' en het spiritisme die wij op de voorgaande pagina's hebben gemaakt van de hand wijzen. Het klopt natuurlijk dat, vanuit een religieus oogpunt, de 'charismatische opleving' zich op een hoger niveau bevindt dan het spiritisme, wat louter een product is van goedgelovigheid en bijgeloof; dat diens technieken verfijnder zijn en diens fenomenen talrijker en gemakkelijker te verkrijgen zijn; en dat diens gehele ideologie de *schijn* wekt dat het inderdaad 'christelijk' is–niet orthodox, maar iets dat niet ver verwijderd is van protestants fundamentalisme met een toegevoegd oecumenisch kleurtje.

En toch hebben wij reeds gezien dat de 'charismatische' ervaring, en met name de centrale ervaring van de 'Doop van de Heilige Geest', grotendeels zo niet geheel een *heidense* ervaring is en veel dichter in de buurt komt van 'bezetenheid' dan ook maar iets waarlijk christelijks. Ook weten wij dat de pinksterbeweging is ontstaan binnen de uithoeken van het sektarische 'christendom', waar nog maar weinig is overgebleven van authentieke christelijke houdingen en overtuigingen, en dat het in werkelijkheid werd 'ontdekt' ten gevolge van een religieus *experiment* waaraan christenen niet deelnemen. Pas sinds vrij recentelijk is het mogelijk om een heldere getuigenverklaring te vinden van het niet-christelijke karakter van de 'charismatische' ervaring *in de woorden van de 'charismatische' apologeet*. Zo vertelt deze apologeet ons dat de ervaring van de 'Doop van de Heilige Geest' inderdaad verkregen kan worden *zonder Christus*.

Deze schrijver vertelt het verhaal van een persoon die de 'Doop' ontving terwijl hij in tongen sprak en iedereen aanzette het ook te zoeken. Toch bekende hij ook dat enige vorm van berouw geen onderdeel uitmaakte van zijn ervaring en dat hij niet alleen niet was verlost van zondige gewoontes, maar überhaupt geen verlangen voelde om van deze gewoontes verlost te worden. De schrijver eindigt: 'Een Pinksteren zonder berouw–een Pinksteren zonder Christus–dat is wat sommigen vandaag ervaren.... Ze hebben gehoord van tongen en wensen zich te kunnen identificeren met een statuservaring, en dus zoeken zij iemand die hen de handen kan opleggen voor een snelle, goedkope en gemakkelijke overdracht die Christus en Zijn heilige kruis geheel omzeilt.' Desalniettemin bekend deze schrijver dat spreken in tongen ontegenzeggelijk 'het eerste gevolg of de eerste bevestiging' is van de 'Doop van de Heilige Geest' (Harry Lunn, in *Logos Journal*, nov.-dec. 1971, pp. 44, 47).

Zij die christelijke ideeën aan deze ervaring toevoegen, *veronderstellen* dat de 'Doop van de Heilige Geest' een christelijke ervaring is. Maar wanneer deze ervaring ook gegeven kan worden aan zij die louter op zoek zijn naar een goedkope, gemakkelijke statuservaring–dan is er niet noodzakelijk sprake van ook maar enige verbinding tussen deze ervaring en Christus. De mogelijkheid op het hebben van een ervaring van een 'Pinksteren zonder Christus' betekent dat de ervaring zelf *allesbehalve christelijk is*; 'christenen', vaak oprecht en met de juiste bedoelingen, *verbeelden zich een christelijke inhoud die de ervaring in werkelijkheid niet heeft.*

Hebben wij hier niet te maken met de gemeenschappelijke factor van 'spirituele ervaring' die noodzakelijk is voor een nieuwe wereldreligie? Is dit niet *de sleutel tot de 'spirituele vereniging' van de mensheid waarnaar de oecumenische beweging tevergeefs heeft gezocht?*

B. Het 'nieuwe christendom'

Er zullen wellicht mensen zijn die vraagtekens hebben bij het verwijt dat de 'charismatische opleving' een vorm van mediamiek is; echter is dat louter een secundaire vraag naar de middelen of technieken waarmee de 'geest' van de 'charismatische opleving' wordt doorgegeven. Maar dat deze 'geest' niets te maken heeft met het orthodoxe christendom is overduidelijk. Deze 'geest' volgt zelfs nagenoeg tot op de letter de 'profetieën' van Nikolaj Berdjajev omtrent een 'nieuw christendom'. Het laat de 'monastieke ascetische geest van de historische orthodoxie', waarmee diens onwaarheid op meest effectieve wijze wordt blootgelegd, geheel achterwege. Het is niet tevreden met het 'conservatieve christendom dat de spirituele krachten van de mens louter richting berouw en verlossing stuurt', maar in plaats daarvan, ogenschijnlijk van mening (net als Berdjajev) dat een dergelijk christendom nog altijd 'onvolledig' is, voegt het een tweede laag van 'spirituele' fenomenen toe waarvan er niet een expliciet christelijk van karakter is (al staat het eenieder vrij om deze als zijnde 'christelijk' te *interpreteren*), maar die wel verkrijgbaar zijn voor leden van elke denominatie, met of zonder berouw, en die volledig losstaan van verlossing. Het kijkt uit naar 'een nieuw tijdperk binnen het christendom, een nieuwe en diepgaande spiritualiteit, wat wil zeggen een nieuwe uitstorting van de Heilige Geest'—volledig in tegenspraak met de orthodoxe traditie en profetie.

Dit is waarlijk een 'nieuw christendom'—het specifieke 'nieuwe' ingrediënt in dit 'christendom' is echter allesbehalve origineel of 'vooruitstrevend', maar louter een moderne versie van de duivel zijn eeuwenoude religie van *sjamanistisch heidendom*. Het orthodoxe 'charismatische' tijdschrift *The Logos* prijst Nikolaj Berdjajev aan als een 'profeet', omdat hij 'de grootste theoloog van de spirituele creativiteit' was (*Logos*, maart 1972, p. 8). En inderdaad, het zijn niemand minder dan de sjamanen van elke primitieve stam die weten hoe zij in contact moeten komen met, en gebruik moeten maken van, de oeroude *'creatieve' krachten* van het universum—de 'geesten van de aarde, lucht en zee' die door de Kerk van Christus worden erkend als *demonen*, en in dienst van welke het inderdaad mogelijk is om een 'creatieve' extase en genot te ervaren (het 'Nietzscheaanse enthousiasme en genot waar Berdjajev zich zo tot aangetrokken voelde) die onbekend zijn bij de lusteloze en halfhartige 'christenen' die vallen voor de 'charismatische' deceptie. Maar Christus is hier niet te vinden. God heeft enig en al contact met dit 'creatieve' occulte domein, waar 'christenen' dankzij hun onwetendheid en zelfmisleiding in terecht zijn gekomen, nadrukkelijk *verboden*. De 'charismatische opleving' zal geen behoefte hebben aan het 'in conclaaf treden met niet-christelijke religies', daar het, onder de noemer van 'het christendom', reeds niet-christelijke religies heeft omarmt en zelf de *nieuwe* religie zal worden die door Berdjajev werd voorzien, door, gek genoeg, het 'christendom' te combineren met het heidendom.

De vreemde 'christelijke' geest van de 'charismatische opleving' wordt in de Schrift en de orthodoxe patristische traditie duidelijk herkend. Volgens deze bronnen zal de wereldgeschiedenis eindigen in een bijna bovenmenselijk 'christelijk' figuur, de valse messias of de *antichrist*. Hij zal 'christelijk' zijn in die zin dat zowel zijn taak als zijn wezen volledig om Christus zullen draaien, Die hij in elk opzicht zal imiteren, en hij zal niet louter de grootste vijand van Christus zijn, maar zal, teneinde christenen te kunnen misleiden, zich *voordoen als Christus* en voor de tweede maal naar de aarde komen om te heersen vanuit de herstelde tempel in Jeruzalem. *Laat niemand u op enigerlei wijze misleiden. Want die dag komt niet, tenzij eerst de afval gekomen is en de mens van de wetteloosheid, de zoon van het verderf, geopenbaard is ... Hem, wiens komst overeenkomstig de werking van Satan is, met allerlei kracht, tekenen en wonderen van de leugen, en met allerlei misleiding van de ongerechtigheid in hen die verloren gaan, omdat zij de liefde voor de waarheid niet aangenomen hebben om zalig te worden. En daarom zal God hun een krachtige dwaling zenden, zodat zij de leugen geloven, opdat zij allen veroordeeld worden die de waarheid niet geloofd hebben, maar een behagen hebben gehad in de ongerechtigheid* (2 Tess. 2:3-4, 9-12).

De orthodoxe leer omtrent de antichrist is op zichzelf een groots onderwerp en kan hier niet worden uiteengezet. Maar als, zoals de volgelingen van de 'charismatische opleving' geloven, het einde der tijden inderdaad aanstaande is, dan is het voor de orthodoxe christen van cruciaal belang om zich te verdiepen in deze leer omtrent degene die, zoals onze Verlosser Zelf ons heeft verteld, tezamen met de 'valse profeten' van die tijd *grote tekenen en wonderen doen, zó dat zij, als het mogelijk zou zijn, ook de uitverkorenen zouden verleiden* (Matt. 24:24). En de 'uitverkorenen' zijn zeker niet de massa's mensen die geloven in de grootste en meest on-Bijbelse deceptie dat de wereld zich begeeft 'aan de vooravond van een grootse spirituele ontwaking', maar eerder de 'kleine kudde' aan louter wie onze Verlosser heeft beloofd: *Het heeft uw Vader behaagd u het koninkrijk te geven* (Lukas 12:32). Zelfs de ware 'uitverkorenen' zullen sterk op de proef gesteld worden door de 'grootse tekenen en wonderheden' van de antichrist; maar de meeste 'christenen' zullen hem zonder aarzelen volgen, daar zijn 'nieuwe christendom' exact hetgeen is zij naar verlangen.

C. 'De wederkomst van Jezus is aanstaande'

Met name in de afgelopen paar jaar heeft de persoon van 'Jezus' een vreemde prominentie gekregen in Amerika. Zowel op het podium als in films is het langdurige verbod op het portretteren van de persoon van Christus opgeheven en ongekend populaire musicals vertonen godslasterlijke parodieën op Zijn leven. De 'Jezusbeweging', die grotendeels 'charismatisch' is van aard, verspreid zich met spectaculaire snelheid onder tieners en jongeren. De grofste vorm van Amerikaanse popmuziek wordt 'gechristianiseerd' op massale 'Jezus-rockfestivals' en 'christelijke' liederen worden voor het eerst in eeuwen de populairste in het land. En ten grondslag aan deze vreemde conglomeratie van heiligschennis en absoluut onverlichte wereldsheid, ligt de continu herhaalde uitdrukking van ogenschijnlijk ieders verwachting en hoop: *'De wederkomst van Jezus is aanstaande'.*

Te midden van deze psychische en 'religieuze' verwoesting van het Amerikaanse landschap, blijft zich een symptomatische 'mystieke' gebeurtenis herhalen in de levens van het wijdverspreide Amerikaanse volk. Een redacteur van een 'charismatisch' tijdschrift vertelt hoe hij voor het eerst in aanraking kwam met deze gebeurtenis, zoals dit door iemand werd verhaald tijdens een bijeenkomst van gelijkgestemden:

'Mijn vriend reed samen met zijn vrouw via Route 3 naar Boston, toen zij stopten om een lifter mee te pikken. Hij was jong en had een baard, maar was niet gekleed als een hippie. Zonder al te veel te zeggen nam hij plaats op de achterbank, en ze reden verder. Na een tijdje zei hij zachtjes, "De komst van de Heer is aanstaande." Mijn vriend en zijn vrouw waren zo verrast, dat zij zich beiden omdraaiden. Er zat niemand op de achterbank. Nogal van slag, stopten ze bij het eerste de beste tankstation dat zij passeerden. Ze moesten het aan iemand vertellen, ongeacht hoe deze persoon zou reageren. Nadat de pompbediende hun verhaal had aangehoord, lachte hij niet. In plaats daarvan was het enige dat hij zei, "Dit is nu al de vijfde keer dat ik dit verhaal hoor."

'Terwijl ik luisterde, kreeg ik, ondanks de lichte zonneschijn, de rillingen. Echter was dit nog maar het begin. Een voor een vertelden de overige zes aanwezigen over soortgelijke gebeurtenissen die zij, verspreid over de gehele lengte en breedte van het land, hadden meegemaakt, en allen binnen de afgelopen twee jaar'–in Los Angeles, Philadelphia, Duluth (dertien meldingen aan de politie op één avond), New Orleans; in sommige van de gevallen is de lifter een man, maar soms ook een vrouw. Later zou een anglicaanse priester de redacteur vertellen over zijn eigen identieke ervaring in de staat van New York. Voor de redacteur was dit alles bewijs genoeg dat, inderdaad, 'De wederkomst van Jezus is aanstaande' (David Manuel, Jr., in *Logos Journal*, jan.-feb. 1972, p. 3).

De zorgvuldige waarnemer van de hedendaagse religieuze wereld–met name in Amerika, waar al meer dan een eeuw de populairste religieuze stromingen hun oorsprong hebben gevonden–kan niet anders dan opmerken hoe hier sprake is van een zeer besliste chiliastische verwachting. En dit geldt niet louter voor 'charismatische' kringen, maar zelfs voor de traditionalistische of fundamentalistische kringen die de 'charismatische opleving' hebben verworpen. Derhalve geloven vele traditionalistische rooms-katholieken in de komst van een chiliastisch 'Tijdperk van Maria' voor het einde der tijden, wat slechts één variant is op de meer voorkomende Latijnse dwaling om de gehele wereld te proberen 'te wijden', of, zoals aartsbisschop Thomas Connoly van Seattle het vijftien jaar geleden verwoordde, 'de hedendaagse wereld omvormen tot een koninkrijk Gods in voorbereiding op Zijn wederkomst'. Protestantse evangelisten zoals Billy Graham, in hun onjuiste persoonlijke interpretatie van de openbaring, wachten op het 'millennium' waarin 'Christus' zal regeren op aarde. Andere evangelisten in Israël vinden dat hun millenniaanse interpretatie van de 'Messias' exact hetgeen is dat nodig is om de joden voor te bereiden op Zijn komst.[2] En de opperfundamentalist Carl McIntire bereidt zich voor op de bouw van een levensgrote replica van de tempel van Jeruzalem in Florida (Disneyworld!), gelovend dat het niet lang zal duren voordat de joden de 'tempel waarnaar de Here zal wederkeren zoals Hij ons heeft beloofd' zullen bouwen

....

[2] Zie bijvoorbeeld Gordon Lindsay, *Israel's Destiny and the Coming Deliverer*, Christ for the Nations Pub. Co., Dallas, Texas, pp. 28-30.

(*Christian Beacon*, nov. 11, 1971; jan. 6, 1972). Derhalve zien zelfs de anti-oecumenisten het als een mogelijkheid om zich aan te sluiten bij de onboetvaardige joden in het welkom heten van de valse messias–de antichrist–in tegenstelling tot het gelovige restant van de joden dat Christus zal aanvaarden zoals de Orthodoxe Kerk Hem predikt, wanneer de profeet Elia naar de aarde wederkeert.

Het is derhalve geen grote troost voor een nuchtere orthodoxe christen die bekend is met de Bijbelse profetieën omtrent de laatste dagen, wanneer hij door een 'charismatische' protestant wordt verteld dat, 'Het is prachtig wat Jezus kan doen wanneer we onszelf voor Hem openstellen. Geen wonder dat mensen van alle geloofsovertuigingen nu in staat zijn om gezamenlijk te bidden' (Harold Bredesen, in *Logos Journal*, jan.-feb. 1972, p. 24); of door een katholiek lid van de Pinksterkerk dat de leden van alle denominaties nu 'over de afscheidende muren beginnen te zien en in elkaar de beeltenis van Jezus Christus herkennen' (Kevin Ranaghan, in *Logos Journal*, nov.-dec. 1971, p. 21). Welke 'Christus' is dit voor wie nu een versneld programma van psychologische en zelfs fysieke voorbereiding over de hele wereld wordt opgezet?–Is dit onze ware God en Verlosser Jezus Christus, Die de Kerk waarin men verlossing kan vinden heeft opgericht? Of is het de *valse Christus* die *komt in zijn eigen naam* (Joh. 5:43) en eenieder die de leer van de enige Kerk van Christus, de Orthodoxe Kerk, verwerpt of verdraait, zal verenigen?

Onze Verlosser Zelf heeft ons gewaarschuwd: *Als iemand dan tegen u zegt: Zie, hier is de Christus, of daar; geloof het niet; want er zullen valse christussen en valse profeten opstaan en zij zullen grote tekenen en wonderen doen, zó dat zij, ware het mogelijk, ook de uitverkorenen zouden misleiden. Zie, Ik heb het u van tevoren gezegd! Als men dan tegen u zal zeggen: Zie, Hij is in de woestijn; ga er niet op uit; zie, Hij is in de binnenkamers, geloof het niet, want zoals de bliksem vanuit het oosten komt en zichtbaar is tot in het westen, zo zal ook de komst van de Zoon des mensen zijn* (Matt. 24:23-27).

De wederkomst van Christus zal onmiskenbaar zijn: het zal plotseling zijn, zoals wij Hem naar de hemel hebben zien gaan (Hand. 1:11), en het zal het einde van deze wereld inluiden. Hier is onmogelijk een 'voorbereiding' op te treffen–met enige uitzondering de orthodoxe christelijke voorbereiding van berouw, een spiritueel leven en oplettendheid. Zij die zich hier op enige andere manier op 'voorbereiden', die zeggen dat hij 'hier' ergens op aarde is–met name 'hier' in de tempel van Jeruzalem–of die prediken dat 'de wederkomst van Jezus aanstaande is' zonder waarschuwing van de grote deceptie die aan Zijn wederkomst voorafgaat: zijn overduidelijk de profeten van de antichrist, de valse Christus die eerst staat te komen om de wereld te misleiden, inclusief alle 'christenen' die niet werkelijk orthodox zijn of zullen zijn. Er zal geen toekomstig 'millennium' zijn. Voor zij die het kunnen ontvangen, het 'millennium' van de openbaring (Openb. 20:6) is *nu*; het gratievolle leven binnen de Orthodoxe Kerk voor het geheel van de 'duizend jaren' tussen de eerste komst van Christus en de tijd van de antichrist.[3] Dat protestanten verwachten dat het 'millennium' nog zal komen, is enkel hun bekentenis dat zij niet in het heden leven–dat wil zeggen, dat

---

[3] Zo luidt de orthodoxe leer van de heiligen Basilius de Grote, Gregorius van Nazianze, Andreas van Caesarea en vele andere kerkvaders. Zie aartsbisschop Averky, *Guide to the Study of the New Testament*, Part II (in het Russisch), Jordanville, New York, 1956, pp. 434-38. [Engelse vert. in *The Apocalypse in the Teachings of Ancient Christianity*, St. Herman of Alaska Brotherhood, Platina, Calif., 1995, pp. 253-54.]

zij zich *buiten de Kerk van Christus* begeven en niet geproefd hebben van heilige gratie.

D. Moet de orthodoxie zich overgeven aan de apostasie?

Vandaag de dag zullen bepaalde orthodoxe priesters, onder leiding van v. Eusebius Stephanou, ons ervan trachten te overtuigen dat de 'charismatische opleving', ondanks dat het is begonnen en voortleeft buiten de Orthodoxe Kerk, toch 'orthodox' is, en wij worden zelfs gewaarschuwd: 'Blijf niet achter'. Maar geen ieder die deze beweging heeft bestudeerd in de woorden van diens vooraanstaande vertegenwoordigers, velen van wie hierboven zijn geciteerd, kan enige twijfel hebben over het feit dat deze 'opleving', in zoverre het überhaupt 'christelijk' is, *volledig protestants* van aard, bezieling, bedoeling, praktijk, 'theologie' en eindpunt is. Het is een soort protestantse 'wederopleving', wat een fenomeen is waarin slechts een fractie van ook maar iets authentiek christelijks bewaard is gebleven, en waarin het christendom wordt vervangen door een emotionele 'religieuze' hysterie wiens slachtoffers ten prooi vallen aan de fatale misleiding dat zij 'verlost' zijn. Als de 'charismatische opleving' überhaupt al verschilt van de protestantse wederopleving, dan enkel in het feit dat het een nieuwe dimensie toevoegt van crypto-spiritistische fenomenen die spectaculairder en objectiever zijn dan louter een subjectieve wederopleving.

Dit evidente feit wordt op treffende wijze bevestigd na een beschouwing van wat volgens v. Eusebius Stephanou een 'orthodoxe ontwaking' betreft, in zijn tijdschrift *The Logos*.

Deze *orthodoxe priester* geeft zijn lezers te kennen dat 'de Orthodoxe Kerk niet deelneemt aan de hedendaagse christelijke ontwaking' (feb. 1972, p. 19). Hijzelf reist momenteel het land door en organiseert protestantsachtige oplevingsbijeenkomsten, inclusief de protestante 'oproep om naar het altaar te komen', die samengaat met het gebruikelijke 'gesnik en gehuil' (april 1972, p. 4). V. Eusebius geeft ons te kennen, met de voor de opleving typerende onbescheidenheid, dat 'Ik loof en prijs God dat Hij het licht van Zijn Geest op mijn ziel schijnt in antwoord op de onophoudelijke gebeden die ik dag en nacht naar Hem opstuur' (feb. 1972, p. 19); en later verklaart hij zich zelfs openlijk als 'profeet' (april 1972, p. 3). Hij maakt geen woord vuil aan de orthodoxe interpretatie van de openbaring, maar herhaalt wel Billy Grahams fundamentalistische protestantse interpretatie van de 'vervoering' die voorafgaat aan het 'millennium': 'De dag van de grote verdrukking komt naderbij. Zolang wij trouw blijven aan Christus, zullen wij beslist worden opgenomen om bij Hem te zijn zodra de verrukte kreet van de vervoering zal klinken, en zullen wij de verschrikkelijke verwoesting die op aarde zal neervallen gespaard blijven'[4] (april 1972, p. 22). En zelfs niet alle fundamentalisten zijn het eens over deze misvatting,[5] die niet gestoeld is op de Schrift[6] en die ieder die het volgt ontdoet van zijn verantwoordelijkheid voor waakzaamheid tegen de misleiding van de antichrist, waartegen zij, zo geloven zij, beschermd zullen zijn.

....

[4] Vergelijk Billy Graham, *World Aflame*, Doubleday (Pocket Cardinal ed.), New York, 1966, p. 178; C. H. Mackintosh, *The Lord's Coming*, Moody Press, Chicago, pp. 30-31; en vele andere fundamentalisten.

[5] Zie Kurt Koch, *Day X*, Kregel Publications, Grand Rapids, Michigan, pp. 116-17.

[6] 1 Tess. 4:16-17 verwijst naar de wederkomst van Christus, die volgens de kerkvaders *na* de 'vervoering' en de heerschappij van de antichrist zal plaatsvinden.

Dit alles is niet eens pseudo-orthodoxie; het is louter protestantisme en niet eens de beste vorm daarvan. Men zoekt tevergeefs in het tijdschrift *Logos* van v. Eusebius Stephanou naar enige indicatie dat de bronnen van de orthodoxe ascetische traditie–de heiligenlevens, de kerkvaders, de dienstencyclus van de Kerk, de *orthodoxe* interpretatie van de Schrift–ten grondslag liggen aan zijn 'ontwaking'. Sommige orthodoxe volgelingen van de 'charismatische' beweging maken wel gebruik van een aantal van deze bronnen–maar helaas vermengen zij deze vervolgens met 'vele andere boeken geschreven door vrome christenen binnen de charismatische beweging' (*Logos*, maart 1972, p. 16), en lezen en interpreteren zij deze bronnen dus ook vanuit een 'charismatisch' oogpunt: zij *interpreteren*, zoals alle sektariërs dat doen, de orthodoxe geschriften door de lens van hun *nieuwe* leer die afkomstig is van buiten de Kerk.

Natuurlijk is het zo dat een orthodoxe ontwaking vandaag de dag een welkome gebeurtenis zou zijn, nu vele orthodoxe christenen het zout van het ware christendom hebben verloren en het authentieke en hartstochtelijke orthodox christelijke leven nog maar zelden geleid wordt. Het moderne leven is te comfortabel geworden; het wereldse leven te aantrekkelijk; voor te veel mensen is de orthodoxie simpelweg een lidmaatschap van een kerkorganisatie geworden, of louter de 'correcte' vervulling van externe rites en praktijken. Een *ware* orthodoxe spirituele ontwaking is hoognodig, maar dit is niet wat wij aanschouwen in de orthodoxe volgelingen van de 'charismatische' beweging. Net als de 'charismatische' activisten onder de protestanten en rooms-katholieken, zijn ook zij in volledige harmonie met de tijdgeest; zij zijn niet in contact met de bronnen van de orthodoxe spirituele traditie, maar geven de voorkeur aan de momenteel modieuze protestantse technieken van de wederopleving; zij leven in lijn met de hoofdstroom van het hedendaagse afvallige 'christendom': de oecumenische beweging. In het begin van 1978 gaf aartsbisschop Iakovos van het Griekse aartsbisdom van Noord- en Zuid-Amerika eindelijk zijn officiële goedkeuring voor de activiteiten van v. Eusebius Stephanou, waaronder toestemming om overal te prediken over de 'gaven van de Heilige Geest'; zo slaat de kerkorganisatie in haar modernste en meest oecumenische figuur de handen ineen met de 'charismatische opleving', als gevolg van het diepe verwantschap dat hen met elkaar verbindt. Maar het authentieke christendom is daar niet te vinden.

Er hebben in het verleden wel degelijk ware orthodoxe 'ontwakingen' plaatsgevonden: zo komt onmiddellijk de heilige Cosmas van Aetolia voor de geest, die in het Griekenland van de achttiende eeuw van dorp naar dorp liep en de mensen inspireerden om terug te keren naar het authentieke christendom van hun voorvaderen; of de heilige Johannes van Kronstadt uit de huidige eeuw, die het eeuwenoude bericht van het orthodoxe spirituele leven naar de stedelijke bevolking van Petersburg bracht. Dan zijn er nog de orthodoxe monastieke leermeesters die *werkelijk* 'met de Geest vervuld' waren en hun onderricht doorgaven aan de meer recente monniken en leken: men denkt aan de Griekse heilige Simeon de Nieuwe Theoloog in de 10^e eeuw en de Russische heilige Serafim van Sarov in de negentiende eeuw. Heilige Simeon wordt op schandalige wijze misbruikt door de orthodoxe volgelingen van de 'charismatische' beweging (hij sprak over een andere Geest dan zij!); en de heilige Serafim wordt steevast verkeerd geciteerd om zo zijn nadruk op de noodzaak voor een leven binnen de Orthodoxe Kerk om een waar spiritueel leven te kunnen leiden, te minimaliseren. In het 'gesprek' tussen de heilige Serafim en de leek Motovilov over de 'verwerving van de Heilige Geest' (die door de orthodoxe volgelingen van de 'charismatische' beweging wordt geciteerd *zonder* de hier schuingedrukte passages), vertelt deze grote heilige ons: 'De gratie van de Heilige Geest die ons allen, de gelovigen van Christus, ten deel is gevallen in het sacrament van de heilige doop, wordt verzegeld door het sacrament van de myronzalving op de belangrijkste onderdelen van het lichaam, zoals deze zijn aangeduid *door de Heilige Kerk, de eeuwige hoeder van deze gratie.*' En nogmaals: 'De Heer luistert in gelijke mate naar de monnik en de simpele christelijke leek, *vooropgesteld dat beide orthodox zijn.*'

In tegenstelling tot het ware orthodoxe spirituele leven, is de 'charismatische opleving' louter *de ervaringsgerichte zijde van de heersende 'oecumenische' trend*–een vervalst christendom dat Christus en Zijn Kerk verraad. Geen orthodoxe volgeling van de 'charismatische' beweging zou ook maar iets kunnen inbrengen tegen de aanstaande 'vereniging' met de protestanten en rooms-katholieken met wie, zoals het interkerkelijke lied klinkt, zij reeds 'Eén in de Geest en één in de Heer' zijn, en door wie zij zijn geleid en geïnspireerd tot de 'charismatische' ervaring. De 'geest' die als inspiratiebron heeft gediend voor de 'charismatische opleving' is *de geest van de antichrist*, of preciezer, die 'geesten der duivelen' van de laatste tijden wiens 'wonderen' de wereld klaarstomen voor de komst van de valse messias.

E. 'Kinderen, het is het laatste uur'
(1 Joh. 2:18)

Onbekend bij de koortsige orthodoxe 'revivalisten', is het feit dat de Here God, net zoals in de dagen van de profeet Elia, *zevenduizend mannen heeft overgelaten die de knie voor het beeld van Baäl niet gebogen hebben* (Rom. 11:4)–een onbekend aantal ware orthodoxe christenen dat noch spiritueel dood is, zoals de orthodoxe volgelingen van de 'charismatische beweging' hun kudden aanrekenen, noch hoogdravend 'met de geest vervuld', zoals met deze zelfde kudden gebeurt onder de 'charismatische' suggestie. Zij worden niet weggedragen door de stroming van apostasie, noch door enige valse 'ontwaking', maar blijven geworteld in het heilige en verlossende geloof van de heilige orthodoxie in de traditie die de kerkvaders aan hen heeft doorgegeven, terwijl zij te allen tijde de tekenen van de tijd in ogenschouw nemen en het smalle pad richting verlossing bewandelen. Velen van hen volgen de bisschoppen van de weinige orthodoxe kerken die zich met hand en tand verzet hebben tegen de hedendaagse apostasie. Maar binnen andere orthodoxe kerken zijn er ook een aantal overgebleven die rouwen om de steeds duidelijkere apostasie van hun hiërarchen, en die hoe dan ook trachten om hun eigen orthodoxie intact te houden; ook zijn er weer anderen buiten de Orthodoxe Kerk die, met Gods gratie en een hart dat openstaat voor Zijn roeping, zich ongetwijfeld nog zullen aansluiten bij de authentieke heilige orthodoxie. Deze 'zevenduizend' vormen het fundament van de toekomst en de orthodoxie van de laatste tijden.

En buiten de authentieke orthodoxie neemt de duisternis enkel toe. Afgaande op het laatste 'religieuze' nieuws, kan de 'charismatische opleving' slechts het begin zijn van een heel 'tijdperk van wonderen'. Vele protestanten die het bedrog van de 'charismatische opleving' hebben weten te herkennen, aanvaarden nu als zijnde 'de echte waarheid' de spectaculaire 'opleving' in Indonesië waar, zo wordt ons verteld, er *echt* 'dezelfde dingen als die in de handelingen van de apostelen' plaatsvinden. In een tijdsbestek van slecht drie jaar zijn er 200.000 heidenen bekeerd tot het protestantisme onder constante miraculeuze omstandigheden: niemand doet iets zolang het niet in absolute gehoorzaamheid is aan de 'stemmen' en 'engelen' die continu lijken te verschijnen, veelal de Schrift citerend met nummer en vers; telkens wanneer het tijd is voor de protestantse communie wordt water veranderd in wijn; handen verschijnen uit het niets om op miraculeuze wijze voedsel te verspreiden onder de hongerigen; een hele troep demonen verlaat zichtbaar een heidens dorp omdat een 'krachtigere' ('Jezus') hun plaats heeft ingenomen; 'christenen' organiseren een 'aftelling' voor een onboetvaardige zondaar en zodra zij bij 'nul' arriveren, sterft hij; kinderen krijgen nieuwe protestantse hymnen geleerd door stemmen die uit het niets lijken te komen (en die het liedje wel twintig keer herhalen zodat de kinderen het kunnen onthouden); 'Gods taperecorder' neemt het lied van een kinderkoor op en speelt het in de lucht af voor de verbijsterde kinderen; vuur komt uit de lucht naar beneden geregend om katholieke religieuze afbeeldingen te verwoesten ('de Heer' in Indonesië is erg antikatholiek); 30.000 zieken en gewonden zijn genezen; 'Christus' verschijnt in de lucht en 'valt' op de mensen neer om hen te genezen; mensen worden op miraculeuze wijzen van de ene naar de andere plek getransporteerd en lopen over water; lichten vergezellen evangelisten om hen 's nachts te geleiden en overdag worden zij door wolken gevolgd om hen tegen de zon te beschermen; de doden komen weer tot leven.[7]

---

[7] Zie Kurt Koch, *The Revival in Indonesia*, Kregel Publications, 1970; en Mel Tari, *Like a Mighty Wind*, Creation House, Carol Stream, Illinois, 1971.

Interessant genoeg is het element van 'spreken in tongen' in sommige delen van de Indonesische 'opleving' bijna geheel afwezig en zelfs verboden (hoewel het op sommige plekken wel voorkomt), en mediamiek schijnt van tijd tot tijd te worden vervangen door een directe interventie van gevallen geesten. Het zou goed kunnen dat deze nieuwe 'opleving', krachtiger dan de pinksterbeweging, een vergevorderd stadium is van hetzelfde 'spirituele' fenomeen (net zoals hoe de pinksterbeweging een vergevorderd stadium is van het spiritisme) en een voorbode is van het ophanden zijn van de verschrikkelijke dag waarop, zoals de 'stemmen' en 'engelen' in Indonesië ook verklaren, 'de Heer' zal wederkeren–wij weten immers dat de antichrist, aan de hand van exact zulke 'wonderen', aan de wereld zal bewijzen dat hij 'Christus' is.

In een tijd van bijna universele duisternis en deceptie, wanneer *Christus* voor de meeste 'christenen' is uitgegroeid tot exact hetgeen volgens de orthodoxe leer wordt verstaan als de *antichrist*, wordt de gratie Gods enkel en alleen behouden en doorgegeven door de Orthodoxe Kerk van Christus. Dit is een waardevolle schat welks bestaan door de 'christelijke' wereld niet eens wordt vermoed. De 'christelijke' wereld, inderdaad, slaat de handen ineen met de duistere machten om zo de gelovigen van de Kerk van Christus te verleiden en te overtuigen dat, door blindelings te vertrouwen op de 'naam van Jezus', zij zelfs in een staat van apostasie en blasfemie verlost zullen worden, daarbij geen rekening houdend met de waarschuwing van de Heer: *Velen zullen op die dag tegen Mij zeggen: Heere, Heere, hebben wij niet in Uw Naam geprofeteerd, en in Uw Naam demonen uitgedreven, en in Uw Naam veel krachten gedaan? Dan zal Ik hun openlijk zeggen: Ik heb u nooit gekend; ga weg van Mij, u die de wetteloosheid werkt!* (Matt. 7:22-23).

Heilige Paulus vult deze waarschuwing voor de komst van de antichrist aan met zijn bevel: *Sta dan vast, broeders, en houd u aan de overleveringen waarin u onderwezen bent door ons woord of door onze brief* (2 Tess. 2:15). *Er zijn sommigen, die u in verwarring brengen en het evangelie van Christus willen verdraaien. Maar zelfs als wij, of een engel uit de hemel, u een evangelie zouden verkondigen, anders dan wat wij u verkondigd hebben, die zijn vervloekt. Zoals wij al eerder gezegd hebben, zo zeg ik ook nu weer: als iemand u een evangelie verkondigt anders dan wat u ontvangen hebt, die zij vervloekt* (Gal. 1:7-9).

Het orthodoxe antwoord op elke nieuwe 'opleving', en zelfs op de laatste verschrikkelijke 'opleving' van de antichrist, is dit evangelie van Christus, dat enkel binnen de Orthodoxe Kerk onveranderd bewaard is gebleven in een ononderbroken lijn van Christus en Zijn apostelen, en de gratie van de Heilige Geest die enkel door de Orthodoxe Kerk wordt doorgeven, en enkel aan haar trouwe kinderen die de myronzalving hebben ontvangen, en bewaard, de ware *zegel van de gave van de Heilige Geest.* Amen.

2. DE RELIGIE VAN DE TOEKOMST

Het is uiterst indicatief voor de spirituele staat van de hedendaagse mens dat de 'charismatische' en 'meditatieve' ervaringen wortel schieten onder 'christenen'. Een oosterse religieuze invloed is overduidelijk actief in het leven van dergelijke 'christenen', maar enkel als gevolg van iets dat vele malen diepgaander is: het verlies van de gevoelsrelatie met, en het koesteren van, het christendom, waardoor iets dat zo vreemd is aan het christendom als oosterse 'meditatie' vat kan krijgen op 'christelijke' zielen.

Het leven van zelfingenomenheid en zelfbevrediging dat geleid wordt door de meeste hedendaagse 'christenen' is zo allesdoordringend dat het hen op doeltreffende wijze weet af te sluiten van ook maar enig begrip van het spirituele leven; en wanneer dergelijke mensen wel een poging wagen met het 'spirituele leven', dan gebeurt dit enkel en nog altijd als vorm van zelfbevrediging. Dit wordt vrij duidelijk gemaakt door het absoluut valse religieuze ideaal van zowel de 'charismatische' beweging en de verscheidene vormen van 'christelijke meditatie': allen beloven (en leveren zonder nauwelijks enige vereiste inspanning) een ervaring van 'tevredenheid' en 'vrede'. Maar dit is allesbehalve het christelijke ideaal dat kan worden beschreven als een felle strijd en worsteling. De 'tevredenheid' en 'vrede' die worden beschreven in deze hedendaagse 'spirituele' bewegingen zijn vrij onmiskenbaar het resultaat van spirituele deceptie, van spirituele zelfbevrediging–wat de absolute dood betekent van het naar God gerichte spirituele leven. Al deze vormen van 'christelijke meditatie' opereren louter op het paranormale niveau en hebben in zijn geheel niets gemeen met christelijke spiritualiteit. Christelijke spiritualiteit komt tot stand gedurende de moeizame worsteling om het eeuwigdurende koninkrijk der hemelen te bereiken, welks begin pas werkelijk wordt aangekondigd met de ontbinding van deze tijdelijke wereld, en de ware christelijke strijder zal derhalve nooit enige rust of tevredenheid vinden in de voorproefjes op eeuwige zaligheid die hem wellicht in dit leven geschonken kunnen worden; maar de oosterse religies, waaraan het koninkrijk der hemelen niet is geopenbaard, streven louter naar het verwerven van paranormale krachten en toestanden die beginnen en eindigen in dit leven.

In ons tijdperk van apostasie voorafgaand aan de manifestatie van de antichrist, is Satan voor enige tijd uit zijn gevangenis losgelaten (Openb. 20:7) om valse wonderen te verrichten die hij niet zou kunnen verrichten tijdens de 'duizend jaar' van gratie in de Kerk van Christus (Openb. 20:3), en om met zijn helse oogst de zielen te vergaren die 'de liefde voor de waarheid niet aangenomen hebben' (2 Tess. 2:10). We kunnen merken dat de tijd van de antichrist werkelijk nabij is door het feit dat met deze satanische oogst niet enkel de zielen van heidenen worden vergaart, van zij die geen kennis hebben van Christus, maar ook die van 'christenen' die de smaak van het christendom zijn verloren. Het ligt in de aard van de antichrist besloten om het koninkrijk van de duivel zo te presenteren *alsof het van Christus is.* De hedendaagse 'charismatische beweging' en 'christelijke meditatie', alsmede het 'nieuwe religieuze bewustzijn' waar zij onderdeel van uitmaken, zijn voorlopers op *de religie van de toekomst, de religie van de laatste mensheid, de religie van de antichrist,* en de voornaamste 'spirituele' functie die zij dienen is *om de demonische inwijding, die tot dusverre was voorbehouden voor de heidense wereld, toegankelijk te maken voor christenen.* Laat het gezegd worden dat deze 'religieuze experimenten' vooralsnog vaak voorzichtig en aftastend van aard zijn, dat zij op zijn minst in gelijke mate bestaan uit zowel paranormale zelfmisleiding als een authentiek demonisch inwijdingsritueel. Ongetwijfeld is niet iedereen die eens succesvol 'gemediteerd' heeft of denkt de 'Doop van de Heilige Geest' te hebben ontvangen werkelijk ingewijd in het koninkrijk van Satan, maar dit is wel het doel van deze 'experimenten', en er zal geen twijfel over bestaan dat deze inwijdingstechnieken efficiënter zullen worden naarmate de mensheid hiervoor wordt klaargestoomd middels een passieve houding en een openheid voor nieuwe 'religieuze ervaringen' die door deze bewegingen worden ingeprent.

Wat heeft de mensheid – en inderdaad het 'christendom' – tot deze wanhopige toestand gebracht? Beslist niet een openlijke verering van de duivel, wat te allen tijde beperkt blijft tot een kleine groep mensen; in plaats daarvan is het iets velen male subtieler, en iets waar een bewuste orthodoxe christen maar moeilijk bij stil kan staan: het is *het verlies van de gratie Gods*, ten gevolge van het verlies van de smaak van het christendom.

In het Westen ging de gratie Gods vele eeuwen geleden al verloren. De hedendaagse rooms-katholieken en protestanten hebben nooit volledig geproefd van de gratie Gods en derhalve is het niet verrassend dat zij diens demonische imitatie niet kunnen onderscheiden. Maar helaas! Het succes dat een vervalste spiritualiteit vandaag de dag zelfs onder orthodoxe christenen weet te boeken, maakt duidelijk in hoeverre ook zij de smaak van het christendom zijn verloren en derhalve niet langer in staat zijn om onderscheid te maken tussen het ware christendom en een pseudochristendom. Orthodoxe christenen hebben de kostbare schat van hun geloof te lang voor lief genomen, en hebben het nagelaten om het pure goud van diens leer te praktiseren. Hoeveel orthodoxe christenen zijn überhaupt bekend met de standaardteksten van het orthodoxe spirituele leven, die precies onderwijzen hoe onderscheid te maken tussen een authentieke en valse spiritualiteit, teksten die de levens en lessen doorgeven van heilige mannen en vrouwen die in hun leven een veelvuldigheid van de gratie Gods ontvingen? Hoeveel hebben het onderricht van de *Lausiac-geschiedenis*, de *Ladder* van de heilige Johannes, de homilieën van de heilige Macharius, de levens van de God-dragende woestijnvaders, *De geestelijke strijd* van

Lorenzo Scupoli of *Mijn leven in Christus* van de heilige Johannes van Kronstadt zich eigen gemaakt?

In het Leven van de grote vader van de Egyptische woestijn, de heilige Paisios de Grote (19 juni), zien wij een schokkend voorbeeld van hoe gemakkelijk het is om de gratie Gods te verliezen. Ooit liep een van zijn discipelen naar een stad in Egypte om zijn handwerk te verkopen. Onderweg ontmoette hij een jood die, in het licht van zijn soberheid, hem misleidde, door te zeggen: 'O dierbare, waarom gelooft u in een eenvoudige, gekruisigde Man, terwijl hij verre van de verwachtte Messias was? Een andere staat nog te komen, maar niet Hij.' De discipel, zwak van geest en eenvoudig van hart, luisterde naar deze woorden en stond zichzelf toe te zeggen: 'Wellicht is hetgeen u zegt juist.' Toen hij terugkeerde in de woestijn, keerde de heilige Paisios hem zijn rug toe en zei geen woord meer tegen hem. Uiteindelijk, na een lange smeekbede van de discipel, zei de heilige tegen hem: 'Wie bent u? Ik ken u niet. Deze discipel van mij was een christen en bezat de gratie van de doop, maar u bent dat niet; als u werkelijk mijn discipel bent, dan heeft de gratie van de doop u verlaten en is de beeltenis van een christen uitgewist.' In tranen vertelde de discipel over zijn woordenwissel met de jood, waarop de heilige antwoordde: 'O vervloekte! Wat kan er erger en walgelijker zijn dan die woorden waarmee u Christus en Zijn goddelijke doop hebt verworpen? Ga, en laat uw tranen in eenzaamheid als u dat wenst, want aan mijn zijde is niet langer plek voor u; uw naam staat geschreven naast die van hen die Christus hebben verworpen, en tezamen zullen jullie berecht worden en kwellingen ontvangen.' Na dit vonnis te hebben aangehoord, was de discipel vol van berouw, en in respons op zijn smeekbede sloot de heilige zich van hem af en bad tot de Heer voor vergiffenis voor deze zonde van zijn discipel. De

Heer hoorde het gebed van de heilige en stond hem toe een teken te zien van Zijn vergiffenis van de discipel. De heilige waarschuwde de discipel toen: 'O kind, laat ons samen de Heer verheerlijken en een dankzegging naar Hem opsturen, daar de onreine, godslasterlijke geest u heeft verlaten, en in zijn plaats de Heilige Geest naar u is afgedaald om de gratie van de doop in u te herstellen. Bescherm uzelf, opdat u niet door luiheid en zorgeloosheid een tweede maal ten prooi zal vallen aan de listen van de vijand en, daar u gezondigd hebt, u niet het vuur van Gehenna zal erven.'

Het is opmerkelijk dat de 'charismatische' en 'meditatieve' bewegingen wortel hebben weten te schieten onder de 'oecumenische christenen'. De typerende ketterse overtuiging van het oecumene is deze: dat de Orthodoxe Kerk niet de ene ware Kerk van Christus is; dat de gratie Gods ook in andere 'christelijke' denominaties aanwezig is en zelfs in niet-christelijke religies; dat het smalle pad van verlossing volgens het onderricht van de vaders van de Orthodoxe Kerk slechts 'een van de vele paden' richting verlossing is; en dat de details van iemands geloof in Christus van weinig belang zijn, net als iemands lidmaatschap in om het even welke kerk. Niet alle orthodoxe deelnemers aan de oecumenische beweging geloven hier heilig in (hoewel protestanten en rooms-katholieken wel degelijk deze mening deelachtig zijn); maar middels hun deelname aan deze beweging, inclusief de onvermijdelijke gezamenlijke gebeden met hen die onjuiste overtuigingen aanhangen aangaande Christus en Zijn Kerk, zeggen zij tegen de ketters die hen aanschouwen: *'Wellicht is hetgeen u zegt juist,'* net zoals de vervloekte discipel van de heilige Piasios dat deed. *Meer dan dit is er voor een orthodoxe christen niet nodig om de gratie Gods te verliezen*; en wat zal het hem een inspanning kosten om het weer terug te krijgen!

In hoeverre, dan, moeten orthodoxe christenen door het leven gaan met angst voor God, bevend opdat zij niet Zijn gratie verliezen, die geenszins aan iedereen geschonken wordt, maar louter aan zij die het ware Geloof aanhangen, een leven van christelijke strijd leiden en de gratie Gods koesteren die hen richting de hemel leidt. En hoe behoedzamer moeten orthodoxe christenen vandaag de dag door het leven gaan, wanneer zij omringd worden door een vervalst christendom dat zijn eigen ervaringen geeft van 'gratie' en de 'Heilige Geest' en veelvuldig uit de Schrift en de geschriften van de kerkvaders kan citeren om dit te bewijzen! Het einde der tijden is zonder twijfel nabij, wanneer er sprake is van een zo overtuigende spirituele deceptie dat, *ware het mogelijk, ook de uitverkorenen zullen worden misleid* (Matt. 24:24).

De valse profeten van het moderne tijdperk, inclusief zij die officieel 'orthodox' zijn, kondigen steeds luider de naderende totstandkoming van het 'nieuwe tijdperk van de Heilige Geest' aan, het 'Nieuwe Pinksteren', het 'Omegapunt'. Dit is exact wat, in de authentieke orthodoxe profetie, de heerschappij van de antichrist genoemd wordt. En het is in onze tijd, vandaag, dat deze satanische profetie zich *met demonische kracht* begint te volbrengen. De gehele hedendaagse spirituele atmosfeer begint geladen te raken met de kracht van een demonische inwijdingservaring, terwijl het 'geheimenis van wetteloosheid' zijn een-na-laatste stadium bereikt en beslag begint te leggen op de zielen van de mensheid–ja, zelfs op de Kerk van Christus, ware het mogelijk.

Oprechte orthodoxe christenen moeten zich nu wel bewapenen tegen deze krachtige 'religieuze ervaring', *door zich volledig bewust te zijn van wat het orthodoxe christendom is en hoe haar einddoel verschilt van dat van alle andere religies, zij het 'christelijk' of niet-christelijk.*

Orthodoxe christenen! Houdt u vast aan de gratie die u deelachtig bent; laat het nooit een gewoonte worden; meet het nooit af aan de hand van slechts menselijke maatstaven en verwacht niet dat het logisch of begrijpelijk zal zijn voor hen die niets hogers begrijpen dan het menselijke, of die denken de gratie van de Heilige Geest te kunnen ontvangen op enigerlei andere wijze dan die ons door de ene ware Kerk van Christus is geschonken. Authentieke orthodoxie moet, per definitie, volledig misplaatst lijken in deze demonische tijd, een slinkende minderheid van de verafschuwden en 'dwazen', te midden van een religieuze 'opleving' welks inspiratiebron een geheel ander soort geest is. Maar laat ons troost vinden in de woorden van onze Heer Jezus Christus: *Wees niet bevreesd, kleine kudde, want het heeft uw Vader behaagd u het koninkrijk te geven* (Lukas 12:32).

Laat alle ware orthodoxe christenen zich klaarmaken voor de strijd die ons te wachten staat, nooit vergetende dat in Christus de overwinning aan ons is. Hij heeft ons beloofd dat de poorten van de hel Zijn Kerk niet zullen overweldigen (Matt. 16:18), en dat omwille van de uitverkorene, Hij de dagen van de laatste grote verdrukking zal inkorten (Matt. 24:22). Want waarachtig, *als God voor ons is, wie zal tegen ons zijn?* (Rom. 8:31). Zelfs te midden van de zwaarste verleidingen, worden wij opgedragen *heb goede moed, Ik heb de wereld overwonnen* (Joh. 16:33). Laat ons leven, zoals de ware christenen van alle tijden hebben geleefd, in afwachting van het einde en de komst van onze dierbare Verlosser; want *Hij Die van deze dingen getuigt, zegt: Ja, Ik kom spoedig. Amen Ja, kom, Heere Jezus!* (Openb. 22:20).

EPILOOG

JONESTOWN EN DE TACHTIGERJAREN

Dit boek is bewust een 'ingetogen' vertelling, daar het onze intentie was om een zo kalm en objectief mogelijke blik te werpen op de niet-christelijke religieuze houdingen die het pad vrijmaken voor de 'religie van de toekomst'; we hebben nauwelijks aandacht besteed aan sommige 'horrorverhalen' die wij zouden kunnen citeren uit de verschillende cultussen die in dit boek de revue passeren; waargebeurde verhalen over wat er gebeurt wanneer iemands betrokkenheid met de ongeziene demonische krachten wordt vervolledigt en deze persoon het bereidwillige instrument wordt van hun kwaadaardige intenties.

Maar toen, op de avond waarop de nieuwste editie van dit boek gepubliceerd zou worden, werd de hele wereld zich plotseling bewust van een van deze 'horrorverhalen': de massazelfmoord van Jim Jones en meer dan 900 van zijn volgelingen in de marxistisch-religieuze commune van 'Jonestown' in de jungle van Guyana te Zuid-Amerika.

Een markantere 'teken des tijds' zou je je niet kunnen voorstellen; Jonestown is een duidelijke waarschuwing–en profetie–van de toekomst van de mensheid.

De seculiere media wisten, begrijpelijkerwijs, niet goed wat ze van deze monsterlijke gebeurtenis moesten maken.

Sommige buitenlandse media zagen het als slechts een van de vele voorbeelden van Amerikaans geweld en extremisme; de Amerikaanse media portretteerden Jim Jones als een 'krankzinnige', en de gebeurtenis zelf als het gevolg van de kwaadaardige invloed van 'cultussen'; de eerlijkere, gevoeligere journalisten, echter, erkenden dat zij versteld stonden van de omvang en groteske aard van het fenomeen.

Maar weinig aanschouwers zagen Jonestown als een onbetwistbaar teken van onze tijd, als een openbaring van de toestand waar de hedendaagse mens zich in verkeert; toch zijn er genoeg tekenen die aantonen dat het dat inderdaad was.

Jim Jones had ontegenzeglijk een gevoel voor de hoofdstroom van de hedendaagse religieus-politieke wereld. Zijn religieuze achtergrond als een 'profeet' en 'genezer' die in staat was om een zekere rusteloze, 'zoekende' groep mensen (voornamelijk stedelijke zwarten van lagere stand) te fascineren en te domineren, leverde hem een gerespecteerde plaats op binnen het religieuze spectrum, wat in onze tolerantere tijd gemakkelijker werd geaccepteerd dan in het geval van zijn held uit de voorgaande generatie, 'Father Divine'. Zijn ontelbare 'goede daden' en onverwachts vrijgevige geschenken aan de armen, maakten van hem een vooraanstaande vertegenwoordiger van het 'liberale' christendom en trokken de aandacht van de liberaalpolitieke orde in Californië, waar zijn invloed met elk jaar toenam. Onder zijn persoonlijke bewonderaars rekende hij niemand minder dan de burgemeester van San Francisco, de gouverneur van Californië en de vrouw van de president van de Verenigde Staten. Zijn marxistisch politieke filosofie en commune in Guyana plaatsten hem in de respectabele politieke avant-garde; de luitenant-gouverneur van Californië kwam persoonlijk een kijkje nemen in Jonestown en was er positief van onder de indruk, net als andere buitenstaanders. Hoewel er, met name in de laatste twee jaren, zeker klachten werden geuit jegens de gewelddadige wijze waarop Jones zijn volgelingen onder de duim hield, lag zelfs dit aspect binnen de perken van het liberale Westen voor hedendaagse communistische overheden, waar met niet al te veel afkeur op wordt toegekeken wanneer zij honderden, duizenden of zelfs miljoenen dissidenten liquideren.

Jonestown was een door en door 'modern' en hedendaags experiment; maar wat is de betekenis van diens spectaculaire einde?

Het hedendaagse fenomeen dat wellicht het dichtst in de buurt komt van de geest van de Jonestown-tragedie is er een die er op het eerste gezicht mogelijk niet snel mee geassocieerd zal worden: de vlugge en brute liquidatie van de Cambodjaanse communistische overheid, in naam van de rooskleurige toekomst die de mensheid te wachten staat, van zo'n tweemiljoen onschuldige mensen–meer dan een kwart van de totale Cambodjaanse bevolking. Deze 'revolutionaire genocide', wellicht een van de meest opzettelijke en genadeloze in onze bloederige twintigste eeuw, vormt een exacte parallel aan de 'revolutionaire suïcide'[1] in Jonestown: in beide gevallen werd de pure horror van deze massasterfte gerechtvaardigd, omdat het de weg zou vrijmaken voor de perfecte toekomst die door het communisme wordt beloofd aan een 'gezuiverde' mensheid. Deze twee gebeurtenissen luiden een nieuwe fase in binnen de geschiedenis van de 'Goelag Archipel'–de keten van onmenselijke concentratiekampen die door het atheïsme werd opgericht

....

[1] Zoals Jones en de zeloten die hielpen bij de uitvoering ervan het zelf noemden; zie *Time* magazine, dec. 4, 1978, p. 20.

om de mensheid te transformeren en het christendom uit te roeien.

In Jonestown wordt de ongelooflijke nauwkeurigheid van Dostojevski's 19ᵉ-eeuwse diagnose van de revolutionaire geest nogmaals gestaafd: een sleutelfiguur in zijn roman *Boze geesten* is Kirillov, die gelooft dat suïcide de ultieme daad is om te bewijzen dat hij God is geworden. 'Normale' mensen begrijpen een dergelijke logica uiteraard niet; maar de geschiedenis wordt zelden geschreven door 'normale' mensen, en de twintigste eeuw is *par excellence* de eeuw geweest waarin een 'revolutionaire logica', in uitvoering gebracht door mannen die door en door zijn 'gemoderniseerd' en bewust de normen en waarden van het verleden (en de waarheid van het christendom in het bijzonder) hebben afgezworen, triomfeerde. Voor hen die geloven in deze 'logica', zijn de zelfmoorden van Jonestown een geweldige revolutionaire daad waarmee 'bewezen' wordt dat God niet bestaat, en zij wijzen daarmee naar de nabijheid van een totalitaire wereldoverheid, waarvan Jones de 'profeet' wenste te zijn. Het enige spijtgevoel dat dergelijke mensen voor deze daad wisten op te brengen, werd geuit door een van de inwoners van Jonestown, wiens allerlaatste bericht gevonden werd op het lichaam van Jones: 'Vader, ik zie geen uitweg meer–ik ben het eens met uw besluit–enkel vrees ik dat wij, zonder u, ons doel van een wereldwijd communisme niet zullen bereiken.'[2] Het volledige vermogen van de Jonestown-commune (zo'n zevenmiljoen dollar) werd nagelaten aan de Communistische Partij van de Sovjet-Unie (*The New York Times*, dec. 18, 1978, p. 1).

---

[2] Marshall Kilduff en Ron Javers, *The Suicide Cult*, Bantam Books, 1978, p. xiv.

Jonestown was geen geïsoleerde daad van een 'krankzinnige'; het is iets dat na aan het hart ligt van ieder die leeft in deze tijden. Een journalist voelde dit aan toen hij over Jones (met wie hij in San Francisco enig persoonlijk contact had gehad) schreef: 'Zijn bijna religieuze en absoluut mystieke kracht, welks kwaadaardigheid goed verborgen lag, moet op de een of andere manier worden geïnterpreteerd als een sleutel tot het mysterie van de jaren '70' (Herb Caen, in *The Suicide Cult*, p. 192).

Voor de bron van deze 'mystieke kracht' hoeven wij niet ver te zoeken. De religie van de *Peoples Temple* was allesbehalve christelijk (ondanks dat diens oprichter, Jim Jones, een gewijde priester was binnen de 'Discipelen van Christus'-kerk); het had daarentegen veel meer te danken aan Jones' spiritualistische ervaring van de jaren '50, de tijd waarin hij zijn wereldbeeld schepte. Hij beweerde niet enkel de 'reïncarnatie' van Jezus, Boeddha en Lenin te zijn, maar zei ook openlijk dat hij een 'orakel of medium voor onstoffelijke entiteiten uit een ander sterrenstelsel' was.[3] In andere woorden, hij gaf zichzelf over aan de macht van kwaadaardige geesten, die ongetwijfeld als inspiratiebron dienden voor zijn laatste daad van 'logische' krankzinnigheid. Los van de inspiratie en activiteit van demonen kan Jonestown niet worden begrepen; wat, inderdaad, exact de reden is waarom seculiere journalisten het niet kunnen doorgronden.

Het is maar al te waarschijnlijk dat Jonestown slechts het begin is van een reeks van veel ernstigere gebeurtenissen die ons in de jaren '80 te wachten staan–gebeurtenissen die louter door zij met het diepste en helderste christelijke geloof in

---

[3] Neil Duddy en Mark Albrecht, "Questioning Jonestown", in het tijdschrift *Radix*, Berkeley, Calif., jan-feb. 1979, p. 15.

beschouwing genomen durven te worden. Het is niet slechts zo dat de politiek 'religieus' begint te worden (daar de aangerichte bloedbaden in Cambodja daden van 'religieuze'–dat wil zeggen, demonische–passie waren), of dat religie 'politiek' van aard begint te worden (zoals in het geval van Jonestown); dergelijke dingen zijn al eens eerder voorgevallen. Maar het zou goed kunnen dat wij momenteel beginnen te zien, in concrete historische daden, hoe religie en de politiek met elkaar versmelten, zoals dat noodzakelijk lijkt te zijn voor de zeloten van de antichrist, de religieus-politieke leider van de laatste mensheid. Deze geest, laat er geen twijfel over bestaan, is tot op zekere hoogte reeds aanwezig geweest binnen de eerdere totalitaire regimes van de twintigste eeuw; maar de intensiteit van de passie en toewijding die nodig is voor een *massasuïcide* (in tegenstelling tot een massamoord, welke in onze eeuw al vele malen is gepleegd), maakt Jonestown tot een mijlpaal op de weg naar het naderende sluitstuk van de moderne tijd.

Satan, zo lijkt het, treedt nu open en bloot de menselijke geschiedenis binnen. De komende jaren beloven verschrikkelijker te worden dan wat wij ons nu kunnen voorstellen. Deze enkele uitbarsting van satanische energie bracht bijna duizend mensen tot een revolutionaire suïcide; wat te denken van de vele andere enclaves van satanische energie die zich nog moeten manifesteren, en waarvan sommige vele malen krachtiger zullen zijn dan deze kleine beweging dat was?

Een realistisch beeld van de religieuze toestand van de hedendaagse wereld is voldoende om elke serieuze orthodoxe christen angst in te boezemen voor zijn eigen verlossing. De verleidingen en beproevingen die ons te wachten staan zijn immens: *Want dan zal er een grote verdrukking zijn, zoals er niet geweest is vanaf het begin van de wereld, tot nu toe, en zoals er ook nooit meer zal zijn* (Matt. 24:21). Sommige van deze beproevingen zullen afkomstig zijn uit het kamp van de fijne misleidingen, van de 'tekenen en wonderen van de leugen' die wij reeds beginnen te aanschouwen; anderen zullen afkomstig zijn uit het vurige en naakte kwaad dat reeds zichtbaar is in Jonestown, Cambodja en de Goelag Archipel. Zij die in deze beangstigende tijd echte christenen wensen te zijn, kunnen maar beter beginnen hun geloof serieus te nemen, te leren wat het ware christendom is, te leren te bidden tot God in geest en in waarheid, en te leren *Wie Christus werkelijk is*, Hij waarin wij alleen onze verlossing zullen vinden.

EPILOOG VOOR DE VIJFDE ENGELSTALIGE UITGAVE

VERDERE ONTWIKKELINGEN RONDOM DE TOTSTANDKOMING VAN DE RELIGIE VAN DE TOEKOMST

Door Hiëromonnik Damascene

1. De newagebeweging

Een van de lezers van *Orthodoxie en de religie van de toekomst* maakte de volgende treffende observatie: 'Een aantal jaren gelden, toen ik dit boek voor het eerst las, leek het nogal "vergezocht". Ik dacht: dit zijn slechts marginale bewegingen die v. Serafim hier beschrijft–het is onmogelijk dat iets als dit de wereld zal overnemen. Inmiddels, echter, ben ik het anders gaan zien. Alles wat v. Serafim beschreef is waar.'

Iedereen die vandaag de dag een bedachtzame blik op de wereld werpt, kan zien dat de totstandkoming van een 'nieuwe spiritualiteit' zich precies zo heeft ontwikkeld als v. Serafim dat omschreef. Toen *Orthodoxie en de religie van de toekomst* voor het eerst werd gepubliceerd in 1975, begon het neoheidendom in de westerse samenleving pas net vorm te krijgen. Inmiddels heeft het een vastere vorm aangenomen, die het duidelijkst zichtbaar is in wat bekend is komen te staan als de 'newage'-spiritualiteit. In 1975 was de term 'newage', hoewel deze wel al gebruikt werd binnen vrijmetselaars-, esoterische en tegencultuurgroeperingen, nog niet gebruikelijk binnen de volksmond. Vandaag de dag, echter, is het een algemeen begrip voor een wereldwijde beweging die goed is voor meerdere miljarden dollars per jaar.

In tegenstelling tot de meeste formele religies, kent de newagebeweging geen centrale organisatie, lidmaatschap, geografisch centrum, dogma of credo. In plaats daarvan is het een los netwerk van mensen die soortgelijke ideeën en praktijken met elkaar delen, en die zich aansluiten bij het wereldbeeld van het 'nieuwe religieuze bewustzijn'.[1]

Omdat de newagebeweging geen enkele geloofsleer heeft, is het lastig om er een algemene definitie aan te hangen. *Newagers* kunnen in feite elke en alle neoheidense overtuigingen aanhangen, van pantheïsme, panentheïsme, monisme, reïncarnatie en karma tot een geloof in de wereldziel en moederaarde (Gaia) als een godin of levende entiteit. Verscheidene psychotechnologieën (waaronder begeleide visualisatie, mogelijkheidsdenken, hypnose, 'droomwerk', regressietherapie, yoga, tantra en hallucinogene drugs), waarzeggerij (tarot, astrologie) en spiritistische praktijken (tegenwoordig voornamelijk 'channelen' genoemd) worden toegepast om de beoefenaars naar nieuwe, hogere bewustzijnsniveaus te geleiden, om nieuwe vermogens te ontwikkelen binnen de 'geest-lichaam-ziel'-verbinding, om 'genezing van binnenuit' te bewerkstelligen of om paranormale krachten te verkrijgen.

---

[1] B.A. Robinson, 'New Age Spirituality', Ontario Consultants on Religious Tolerance, Ontario, Canada, 1995.

Daar het in de kern chiliastisch is, wordt de newagebeweging veelal geassocieerd aan wat de populaire schrijver Joseph Campbell een 'nieuwe planetaire mythologie' noemde: een mythologie die beweert dat de mens niet gevallen is, maar te perfectioneren is middels een proces van 'evolutie', en dat hij middels sprongen in zijn bewustzijn uiteindelijk zelf God kan worden om zo het paradijs op aarde te realiseren.

Volgens het newagegedachtegoed, daar alles en iedereen God is, bestaat er maar één realiteit en zijn alle religies slechts verschillende wegen die naar diezelfde realiteit leiden. Er is niet één juiste weg, daar alle wegen naar het goddelijke leiden. Newagers voorzien een nieuwe universele religie bestaande uit elementen van alle huidige religies en welke uiteindelijk wereldwijd geaccepteerd zal worden.

2. *De wederopleving van het heidendom*

Naarmate de 'religie van de toekomst' meer vorm krijgt, zien we in onze westerse, postchristelijke samenleving een toenemende opleving van het neoheidendom in alle mogelijke vormen. De oosterse religies waar v. Serafim over schreef–met name het hindoeïsme en boeddhisme–blijven aan volgelingen winnen, blijven steun ontvangen van bekende personen en blijven gepromoot worden door praatprogramma's op televisie, nieuwstijdschriften en andere mediakanalen.

Yoga, ayurvedische geneesmiddelen en andere soortgelijke hindoeïstische praktijken zijn vandaag de dag opgenomen in de hoofdstroom van de maatschappij. Newagezelfhelpgoeroes zoals Deepak Chopra (voormalig woordvoerder van de transcendente meditatiebeweging) promoten deze praktijken puur en alleen als middelen om gezondheid van 'lichaam en geest' te bereiken. Echter, zoals v. Serafim al opmerkte[2] en zoals elke echte hindoe weet, kunnen deze praktijken niet worden losgekoppeld van hun religieuze context, daar zij bewust zijn ontwikkeld om de beoefenaar open te stellen voor de hindoeïstische religieuze houdingen en ervaringen. Dit feit openbaart zich nu binnen de westerse yogagemeenschap die, hoewel het voornamelijk is ontstaan uit een wens naar gezondheid van 'lichaam en geest', nu ook geleidelijk het aanbidden van hindoeïstische goden en het bestuderen van de hindoeïstische Veda's en de Vedische astrologie begint toe te voegen aan diens lessen.

Ook het Tibetaans boeddhisme heeft aanzienlijk aan populariteit gewonnen onder de westerse bevolking; het is nu vele malen zichtbaarder dan zenboeddhisme, wat hier in het Westen in de tijd van v. Serafim de grootste vorm van het boeddhisme was. Daar het het boeddhisme combineert met een vorm van sjamanisme dat inheems is aan Tibet (de bön), bevat Tibetaans boeddhisme meer openlijk occulte elementen dan het zenboeddhisme, waaronder tijdelijke bezetenheid door Tibetaanse godheden.

Terwijl de oosterse religies blijven groeien in het Westen, zien we een even zo grote, zo niet grotere, interesse in *westerse* vormen van het heidendom. Hekserij, druïdische magie, gnosticisme en het sjamanisme van de indianen genieten een enorme populariteit onder de westerse bevolking, die dergelijke praktijken dichter bij hun eigen oorsprong vinden liggen dan die van de oosterse religies. Kabbala, het joodse occulte systeem dat na de tijd van Christus werd ontwikkeld, heeft ook een wijdverspreide interesse ontvangen en mag

---

[2] Zie p. 82 hierboven.

vele bekendheden uit de film- en rockmuziekindustrie als zijn aanhangers rekenen.[3]

Hoewel velen slechts experimenteren met de verschillende heidense gebruiken die direct voorhanden zijn in de hedendaagse spirituele supermarkt, neemt een toenemend aantal zijn beoefening ervan ook uiterst serieus en neemt daarmee actief deel aan de heidense 'inwijdingservaring' die volgens v. Serafim kenmerkend zou zijn voor de religie van de toekomst.

3. *De opmars van hekserij*

Binnen de jeugdcultuur van Amerika en Engeland is hekserij een ontzettend populair thema geworden. Het fenomenale succes van de Harry Potter-boeken–met wereldwijd meer dan 250 miljoen verkochte exemplaren sinds 1997 en meer dan de helft van alle kinderen in de V.S. die ten minste één van de boeken gelezen hebben–heeft als een katalysator gediend voor deze trend. Onder de mantel van onschuldige fantasie, worden jongeren via deze boeken geïntroduceerd aan echte occulte praktijken en bestaande figuren binnen de geschiedenis van de hekserij. Doorheen de zeven beoogde boeken binnen de reeks volgen we het personage van Harry Potter gedurende zijn zeven jaar durende training in de hekserij, welks curriculum sterk overeenkomt met het zevenjarige programma van de Ordo Anno Mundi, een occulte groepering gevestigd in Londen. Hoewel schrijfster J.K. Rowling enige persoonlijke betrokkenheid met de occult ontkent, geeft zij toe wel grondig onderzoek te hebben gedaan naar

....

[3] Alison Lentini, 'Lost in the Supermarket: Pop Music and Spiritual Commerce', *Spiritual Counterfeits Project Newsletter*, 22:4-23:1, 1999, p. 25.

hekserij om haar boeken realistischer te maken, en zij erkent dat meer dan een derde van haar boeken gebaseerd is op echte occulte praktijken.[4] Bewust of onbewust, haar boeken–samen met de films en franchise die ervan zijn afgeleid–vormen een portaal tot het occulte voor zij die deze volgende stap willen maken.[5]

Het Harry Potter-fenomeen vertegenwoordigt slechts een van de vele middelen waarmee hekserij wordt gepopulariseerd binnen de jeugdcultuur. Films (bv. *The Craft, Practical Magick*) en televisieprogramma's (bv. *Buffy the Vampire Slayer, Sabrina the Teenage Witch, Charmed*) richten zich op kinderen en proberen hun doelgroep te verlokken met hoe machtig en 'hip' je kunt worden middels occulte praktijken, en een breed scala aan boeken (bv. *Het heksenhandboek, Handboek voor de moderne heks, Hoe word je een heks?*) en websites bieden gedetailleerde instructies en begeleiding in hoe iemand een heks kan worden.[6]

De jeugd slikt het voor zoete koek. Sinds het verschijnen van *The Craft* in 1996, is het aantal jongeren dat contact opneemt met neoheidense groeperingen en websites, zoals *Covenant of the Goddess* (cog.com) en *Witch's Voice* (witchvox.com), drastisch toegenomen. De website van Witch's Voice, in haar eigen woorden 'de drukstbezochte religieuze website

....

[4] Radio-interview met J.K. Rowling tijdens *The Diane Rheim Show*, WAMU, National Public Radio, 20 oktober, 1999. Geciteerd in Richard Abanes, *Harry Potter and the Bible*, Horizon Books, Camp Hill, Penn., 2001, p. 205.

[5] Monnik Innocent, "Potter's Field: Harry Potter and the Popularization of Witchcraft", *The Orthodox Word*, n. 220, 2001, pp. 241-55.

[6] Linda Harvey, "How Sorcery Chic Permeates Girl-Culture", *Spiritual Counterfeits Project Newsletter*, 27:2, 2002-2003, pp. 1-15.

ter wereld', is sinds diens oprichting in 1996 al meer dan 100 miljoen keer bezocht; volgens een enquête uit 1999 was 60 procent van de respondenten jonger dan 30 jaar en 62 procent vrouwelijk. Ter erkenning van deze trend heeft het jeugdtijdschrift *Spin* hekserij uitgeroepen tot de nummer één interesse onder Amerikaanse tienermeisjes.[7]

Ditzelfde fenomeen vindt ook in Engeland plaats. In 2001 stelde de Heidense Federatie van Engeland zijn eerste jeugdofficier aan om het toenemende aantal vragen van jongeren aan te kunnen. De mediaofficier van de Federatie, Andy Norfolk, schreef de toenemende interesse in hekserij toe aan de Harry Potter-boeken en andere boeken, artikelen en televisieprogramma's die hekserij er aantrekkelijk laten uitzien. Ook zei hij dat, telkens nadat er een nieuw artikel over hekserij of het heidendom verschijnt, 'wij een vloedgolf aan telefoontjes ontvangen, met name van jonge meisjes'.[8] Een enquête die in het jaar 2000 onder leerlingen van de middelbare school in Engeland werd gehouden, toonde aan dat meer dan de helft 'geïnteresseerd' was in de occult en dat meer dan een kwart 'erg geïnteresseerd' was.[9]

De populairste vorm van hekserij in Amerika is wicca. Diens oprichter, de Britse occultist Gerald Gardner (1884-1964), was een persoonlijke vriend van de beruchte satanist Aleister Crowley, een lid van Crowley's *Ordo Templi Orientis* en een lid van de *Fellowship of Crotona*, een aan de vrijmetselarij verwante organisatie. In de Fellowship

....

[7] Brooks Alexander, *Witchcraft Goes Mainstream* (Eugene, Oregon: Harvest House, 2004), pp. 48-49, 68.
[8] "Potter Fans Turning to Witchcraft", *This is London*, Associated Newspapers, Ltd., 4 augustus, 2000.
[9] "Occult Sites 'Lure' Teenagers", *BBC News*, 22 april, 2000.

of Crotona werd Gardner naar verluidt ingewijd in een heksenkring die beweerde af te stammen van een traditie die al honderden jaren oud was, en die de 'godin' en de 'gehoornde god' aanbad. In 1951 werd het verbod tegen hekserij opgeheven in Engeland en niet lang daarna begon Gardner publiekelijk de hekserij te promoten onder de oude Britse naam 'wicca'. De Gardneriaanse vorm van wicca combineert de praktijk en ideeën van zijn heksenkring met die van de Ordo Templi Orientis, oosterse filosofie en de vrijmetselarij. Daar het is beïnvloed door verschillende spirituele en culturele trends, is wicca vandaag de dag uitgegroeid tot een amalgaam van middeleeuwse hekserij, feminisme, godinverering, pantheïsme, 'diepe ecologie' en de verering van de aarde.

In percentages is wicca de snelst groeiende religie in de Verenigde Staten en Canada. Het aantal aanhangers ging van 8.000 in 1990 tot 134.000 in 2001. En gezien het feit dat nieuwe aanhangers uit zowel de ouderen als de jongeren worden gewonnen, wordt geschat dat het totale aantal *wiccans* in de V.S. en Canada elke dertig maanden verdubbelt.[10] Volgens peilingen van de *Covenant of the Goddess* nadert het totale aantal zelfverklaarde heidenen in de Verenigde Staten, waaronder wiccans, de anderhalf miljoen.[11]

Tragisch genoeg valt de fenomenale stijging van het aantal heksen samen met een *daling* van het aantal christenen in Amerika. Een peiling uit 2001 ondervond dat, gedurende de voorgaande elf jaar, het aantal christenen in de V.S. afnam met tweemiljoen per jaar.[12]

---

[10] American Religious Identification Survey, feb.-april 2001.
[11] Brooks Alexander, *Witchcraft Goes Mainstream*, p. 47.
[12] American Religious Identification Survey, feb.-april 2001.

Wicca is slechts een van de verscheidene uitingen van newagespiritualiteit. Zoals wicca-auteur Carol LeMasters het verwoordt: 'De impact die newagespiritualiteit heeft gehad op de godingemeenschap is niet te bevatten. De twee bewegingen, die ongeveer rond dezelfde tijd hun opmars maakten, zijn nu zo met elkaar verweven dat ze nauwelijks nog van elkaar te onderscheiden zijn.'

4. *De zuurdesem van newagespiritualiteit*

Newage-/neoheidense bijeenkomsten worden over de hele wereld met grote regelmaat georganiseerd. Het meest prominente voorbeeld hiervan in Amerika zijn de regenboogbijeenkomsten die op verschillende plekken in het land gehouden worden, en de *Burning Man*-festivals in de Black Rock Desert van Nevada. Deze laatste, die naast onschuldige feestgangers en andere nieuwsgierigen ook wordt bezocht door newagers, wiccans, godinvereerders, aardevereerders en openlijke satanisten, wordt met het jaar groter; in 2004 telde het maar liefst 34.000 bezoekers. Het festival wordt elk jaar afgesloten met een offerritueel waarin een twaalfmeter hoge houten man in brand wordt gestoken, vergelijkbaar met het eeuwenoude druïdische offerritueel van Samhain.

Hoewel dergelijke bijeenkomsten een belangrijke indicator zijn van de toenemende normalisering van het heidendom in onze maatschappij, is het veelzeggender dat newage-*ideeën en -praktijken* meer en meer door beginnen te dringen tot het menselijk denken, doen en laten, en daarmee vorm geven aan de levens van miljoenen mensen die zichzelf wellicht helemaal niet bewust identificeren als neoheidenen of newagers.

Derhalve is 'newage' meer een culturele trend geworden dan slechts een beweging waar men zich bewust bij moet aansluiten, een zuurdesem die zich als een parasiet overal in wurmt: de psychologie, sociologie, geschiedenis, kunst, godsdienst, gezondheidszorg, het onderwijs en de overheid. Psychiatrische instellingen door heel het land hebben newageprogramma's ingevoerd: oosterse meditatie, transpersoonlijke psychologie, biofeedback en muziekmeditatie; vele bejaardentehuizen zijn begonnen met yogagroepslessen om een goede gezondheid van 'lichaam en geest' te stimuleren; een groot aantal van de grote ondernemingen verzorgt newageseminars voor het personeel, waar visualisatie, hypnose, 'paranormale genezing', 'droomwerk', contactleggen met 'spirituele gidsen' en andere praktijken die het 'bewustzijn verhogen' worden onderwezen; zelfs in openbare scholen is mediamiek, onder de noemer 'channelen', onderwezen als middel tot 'innerlijke genezing'. Een belangengroep van bezorgde ouders in Connecticut omschrijft wat er allemaal plaatsvindt in het klaslokaal: 'Onder het mom van het ontdekken van hun "levensdoel", worden kinderen onder begeleiding in een trancestaat gebracht, zodat zij kunnen communiceren met hun "beschermgeesten". Het gebruik van yogaoefeningen en hersenspoelingtechnieken zijn andere voorbeelden van de opzet van dit programma.'[13]

Christelijke kerken volgen, helaas, dezelfde gevaarlijke trends in de sporen van de globale mars richting de apostasie. In het midden van de jaren '70 schreef v. Serafim: 'De verregaande onwetendheid van de echte christelijke spirituele ervaring in onze tijd produceert een valse christelijke

---

[13] Connecticut Citizens for Constitutional Education, 22 januari, 1980.

"spiritualiteit" welks aard sterk overeenkomt met het "nieuwe religieuze bewustzijn".' Jaren voordat het 'channelen' van paranormale entiteiten een newage-rage werd, citeerde v. Serafim al volgelingen van de 'charismatische beweging' die spraken over hoe zij de 'Heilige Geest' 'channelden'. Maar zelfs wanneer wij de kwestie van de 'charismatische opleving' achterwege laten, is zijn prognose ook op andere vlakken uitgekomen. Zoals newager Marilyn Ferguson schrijft in haar boek *The Aqauarian Conspiracy*: 'Een toenemend aantal kerken en synagogen is begonnen haar context te verbreden om plaats te maken voor commissies voor persoonlijke groei, holistische gezondheidscentrums, genezingsdiensten, meditatieworkshops, bewustzijnsbeïnvloeding middels muziek en zelfs biofeedbacktraining.'[14]

In Detroit, bijvoorbeeld, hebben een rooms-katholieke priester en non cursussen gegeven in de 'Silva Methode', een methode voor spirituele groei ontwikkeld door autodidacte parapsycholoog José Silva. En in New York City heeft de episcopaalse Cathedral of St. John lezingen georganiseerd van David Spangler–een vooraanstaand lid van de Findhorn Foundation die beweerde dat een 'Luciferiaanse inwijding' vereist zal zijn om toegang te krijgen tot het nieuwe tijdperk. In Oakland, Californië, pleit de 'University of Creation Spirituality', onder leiding van de episcopaalse priester Matthew Fox, voor een geherdefinieerd 'christendom' dat de traditionele christelijke theologie en het ascetische christelijke wereldbeeld afwijst, en de wicca-spiritualiteit omarmt. Hier worden maandelijks 'feestdiensten' gehouden (ook wel 'techno-kosmische kerkdiensten' genoemd), zoals deze oor-

....

[14] Marilyn Ferguson, *The Aquarian Conspiracy*, J. P. Tarchers, Inc., Los Angeles, 1980, p. 369.

spronkelijk werden geïntroduceerd in de episcopaalse Genadekathedraal in San Francisco. Deze multimedia-'kerkdiensten', door een toeschouwer omschreven als 'een syncretisch brouwsel van heidendom, hekserij, natuurverering, theater, kunst en dans', worden bijgewoond door meer dan duizend bezoekers.[15]

Terzelfdertijd is er een inspanning binnen het hedendaagse rooms-katholicisme om de theorieën van Carl Jung, een van de grondleggers van de newagebeweging, te integreren. Jung, die deelnam aan séances en heeft toegegeven over 'spirituele gidsen' te beschikken, onderwees dat het buitensluiten van de 'duistere zijde' een fatale fout is in het christendom, en dat er derhalve een vierde *hypostase* aan de Heilige Drie-eenheid dient te worden toegevoegd–Lucifer! Zijn theorieën worden geprezen tijdens rooms-katholieke seminaries en workshops, en zijn psychotherapie wordt zelfs gepraktiseerd binnen sommige rooms-katholieke kerken en door monniken en nonnen in sommige kloosters.[16] Episcopaalse en protestantse (met name methodistische) kerken hebben zich ook aangesloten bij deze beweging; een aantal protestantse dominees doen tegelijkertijd werk als Jungiaanse analisten.[17]

---

[15] Catherine Sanders, 'Matthew Fox's Techno-cosmic Masses', *Spiritual Counterfeits Project Newsletter*, vol. 26:3, lente 2002, p. 4.

[16] Deborah Corbett, 'The Trouble with Truth: A Review of *The Illness That We Are: A Jungian Critique of Christianity* door John P. Dourley', *Epiphany Journal*, lente 1986, pp. 82-90; 'Jungian Psychology as Catholic Theology', *St. Catherine Review*, mei-juni 1997; en Mitch Pacwa, S.J., *Catholics and the New Age*, Servant Publications, Ann Arbor, Mich., 1992.

[17] Deborah Corbett, 'The Jungian Challenge to Modern Christianity', *Epiphany Journal*, zomer 1988, pp. 33-40.

In veel van de kerken binnen de hoofdstroom van het christendom is er sprake van een sterke en vastberaden inspanning om het christelijke geloof te 'hervormen' in lijn met de radicale feministische theologie, de neoheidense godinverering en het newagewereldbeeld. In 1993 werd de eerste 'hervormingsconferentie' gehouden in Minneapolis, Minnesota, in het kader van het 'Oecumenische Decennium van Kerken in Solidariteit met Vrouwen' van de Wereldraad van Kerken. De conferentie werd bijgewoond door meer dan tweeduizend deelnemers afkomstig uit zevenentwintig landen en vijftien denominaties, met name de presbyterianen, methodisten, lutheranen, rooms-katholieken, Amerikaanse baptisten en leden van de Verenigde Kerk van Christus. Een derde van de aanwezigen bestond uit geestelijken. Terwijl zij spraken over de noodzaak van de vernietiging van 'de patriarchale idolatrie van het christendom', werden de christelijke dogma's van de Heilige Drie-eenheid, de val van de mens, de unieke incarnatie van God in Jezus Christus en de verlossing van de mens door Christus Zijn dood aan het kruis door de verschillende sprekers verworpen en bij tijden zelfs geridiculiseerd. In plaats van deze geloofsartikelen, propageerde de conferentie pantheïsme, sjamanisme en homorechten. De aanwezigen namen deel aan een 'liturgie' waarin melk en honing werden gebruikt in plaats van brood en wijn, en de godin 'Sofia' werd aanbeden in plaats van Jezus Christus. Ook werd het volgende gebed herhaald: 'Onze Maker Sofia, wij zijn vrouwen in uw beeltenis... met onze warme lichaamssappen herinneren wij de wereld aan diens genot en sensaties.'[18] Tijdens een latere hervormingsconferentie in 1998 beten de Sofia-aan-

---

[18] Craig Branch, 'Re-imagining God', *Watchman Expositor*, 11:5, 1994, pp. 4-6, 19.

biddende aanwezigen ook gezamenlijk in een rode appel om hun solidariteit met Eva te betuigen, die zij beschouwen als een heldin omdat zij van het verboden fruit heeft gegeten.

Hoewel conservatieve christenen zich hebben uitgesproken tegen de conferenties, blijft de hervormingsgemeenschap invloedrijk binnen de grootste kerken, en organiseert zij interkerkelijke vergaderingen om uitbreidingsstrategieën te bespreken. Het aanbidden van de godin Sofia gaat ononderbroken door binnen deze kerken. Zo recent als juni 2004, tijdens de Algemene Presbyteriaanse Bijeenkomst in Richmond, Virginia, werd er een 'Stemmen van Sofia'-bijeenkomst gehouden waarin Sofia werd aangeroepen als godin.[19]

Veelzeggender nog is hoe de feministische theologie vandaag de dag de meest prominente trend is geworden op kloostercampussen, en een drijvende kracht is binnen de oecumenische beweging.[20] De organisator van de hervormingsconferentie in 1993, Mary Ann Lundy, is nu de assistent-directrice van de Wereldraad van Kerken. Tijdens de hervormingsconferentie van 1998 gaf zij inzicht in de agenda van zowel de feministische theologie als het hedendaagse oecumene: 'Wij hebben geleerd dat om oecumenisch te worden, wij de grenzen van het christendom moeten overschrijden. Ziet u, de ketterij van gisteren wordt het toekomstige *Bijbelboek*.'[21] Zoals wij reeds hebben gezien, komt dit overeen met de agenda van de newagebeweging.

....

[19] Parker T. Williamson, 'Staying Alive: Re-imaginers Gather', *The Presbyterian Layman*, juli 2004, p. 9.

[20] Diane L. Knippers, 'Ye Goddesses!', *Foundations*, 28 mei, 1998.

[21] Parker T. Williamson, 'Sophia Upstages Jesus at Re-imagining Revival', *The Presbyterian Laymen*, 31:3, mei-juni 1998.

5. *De Toronto-zegen*

Sinds v. Serafim voor het eerst schreef over de 'charismatische beweging' waar de christelijke kerken door geteisterd werden, is de beweging met een fenomenaal tempo gegroeid. Wereldwijd is de pinksterbeweging het snelst groeiende segment van het christendom: het neemt toe met maar liefst dertienmiljoen leden per jaar–voornamelijk in Azië, Afrika en Zuid-Amerika–en telt inmiddels bijna een half miljard volgelingen.[22]

V. Serafims inzichten in de charismatische ervaringen zijn het duidelijkst zichtbaar in de 'heilig lachen-beweging' die in de jaren '90 vrij plotseling ontstond. Over 'lachen in de Heilige Geest' schreef v. Serafim: 'Hier laat de "charismatische opleving" wellicht duidelijker dan waar dan ook zien dat het verre van christelijk is.' Dit is exact het charismatische fenomeen dat in het afgelopen decennia het sterkst gegroeid is.

De opkomst van de huidige lachbeweging kan worden herleid naar een andere beweging die voortkwam uit de pinksterbeweging: het zogenaamde Woord van Geloof uit de jaren '80. Ook wel bekend als het 'gezondheid, rijkdom en voorspoed-evangelie', daar het leert dat Christus de gelovigen heeft verlost van de vloek van armoede en ziekte, bevat het Woord van Geloof een aantal vreemde basisprincipes die overeenkomen met de newagebeweging, zoals het geloof in de kracht van creatieve visualisatie (je inbeelden wat je zou willen hebben en dit je vervolgens 'toe-eigenen'), het geloof dat ieder persoon net zo'n incarnatie van God kan worden als Jezus Christus dat was, en

....

[22] 'The Rise of Pentecostalism', *Christian History*, n. 58, 1998, p. 3.

de ontkenning dat Christus de mens heeft verlost met Zijn kruisdood.[23]

Via de ambten van leiders zoals Kenneth Copeland, Benny Hinn, Rodney Howard-Browne, Kenneth Hagin, Morris Cerullo, Paul Yonggi Cho en Marilyn Hickey, heeft het Woord van Geloof zijn ketterijen en bijbehorende charismatische fenomenen over de hele wereld verspreid. Sinds de lente van 1993, heeft de beweging een diepgaande invloed gehad op niet alleen pinksterkerken, maar ook op die van de overige grote stromingen. Dat was tevens het moment waarop de leider van het Woord van Geloof, Rodney Howard-Browne, wereldwijd de aandacht wist te trekken voor zijn op tv uitgezonden 'lachopleving' in een *Assemblies of God*-kerk in Lakeland, Florida. Duizenden reisden van over de hele wereld af naar Lakeland om deel te nemen. Howard-Browne liep door het publiek, legde zijn handen op de deelnemers en brulde dingen als 'Vul! Vul! Vul!', waarna velen ter gronde stortten en uitbarstten in onbedwingbaar gelach, gekakel en geloei. Anderen kronkelden al schreeuwend over de vloer, gedroegen zich alsof zij dronken waren, zaten vast aan de grond met wat Howard-Browne de 'lijm van de Heilige Geest' noemde of werden 'gedood in de Geest', oftewel, vielen achterover met hun hoofd op de grond en verloren daarbij vaak het bewustzijn.[24] Elk van deze manifestaties duurde vaak meerdere uren

....

[23] Dr. Nick Needham, 'The Toronto Blessing', *The Shepherd*, 16:3, December 1995.

[24] *The Dictionary of Pentecostal and Charismatic Movements* merkt op dat Kathryn Kuhlman (1906-1976) verantwoordelijk was voor het introduceren van het hedendaagse fenomeen van 'gedood worden in de Geest'. Hoewel vroegere manifestaties van dit fenomeen veelal enkele minuten duurden, verloren mensen na de aanraking van Rodney Howard-Browne vaak voor meerdere uren het bewustzijn.

en soms zelfs (zoals in het geval van onbedwingbaar gelach) meerdere dagen.

Door zichzelf te bestempelen als 'barman van de Heilige Geest' die 'te allen tijde dronken' is, liet Howard-Browne zijn minachting blijken voor enige pogingen om *de geesten te beproeven of zij uit God zijn* (1 Joh. 4:1). 'Ik maak liever deel uit van een kerk waar de duivel en het vlees zich manifesteren,' zo zei hij, 'dan in een kerk waar niets gebeurt omdat men te bang is om iets te laten manifesteren.... En als een duivel zich manifesteert, maakt u zich daar dan geen zorgen om, maar verheugt u zich, want er gebeurt tenminste iets!'[25]

In augustus 1993, woonde Randy Clarke, pastoor van de 'Vineyard'-charismatische kerk in St. Louis, Missouri, een Woord van Geloof-bijeenkomst bij onder leiding van Howard-Browne in Tulsa, Oklahoma. Vier maanden later bracht Clarke de 'lachopleving' naar de Airport Vineyard Church van Toronto, Ontario. Wat begon als een vierdaagse reeks van bijeenkomsten, groeide uit tot maanden van nachtelijke diensten die soms wel tot 3 uur 's ochtends duurden. Op dit punt nam de lachbeweging een enorme vlucht en werd er wereldwijd grootschalige media-aandacht aan besteed. Het kreeg de bijnaam 'de Toronto-zegen' en de 'heilig lachen'-bijeenkomsten werden aangeprezen als de nummer één toeristentrekpleister van 1994. Honderdduizenden christenen van over de hele wereld reisden af naar de kerk in Toronto–niet enkel leden uit de pinksterbeweging zelf, maar ook mennonieten, Nazareners, methodisten, anglicanen, baptisten, rooms-katholieken, etc.[26]

---

[25] Rodney Howard-Browne, *The Coming Revival*, R.H.B.E.A. Publications, Louisville, Kentucky, 1991, p. 6.

[26] Paul Carden, '"Toronto Blessing" Stirs Worldwide Controversy,

In Toronto namen de manifestaties van de uit het Woord van Geloof ontstane 'lachopleving' met een nog hoger tempo toe dan de eerdergenoemde fenomenen. Boven op de eerdergenoemde verschijnselen, was er bij de 'lachopleving'-bijeenkomsten ook sprake van mensen die over de vloer kropen en brulden als leeuwen, blaften als honden of briesten als stieren, of die knorden, huilden, loeiden, kraaiden, gromden of andere dierengeluiden uitstootten.[27] Tijdens andere manifestaties van de 'opleving' kampten aanwezigen ook met stuiptrekkingen van het hoofd en lichaam, abdominale spasmes, intense borstpijn, 'braken in de Geest' en 'bevallingen' (een denkbeeldige bevalling van begin tot eind moeten doorstaan), maar werden er ook karate-oefeningen uitgevoerd, voerden sommigen een toneelstrijd tussen ouderwetse krijgers op en begonnen weer anderen onbedwingbaar te dansen.[28]

Onder de honderdduizenden mensen die hebben deelgenomen aan de 'Toronto-zegen', waren er 15.000 christelijke dominees of pastoors. Zij hebben de beweging vervolgens geïntroduceerd aan hun gemeenten over de hele wereld, waardoor fenomenen als 'heilig lachen' en 'gedood worden in de Geest' met een beangstigend tempo zijn vermenigvuldigd over de vijf continenten. Alleen in Engeland zijn er al 7.000 kerken, waaronder die van de Anglicaanse Kerk, die de Toronto-zegen hebben geaccepteerd. De manifestaties van de lachbeweging zijn nu te vinden in wat voor lange tijd

...

Rocks Vineyard Movement', *Christian Research Journal*, winter 1995, p. 5.

[27] Deacon R. Thomas Zell, 'Signs, Wonders, & Angelic Visitations', *Again*, september 1995, p. 6.

[28] Curt Karg, 'Rodney Howard-Browne/Toronto Airport Vineyard Phenomena', Position Paper: oktober 1996, verkrijgbaar via Spiritual Counterfeits Project.

beschouwd werd als de hoofdstroom van het christendom. In juli 1995 werden in de *700 Club* van Pat Robertson een aantal protestantse, rooms-katholieke en pinkstergeleerden uitgelicht die de dierengeluiden verdedigden als zijnde manifestaties van de Heilige Geest of een menselijke reactie op de invloed van de Heilige Geest.[29]

De grootschalige omarming van dergelijke manifestaties schijnt licht op een volslagen onwetendheid van de traditionele christelijke normen van het spirituele leven. Binnen de Orthodoxe Kerk zijn de meeste van deze manifestaties altijd beschouwd als duidelijke tekenen van demonische bezetenheid. Zelfs vandaag de dag, in orthodox christelijke landen, worden dergelijke gedragingen vertoond door bezeten individuen wanneer een orthodoxe priester een uitdrijving uitvoert. Een Amerikaanse orthodoxe non, die een dergelijke uitdrijving bijwoonde in Rusland in 1995, schrijft dat 'Zodra de dienst van start gaat, de demonen zich beginnen te vertonen. Een vrouw brult met een mannelijke stem, een ander begint gewelddadig te beven, een ander schreeuwt, een ander werpt zich op de grond en verliest het bewustzijn ... weer een ander kijkt alsof hij in ondraaglijke pijn verkeert om vervolgens acuut te braken.... Terwijl de priester hen overgiet met wijwater, schreeuwen ze hun haat voor hem uit en zweren ze dat zij wraak op hem zullen nemen. Sommige demonen maken grapjes, anderen zijn pure woede en haat. Maar het luidste geluid lijkt altijd dat van dieren te zijn: loeien, kraaien en met name blaffen en grommen.'[30]

---

[29] Timothy Brett Copeland, 'Discerning the Spirit: Reflections of a Charismatic Christian', *Again*, september 1995, p. 9.

[30] Non Cornelia, 'Exorcisms in Russia Today', *Death to the World*, n. 10, 1995, p. 10.

Hoewel, zoals v. Serafim Rose in dit boek heeft opgemerkt, de volgelingen van de charismatische beweging enige associatie met het occultisme of het heidendom zullen ontkennen,[31] is het wel noemenswaardig dat dezelfde manifestaties van de 'heilig lachen-beweging' ook gevonden worden in de newagebeweging. De Indiase goeroe Bhagwan Shree Rahneesh, door zijn discipelen de 'goddelijke dronkaard' genoemd, moedigde zijn volgelingen aan om van hem te 'drinken'. Zijn spirituele 'wijn' werd vaak overgegeven via een enkele aanraking van het hoofd (bekend als het *shakti-klopje*), waarna zijn volgelingen in extatisch gelach uitbarstten. Een andere beroemde goeroe, swami Muktananda, hield bijeenkomsten waarin duizenden van zijn volgelingen van over de hele wereld zijn aanraking kwamen ontvangen. Zij ervaarden onbedwingbaar gelach, gebrul, geblaf, gesis, gehuil, getril of verloren zelfs het bewustzijn.[32] Ook onderwierp Muktananda zijn discipelen aan de ervaringen die hij zelf had ondergaan: brullen als een leeuw en ander onvrijwillig dierengedrag, wat hij toeschreef aan bezetenheid door de godin Chiti.[33]

Ook noemenswaardig is dat prominente newagers zich hebben uitgesproken ten gunste van de 'heilig lachen-beweging' die de christelijke kerken heeft weten binnen te dringen. Een van deze woordvoerders, Benjamin Creme, bekend om zijn voorspellingen van het komen van de newagemessias, zei het volgende over de 'Toronto-zegen': 'Men reageert op de nieuwe energieën die onze planeet binnenvallen. Energieën

---

[31] Zie p. 112 hierboven.

[32] Getuigenverklaring van voormalig Muktananda-discipel Joy Smith, in het tijdschrift *Focus*, n. 12, winter 1995/1996.

[33] Geciteerd in Tal Brooke, *Riders on the Cosmic Circuit*, Lion Publishing, Batavia, Illinois, 1986, p. 45.

die voortvloeien uit de 'christus' geven hen een gevoel van vrede.'[34]

Populaire evangelist Oral Roberts, die een van de 'oplevingen' van Rodney Howard-Browne organiseerde, noemde de 'heilig lachen-beweging' het begin van 'een nieuw aspect van de Heilige Geest'.[35] Howard-Browne zelf zei dat de beweging een 'krachtige nieuwe wind van de Geest' inluidt, die 'het opwindende geluid van genot, genot, genot, genot!' met zich meebrengt dat ons 'naar een hoger energetisch niveau met God tilt'.[36] Dit komt sterk overeen met de beweringen die vandaag de dag door newage-'profeten' worden gemaakt. Op hetzelfde moment dat het 'heilig lachen' zich door de kerken begon te verspreiden, schreef newageleidster Barbara Marx Hubbard dat het menselijk ras spoedig een sprong voorwaarts in de evolutie zou maken die zij 'Het Planetaire Pinksteren' of 'De Planetaire Glimlach' noemde.[37] 'Van binnenuit', zo schreef ze, 'zullen alle hoog sensitieve personen het genot voelen van de kracht die hun lichamen met liefde en aantrekking komt binnengestroomd. Terwijl dit genot door de zenuwstelsels stroomt van de meest sensitieve personen op aarde, zal het een psychomagnetisch veld van empathie creëren.... Deze enorme en plotselinge empathische afstemming zal een bewustzijnsverandering op aarde

....

[34] Geciteerd in Tony Pearce, *"Holy Laughter" and the New Age Movement*, Light for the last Days, London, p. 3.

[35] Julia Duin, 'An Evening with Rodney Howard-Browne', *Christian Research Journal*, winter 1995, p. 44.

[36] Geciteerd in Charles en Francis Hunter, *Holy Laughter*, Hunter Books, Kingwood, Texas, 1994. P. 5.

[37] Barbara Marx Hubbard, *Teachings from the Inner Christ for Founders of a New World Order of the Future*, Foundation for Conscious Evolution, Greenbrae, Californië, 1994.

teweegbrengen.' Ten gevolge hiervan, zo schrijft ze, 'zal de "christus" zich tegelijkertijd aan ieder van jullie openbaren'.[38]

Nu christenen binnen de grootste stromingen dezelfde ervaringen en verwachtingen hebben als neoheidenen, zien wij de vervulling van v. Serafims voorspelling over hoe vele christenen zullen worden misleid een heidense inwijdingservaring te aanvaarden.

6. Ufo's binnen de huidige tijdgeest

Ook op het gebied van ufo's worden de conclusies die v. Serafim in dit boek heeft getrokken gestaafd door nieuwe ontwikkelingen. Steeds meer mensen zijn zich ervan bewust, niet enkel op een wetenschappelijk maar ook op een *populair* niveau, dat het ufofenomeen niet slechts draait om buitenaardse wezens in ruimteschepen, maar dat het op de een of andere manier verweven is met het paranormale en het occulte, en dat de 'aliens' samen met ons op aarde leven. Ook het beeld van goedaardige en zelfs 'schattige' aliens– gepopulariseerd door regisseur Steven Spielberg met zijn films *Close Entounters of the Third Kind* en *E.T.*–wordt nu vervangen door een beeld dat dichter bij de waarheid ligt. Bijvoorbeeld met persoonlijke ervaringen zoals Whitley Strieber deze omschrijft in zijn boek *Communion: A True Story* (1987), begint het volk in te zien dat deze zogenaamde 'bezoekers' in werkelijkheid gemene, kwaadaardige wezens zijn die grote psychologische schade aanrichten bij hen die contact met hen opnemen. (Dit aspect van het fenomeen komt tevens sterk overeen met het bewijsmateriaal dat door

....

[38] Barbara Marx Hubbard, *The Revelation: A Message of Hope for the New Millennium*, tweede editie, Nataraj Publishing, 1995.

wetenschappers Vallee en Hynek is vergaard.) 'De dreiging die ik voelde was onbeschrijflijk,' schrijft Strieber. 'Ik bevond me in de hel op aarde, maar ik kon mij niet bewegen, niet om hulp roepen en niet ontsnappen. Ik lag doodstil terwijl ik leed aan een ondraaglijke pijn. Wat er ook bij me aanwezig was, het voelde monsterlijk en lelijk, smerig en duister en onheilspellend....' Strieber beschrijft ook de eigenaardige geuren die deze 'bezoekers' met zich meedroegen – waaronder een 'zwavelachtige' geur zoals die ook genoemd wordt door de heiligen wanneer zij spreken over confrontaties met demonen.[39]

Sinds de publicatie van *Communion* zijn er honderdduizenden 'ontvoerden' naar buiten gekomen met verhalen over hun contact met aliens.[40] Inmiddels vormen zij een aanzienlijk netwerk waarin zij hun ervaringen met elkaar delen via het internet en radioprogramma's.

Wellicht niet verrassend is het feit dat dit ufo-netwerk langzaamaan is toegetreden tot de newagbeweging. Whitley Strieber is hier een voorbeeld van. Als een van de belangrijkste woordvoerders voor het ufo-netwerk, reflecteert hij in zijn recentere boeken op hoe contact met aliens kan bijdragen aan het inluiden van een Nieuw Tijdperk. Zoals een 'ontvoerde', kol. Philip J. Corso, schrijft in zijn aanbeveling voor Striebers laatste boek, *Confirmation* (1999): 'Tijdens een "confrontatie met een alien" droegen zij het bericht dat zij voor de mensheid hadden aan mij over: "Een nieuwe wereld – als jullie het aankunnen".... Er was een intellect zoals dat van

---

[39] Whitley Strieber, *Communion: A True Story*, HarperCollins, New York, 1987; herziene uitgave, Avon, 1995.

[40] Whitley Strieber, *The Secret School*, HarperCollins, New York, 1997, p. xv.

Whitley Strieber voor nodig om de betekenis van dit bericht aan mij en de rest van de wereld over te brengen.'[41]

Strieber schrijft, uitweidend op het evolutionistische standpunt dat ons 'een grote verandering van het menselijk ras' staat te wachten: 'Terwijl wij gezamenlijk het volgende tijdperk betreden, zullen wij het hoogtepunt van ons ras bereiken waarop de mensheid volledige heerschappij krijgt over tijd en ruimte, ons fysieke aspect zal opstijgen naar de eeuwigheid, en het gehele ras naar een hogere, vrijere en rijkere staat van zijn zal worden getild.... Terwijl de geest zich bevrijdt van de tijd en de singulariteit van het bewustzijn dichterbij komt, zullen natiestaten zoals wij die nu kennen-geleid door machtspolitiek, hebzucht en leugens-ten einde komen.'[42]

Strieber ziet deze utopische droom gerealiseerd worden wanneer de mensheid 'de oude hiërarchieën' uit het verleden loslaat: 'De absolute duisternis van het verleden symboliseert de rigide autoritaire aard van de oude beschaving. Zijn gebruiken hebben zich tot aan het heden herhaald, waar zij tot op de dag van vandaag blijven bestaan in onze overheden, onze met rituelen verroestte religies en onze op de zonde gebaseerde moraliteit.'[43] Zodra de mensheid de 'religieuze mythologie' van hen die '[aliens] identificeren met hun versie van demonen'[44] laat vallen, zal het openstaan voor de 'nieuwe wereld' die ons wordt aangeboden door de bezoekers: 'Terwijl wij het Watermantijdperk betreden, zullen

---

[41] Whitley Strieber, *Confirmation: The Hard Evidence of Aliens among Us*, St. Martin's Press, New York, 1999.

[42] Whitley Strieber, *The Secret School*, pp. 229, 225-26, 233.

[43] Ibid., pp. 226, 228-29.

[44] Whitley Strieber, *Confirmation*, p. 286.

wij de autoriteiten binnen vrijwel elke menselijke cultuur en organisatie zien verzwakken. Het feit dat men nu bereid is om ideeën zoals de aanwezigheid van bezoekers serieus te nemen, en het niet langer accepteert dat de oude autoriteiten weigeren om dergelijke kwesties te erkennen en aan de tand te voelen, getuigt van een nieuw verlangen om meningen te kunnen vormen buiten de traditionele controlemechanismen. Terwijl deze mechanismen vervagen, maakt het onbekende nuttig gebruik van hun zwakheid om de bewuste wereld binnen te breken en zo worden wij overspoeld met meldingen van ufo's, aliens en allerlei andere vreemde en wonderlijke dingen.'[45]

Om de overduidelijke tegenstrijdigheid tussen de schijnbaar onheilspellende aard van de 'bezoekers' en zijn eigen utopische opvattingen over hoe zij helpen het Nieuwe Tijdperk in te luiden met elkaar te laten rijmen, tracht Strieber het onderscheid tussen goed en kwaad te doen vervagen: 'Wij leven in een ethische en morele wereld die overeenkomt met de ethische context van het [ufo]-fenomeen, vol met ambiguïteiten, een plek waarin een eenvoudig en duidelijk goed en kwaad zeldzaam is.'[46]

Striebers standpunt, dat gedeeld wordt door velen in het hedendaagse ufo-netwerk, is dat de 'bezoekers' hoogontwikkelde wezens zijn die wensen dat wij ons ook ontwikkelen – voor zowel hun als ons eigen bestwil. Hij speculeert dat, in hun vaak angstaanjagende confrontaties met mensen, de bezoekers ons gebruiken en tegelijkertijd 'verleiden' om stappen te maken in onze evolutie, om 'het gat te dichten' tussen ons en hen, zodat wij ons 'bij hen kunnen aansluiten als een

---

[45] Whitley Strieber, *The Secret School*, p. 226.
[46] Strieber, *Confirmation*, p. 279.

kosmisch ras': in andere woorden, dat wij zoals zij moeten worden. Dit, zo zegt hij, 'verklaart waarom velen naar een evolutionaire grens worden gebracht in hun ervaringen' met aliens.[47]

Strieber merkt op dat er in de afgelopen vijftig jaar 'geen enkel geval is geweest van bezoekers die ons hebben voorzien van hulpmiddelen. Niemand ontvangt de handleiding voor een ruimteschip; niemand ontvang een landkaart voor de terugreis naar de aarde. In plaats daarvan krijgen we angst, verwarring, cryptische berichten en het idee dat we van het kastje naar de muur worden gestuurd–en het gevoel dat iets kostbaars altijd net buiten bereik is.... In plaats van ons tevreden te stellen, is het waarschijnlijk dat zij ons meer en meer zullen verleiden–met wandaden, schitterende vertoningen, beloften–met wat er ook voor nodig mag zijn.'[48]

Wellicht het treurigste 'teken van de tijd' in ons postchristelijke tijdperk is het feit dat grote getalen van spiritueel arme mensen nu de voorkeur geven aan contact met deze monsterlijke 'bezoekers' boven hun gevoel van eenzaamheid in wat zij beschouwen als een onpersoonlijk universum. Zoals een tijdschrift genaamd *The Communion Letters* schrijft: 'Mensen over de hele wereld worden geconfronteerd met vreemde wezens in hun huis en zelfs op straat ... in hun nachtelijke droomwandelingen.' Het tijdschrift vraagt mensen om 'te leren om op nuttige en effectieve wijze te reageren op de bezoekers wanneer zij een intrede maken in uw leven–Ontdek het mysterie, het wonder en de schoonheid van de ervaring ... de dingen die de media niet aan u zullen openbaren ... de vreemde en wonderlijke waarheden die in hoog tempo aan het licht komen.'

....

[47] Strieber, *Confirmation*, p. 279.
[48] Ibid., pp. 288-89.

In het licht van dit alles kan de christelijke gelovige nauwelijks nog twijfelen aan de woorden van v. Serafim dat 'Satan open en bloot de menselijke geschiedenis binnentreedt'. Ook Whitley Strieber heeft het bij het juiste eind wanneer hij opmerkt dat, gelijktijdig aan de verzwakking van de 'controlemechanismen' van de traditionele christelijke beschaving, de 'bezoekers' meer en meer proberen 'door te breken tot de bewuste wereld'. Maar in plaats van dat zij ons het Nieuwe Tijdperk inleiden, zoals Strieber voorziet, zullen deze pogingen een inleiding zijn van exact hetgeen hij ervaarde tijdens zijn eerste confrontatie met aliens: 'hel op aarde'.

7. Het plan voor het nieuwe tijdperk

Interessant is dat 1975, het jaar waarin *Orthodoxie en de religie van de toekomst* voor het eerst werd gepubliceerd, een topjaar was voor het 'nieuwe religieuze bewustzijn'. Dit was namelijk het jaar dat door de overleden occultist Alice Bailey (1880-1949)–een van de grondleggers van de hedendaagse newagebeweging en een gezworen vijand van het orthodoxe christendom–was aangewezen als het jaar waarin haar discipelen geheime occulte informatie moesten verspreiden naar alle beschikbare media. Ook werd David Spangler en een reeks andere newagewoordvoerders in dat jaar publiekelijk actief.

De doelstellingen van de hedendaagse newagebeweging werden echter al veel eerder in kaart gebracht in de geschriften van occultist en medium Helena Blavatsky, de oprichtster van het Theosofisch Genootschap in 1875,[49] en later in die

....

[49] Volgens Blavatsky was het doel van het Theosofische Genootschap 'om zich te verzetten tegen het materialisme van de wetenschap en elke vorm van dogmatische theologie, met name de christelijke, die door de Hoofden van het Genootschap wordt

van Alice Bailey, Nicholas Roerich (schrijver van de Agni Yoga-boeken), Teilhard de Chardin (de evolutionaire filosoof en paleontoloog die hierboven in hoofdstuk 2 wordt genoemd) en H. G. Wells. In de woorden van Teilhard, bevatten deze doelstellingen onder andere het 'samenvoegen van religies' in combinatie met een 'samenkomst' van politieke en economische krachten om zo een wereldoverheid te stichten.[50] Vandaag de dag wordt er binnen bepaalde newagekringen gesproken over 'Het Plan' voor een 'Nieuwe Wereldorde' die zal bestaan uit een universeel kredietsysteem, een universele belastingheffing, een globaal politiekorps en een internationale autoriteit die macht zal hebben over de globale voedselvoorraad en transportsystemen. In dit utopische complot zullen oorlogen, ziekten, hongersnood, vervuiling en armoede niet langer bestaan. Alle vormen van discriminatie zullen verleden tijd zijn en ieders loyaliteit aan stam of cultuur zullen worden vervangen door een planetair bewustzijn.

Volgens een aantal van de architecten van de newagebeweging, kan dit 'Plan' worden herleid naar de val van Lucifer en zijn engelen uit de hemel. Alice Bailey schreef dat de opstand van de engelen tegen God onderdeel uitmaakte van 'het goddelijke plan van evolutie', omdat hierdoor de gevallen engelen 'uit hun zondeloze en vrije zijnstoestand afdaalden naar de aarde om daar een allesomvattend goddelijk bewustzijn te ontwikkelen'.[51] In deze volledige inversie van

----

beschouwd als bijzonder verderfelijk'. (Blavatsky, *The Secret Doctrine*, vol. 3, 1888, p. 368). Overigens komt Blavatsky voor in de hierboven genoemde Harry Potter-boeken onder het anagram 'Vlabatsky'.

[50] Teilhard de Chardin, *How I Believe*, Harper & Row, New York, 1969, p. 41.

[51] Alice Bailey, *The Externalization of the Hierarchy*, Lucis Publishing Company, New York, 1957, p. 118.

de christelijke theologie, was de val van de mens in werkelijkheid dus een opstijging naar kennis, omdat hiermee 'onze ogen werden geopend' voor het onderscheid tussen goed en kwaad.[52] Zo schreef Helena Blavatsky: 'Het is niet meer dan normaal ... om Satan, de slang uit het boek Genesis, te zien als de ware schepper en weldoener, de Vader van de spirituele mensheid. Want het was hij die de "Voorbode van het Licht" was, de helder stralende Lucifer, die de ogen opende van de robot die werd geschapen door Jehova.... Inderdaad, [de mensheid] verkreeg zijn kennis en verborgen wijsheid van de "Gevallen Engel".'[53] Als 'weldoener' van de mens blijft Lucifer een bijdrage leveren aan de evolutie van de mensheid. In de woorden van David Spangler, een discipel van zowel Blavatsky als Bailey, is Lucifer 'de engel van de menselijke evolutie'.[54]

Binnen de esoterische newagegenootschappen wordt er onderwezen dat, ter bevordering van 'Het Plan', er massale 'planetaire inwijdingen' zullen plaatsvinden. Volgens Benjamin Creme–ook een volgeling van Blavatsky en Bailey–zal er gebruikgemaakt worden van 'gerevitaliseerde' christelijke kerken en vrijmetselaarsloges om plaats te bieden aan deze inwijdingen. En, zoals we hebben gezien, heeft David Spangler gezegd dat deze inwijdingen 'Luciferiaans' van aard zullen zijn. Om de leringen van Alice Bailey, die zijn kennis

....

[52] Dit is tevens het standpunt van de feministische theologen van de hervormingsbeweging die Eva vereren omdat zij van het verboden fruit heeft gegeten.

[53] Helena Blavatsky, *The Secret Doctrine*, vol. 2, The Theosophical Publishing House, Wheaton, Illinois, 1888; herziene uitgave 1970, pp. 243, 513.

[54] David Spangler, *Reflections on the Christ*, Findhorn Community Press, Schotland, 1978, p. 37.

'channelde' via een onstoffelijke entiteit genaamd 'Djwhal Khul', te benadrukken, schrijft Spangler: 'Lucifer is actief binnen in ons allemaal om ons, terwijl wij het Nieuwe Tijdperk betreden, naar de volledigheid te begeleiden ... elk van ons wordt naar het punt gebracht dat ik de Luciferiaanse inwijding noem.... Lucifer komt om de laatste ... Luciferiaance inwijdingen te volbrengen ... die velen in deze tijd zullen moeten doorlopen, daar het de inwijding is tot het Nieuwe Tijdperk.'[55]

Terwijl 'Het Plan' zijn vervulling nadert, begint ook de enkele wereldreligie vorm te krijgen. 'De dag breekt aan,' zo schreef Alice Bailey, 'waarop men zal inzien hoe alle religies voortkomen uit een enkele, grootse spirituele bron; men zal inzien hoe alle religies gezamenlijk de enkele wortel vormen waaruit de universele wereldreligie onvermijdelijk zal voortkomen.'[56] Helena Blavatsky zei dat deze universele religie 'de religie van de oude mens' was, en dat onze herinnering daaraan 'de oorsprong van de satanische mythe' van de christenen is. 'De religie van de oude mens,' zo schreef Blavatsky, 'is de religie van de toekomst.'[57]

'Het Plan' bereikt zijn apotheose met de komst van de newagemessias: de zogenaamde 'Maitreya–de christus'. Vooruitlopend op deze gebeurtenis, schrijft David Spangler: 'Vanuit het diepst van ons ras stijgt er een oproep uit voor de komst van een verlosser, een avatar, een vaderfiguur ... die voor ons ras dezelfde rol kan aannemen als die van de oude

....

[55] Ibid., pp. 40, 44.

[56] Alice Bailey, *Problems of Humanity*, Lucis Publishing Company, New York, 1947; herziene uitgave 1964, p. 140.

[57] Helena Blavatsky, *The Secret Doctrine*, vol. 2, p. 378; *Isis Unveiled*, vol. 1, The Theosophical Publishing House, Wheaton, Illinois, 1877; herziene uitgave 1972, p. 613.

priesterkoningen in het begin van de menselijke geschiedenis.'[58] Volgens Bailey zullen er 'engelen' verschijnen aan de zijde van deze valse christus, om zo de mensheid over te halen hem te volgen. Het laatste stadium van de 'newage'-inversie van het christendom zal derhalve het aanbidden van de antichrist zijn, *wiens komst het werk van Satan is en gepaard gaat met groot machtsvertoon en valse tekenen en wonderen* (2 Tess. 2:9).

Het moet worden opgemerkt dat vele hedendaagse newagers zich niet bewust zullen zijn van, laat staan zich zullen aansluiten bij, alle punten van 'Het Plan'. Zoals we hebben gezien, bestaat de beweging uit een divers assortiment van verschillende groeperingen, ideeën en praktijken. Als het een 'samenzwering' genoemd kan worden, dan zeker niet omdat alle newagers heimelijk en georganiseerd samenwerken om 'Het Plan' tot vervulling te brengen. 'Het Plan' wordt tenslotte ook niet op een menselijk maar op een demonisch niveau georkestreerd, en de architecten van de newagebeweging zijn, grotendeels, niet meer dan mondstukken voor ideeën die niet van henzelf komen.

8. Globalisme

De newagebeweging is slechts de 'spirituele' kant van een veel bredere beweging die zich in de decennia na v. Serafims overlijden verder heeft ontwikkeld. Dit is de meerdelige beweging richting het 'globalisme', wat sterk in het voordeel is van zij wiens doelstellingen allesbehalve religieus zijn.

De laatste jaren hebben internationale zakenbankiers en corporaties enorme stappen gemaakt in het bereiken van hun

....

[58] David Spangler, *Explorations: Emerging Aspects of the New Culture*, Findhorn Publications Lecture Series, 1980, p. 68.

doel van financiële hegemonie en een globaal economisch systeem. In 1980 waarschuwde admiraal Charles Ward, voormalig lid van de *Council on Foreign Relations*–een denktank waar de belangrijkste overheidsfiguren, leiders van multinationale corporaties en vertegenwoordigers van de grootste banken ter wereld lid van zijn–ons voor het volgende: 'Al de machtigste personen binnen deze eliteclubs hebben een gezamenlijk doel: zij willen ervoor zorgen dat de Verenigde Staten zijn soevereiniteit en nationale onafhankelijkheid verliest. Een tweede clubje binnen de CFR ... bestaat uit internationale bankiers van Wall Street en hun belangrijkste vertegenwoordigers. Hun voornaamste doel is om het bankiersmonopolie uit handen nemen van wie ook aan de macht zal komen binnen de komende wereldoverheid.'[59] Recenter, in 1993, deed de president van de Council on Foreign Relations, Les Gelb, een publieke aankondiging op televisie: 'Ik heb eerder op televisie mogen spreken over de Nieuwe Wereldorde.... Ik heb het daar altijd over.... We leven in een enkele wereld nu.... Dus of u ertoe bereid bent of niet, of u er klaar voor bent of niet, we zijn er allen bij betrokken zijn.... Het draait nu om wie het eerste globale overheidssysteem zal oprichten dat ooit binnen de Gemeenschap der Natiën heeft bestaan. Het zal macht hebben over ons allen als individu, en over ons allen samen als gemeenschap.'[60]

Deze visie van de toekomst heeft vorm gegeven aan de buitenlandse politiek van een grote hoeveelheid overheden, niet in de laatste plaats die van de Verenigde Staten. Een

---

[59] Rear Admiral Chester Ward, *Review of the News*, 9 april, 1980, pp. 37-38.

[60] *The Charlie Rose Show*, 4 mei, 1993. Geciteerd in Tal Brooke, *One World*, End Run Publishing, Berkeley, Californië, 2000, pp. 7-8.

heldere verklaring van de globalistische agenda werd in 1992 afgelegd door Strobe Talbott, goede vriend van president Bill Clinton, plaatsvervangend staatssecretaris tijdens de regering-Clinton en een van de architecten van de door de V.S. geleide militaire interventie in de Balkan: 'Het nationaal bewustzijn, zoals wij dat vandaag de dag kennen, zal achterhaald zijn, en alle naties zullen onderworpen worden aan een enkele, globale autoriteit.' Volgens Talbott zullen natiestaten niets meer zijn dan slechts sociale overeenkomsten: 'Ongeacht hoe permanent en heilig ze ook mogen lijken, in werkelijkheid zijn ze allen kunstmatig en tijdelijk van aard.... De gebeurtenissen van onze gelijktijdig wonderlijke en verschrikkelijke [twintigste] eeuw hebben van een komende wereldoverheid een zekerheid gemaakt.'[61]

Met de oprichting en uitbreiding van de Europese Unie, de invoering van een Europese valuta, de stappen richting een samenleving zonder contant geld, de heerschappij over de voormalige Oostbloklanden door westerse financiële belangenorganisaties, het vormen van een internationaal crimineel tribunaal door de Verenigde Naties en de consolidatie van staatslegers als 'vredeshandhavende' eenheden onder de Verenigde Naties en NAVO, zien wij wat lijkt op de voorbode van een dergelijk globaal overheidssysteem. Enkele van deze ontwikkelingen zijn op zichzelf niet noodzakelijk kwaadaardig van aard, maar wanneer je dit alles bij elkaar voegt, maken zij wel degelijk de weg vrij voor de installatie van een globaal apparaat dat ruimte biedt voor de opkomende 'religie van de toekomst'. Dat was ook de verwachting van Alice Bailey, die in de veertigerjaren het volgende op papier

---

[61] Strobe Talbott, 'The Birth of a Global Nation', *Time Magazine*, 20 juli, 1992.

zette: 'De uitgesproken doelstellingen en inspanningen van de Verenigde Naties zullen uiteindelijk gerealiseerd worden, en een nieuwe kerk van God, een samensmelting van alle religies en spirituele groeperingen, zal gezamenlijk een eind maken aan de grote ketterij van verdeeldheid.'[62] Robert Muller, voormalig assistent-secretarisgeneraal van de Verenigde Naties, sprak tijdens het vijftigjarig jubileum van de Verenigde Naties in 1995 dezelfde overtuiging uit: 'In het begin was de Verenigde Naties slechts een gekoesterde hoop. Vandaag is het politieke realiteit. Morgen zal het de religie van de wereld zijn.'[63] Als voorstander van de theorieën van zowel Alice Bailey als Teilhard de Chardin, zegt Muller dat het het doel van de mensheid zou moeten zijn om 'de religies haastig te globaliseren om ons zo een universele, kosmische betekenis van het leven op aarde te geven, en zo het leven te schenken aan de eerste globale, kosmische, universele menselijke beschaving.'[64]

Vandaag de dag werken zij die binnen de politieke en financiële sectoren een globalistische agenda nastreven zij aan zij met de globalisten binnen de religieuze sector, met name met de 'interkerkelijke' organisaties zoals de Verenigde Religieuze Organisatie (opgericht als een religieuze tegenhanger van de Verenigde Naties), de *Temple of Understanding* (een officieel adviesorgaan van de Verenigde Naties Economische en Sociale Raad) en de Raad voor een Parlement van Religies

....

[62] Alice A. Bailey, *The Destiny of the Nations*, Lucis Publishing Company, New York, 1949, p. 52.

[63] Robert Muller, *My Testament to the UN: A Contribution to the 50th Anniversary of the United Nations*, World Happiness and Cooperation, Anacortes, Washington, 1995, p. 4.

[64] Robert Muller, *2000 Ideas and Dreams for a Better World*, Idea 1101, 16 juli, 1997.

van de Wereld (een wedergeboorte van het parlement van wereldreligies, zoals benoemd in hoofdstuk twee hierboven, dat voor het eerst bijeenkwam in Chicago in 1893).[65]

Hoewel 'interkerkelijke' organisaties doorgaans onderstrepen dat zij als enig doel hebben het aanmoedigen van 'begrip' en 'dialoog' tussen de verschillende religies, is het duidelijk dat dit doel in sommige gevallen slechts een eerste stap is binnen een groter programma: de 'samenvoeging van religies' in het Nieuwe Tijdperk. Zoals William Swing, episcopale bisschop van Californië en oprichter/directeur van de Verenigde Religieuze Organisatie, schreef in zijn boek *The Coming United Religions*: 'Er komt een tijd waarin het noodzakelijk zal zijn om overeenstemming te bereiken over een gemeenschappelijke taal en een gezamenlijk doel voor alle religies en spirituele bewegingen. Andere religies louter begrijpen en respecteren zal niet afdoende zijn.'[66] Bisschop Swing ziet alle wereldreligies als verschillende paden die dezelfde berg op gaan en aan de top samenkomen in een 'eenheid die de wereld overstijgt'. Aan de top van de berg zullen de esote-

....

[65] Gedurende het afgelopen decennium heeft hekserij een belangrijke rol gespeeld binnen de interkerkelijke beweging. Tijdens de viering van het honderdjarig bestaan van het parlement van wereldreligies, georganiseerd in Chicago in 1993, stond wicca centraal. Zoals de directeur van *Covenant of the Goddess*, Don Frew, opmerkt, 'Wij heksen waren de mediafavorieten van de conferentie!... Aan het eind van de negen dagen waren de aanwezige academici van mening dat, "In 1893 maakte Amerika kennis met de boeddhisten en hindoes; in 1993 maakten we kennis met de neoheidenen."... Vanaf dat moment namen de neoheidenen deel aan vrijwel elke nationale of globale interkerkelijke bijeenkomst.' (Don Frew, 'The Covenant of the Goddess & the Interfaith Movement', geciteerd in Brooks Alexander, *Witchcraft Goes Mainstream*, p. 211)

[66] Bisschop William Swing, *The Coming United Religions*, United Religions Initiative en CoNexus Press, 1998, p. 63.

rische aanhangers van elk geloof 'intuïtief aanvoelen dat zij binnen het grote plaatje een eenheid vormen met mensen van andere religies, omdat iedereen aan de top bijeenkomt in het goddelijke. En iedereen die zich onder deze lijn begeeft, zal gezien worden als exoterisch.'[67] Net als Blavatsky, Bailey en Teilhard, kijkt ook bisschop Swing met messiaanse verwachtingen uit naar deze samenvoeging van religies. In zijn openingsrede aan de topconferentie van de Verenigde Religieuze Organisatie in 1997, verkondigde hij: 'Als u hier bent gekomen omdat een geest van kolossale energie geboren wordt uit de lendenen van de aarde, kom dan hier en wees een vroedvrouw. Assisteer, vol bewondering, bij de geboorte van een nieuwe hoop.'

9. Een gedenatureerd christendom

Hoewel niet alle globalisten en globalistische organisaties ook specifiek religieuze doelstellingen met elkaar gemeen hebben, staan zij wel op een lijn wat betreft de religie die *niet* geschikt zal zijn voor de wereldoverheid die zij proberen op te richten. Conservatieve, traditionele aanhangers van een religie, die geloven dat hun religie een unieke openbaring is van de volledigheid van waarheid, zullen niet welkom zijn binnen het 'globale dorp'. Zoals Paul Chaffee, directielid van de Verenigde Religieuze Organisatie, zei in 1997: 'In een wereld die zó klein is, is er geen plek voor fundamentalisten.' Hetzelfde standpunt werd uitgedragen tijdens het State of the World Forum in 1998 (gesponsord door een scala aan internationale investeerders en corporaties), waar president van het Forum, Jim Garrison, verkondigde: 'Als mijn theologie een

---

[67] Ibid., pp. 58-59.

belemmering vormt, dan moet ik afzien van mijn theologie.... Ik ben van mening dat de geschiedenis verder gaat dan dogma.... Gedurende tijden van transitie, zijn het de gevestigde dogma's die sneuvelen en de ketters en non-conformisten die de nieuwe dogma's scheppen.[68]

Ook werd dit onderwerp in 1998 uitgebreid besproken door een van de recentere ideologen van het 'nieuwe religieuze bewustzijn', Ken Wilber, een populaire schrijver wiens werken zijn geprezen en grondig bestudeerd door voormalig president Clinton en voormalig vicepresident Al Gore. Wilber zette de agenda uiteen die door de gehele wereld moet worden nageleefd om de wetenschap met religie te kunnen combineren, en om een 'universele theologie' op te zetten die door alle religies kan worden omarmd zonder daarmee hun uiterlijke verschillen te verliezen. 'Religies van over de hele wereld,' zo schrijft hij, '*zullen hun mythische geloofsovertuigingen moeten beteugelen,*' waarna hij als voorbeelden het splijten van de Rode Zee door Mozes, de geboorte van Christus uit een maagd en de zesdaagse schepping aanhaalt. Ook beweert hij dat 'religie ook zijn houding jegens evolutie in het algemeen zal moeten aanpassen,' en dat 'elke religie die zal trachten de evolutie af te wijzen niet zal weten te overleven in de moderne wereld.'[69]

Zoals we hebben gezien is evolutie een belangrijk element van de utopische droom van de newagebeweging. Als panentheïst gelooft Wilber dat het volledige universum God is, en zich gedurende miljarden jaren evolueert tot wat Teilhard de

....

[68] State of the World Forum, 'A New Spirituality', geciteerd in Lee Penn, 'The United Religions: Foundation for a World Religion', *Spiritual Counterfeits Project Journal*, 22:4-23:1, 1999, pp. 64-65.

[69] Ken Wilver, *The Marriage of Sense and Soul: Integrating Science and Religion*, Random House, Broadway Books, New York, 1998, pp. 204-5, 211.

Chardin het 'omegapunt' noemt. De mens, geëvolueerd uit een primordiale soep, evolueert nu tot een volledig God-bewustzijn en is daarmee op weg om zelf een god te worden. Volgens het newagegedachtegoed, op basis van Darwins 'ontdekking' van fysieke evolutie en de 'ontdekking' van spirituele evolutie, is evolutie *bewust geworden van zichzelf* en zal deze nieuwe paradigmaverschuiving het proces van kosmische evolutie bespoedigen.[70] Derhalve is Wilber van mening dat de religieuze gelovigen die evolutie afwijzen en 'hun trouw zweren aan een mythisch paradijs, in welke zin dan ook,' gedoemd zijn om uit te sterven.[71] Enkel zij die het nieuwe religieuze bewustzijn omarmen, of die op zijn minst bereid zijn hun geloofsovertuigingen te 'beteugelen', zullen overleven in de komende globale samenleving die volgens Wilber gekenmerkt zal zijn door een 'wereldcentrisch' bewustzijn gebaseerd op een 'universeel pluralisme'.[72]

Aangezien het traditionele christendom een obstakel is voor de dromen van de globalisten aan zowel de seculiere als 'spirituele' zijde, vindt er nu een gecoördineerde inspanning plaats om het christelijke geloof te *herinterpreteren* en te *denatureren*—in andere woorden, om Christus te transformeren van de Goddelijke mens en unieke Verlosser van de

---

[70] Dit idee van bewuste evolutie is vandaag de dag ontzettend populair binnen newagekringen. Eerdere uitingen ervan kunnen gevonden worden in de werken van Teilhard de Chardin ('De mens ontdekt dat hij niets meer is dan een van zichzelf bewust geworden evolutieproces' [*The Phenomenon of Man*, 1961, p. 221], en in die van Alice Bailey ('Voor het eerst' neemt de mens 'op intelligente en bewuste wijze deel aan het evolutieproces' [*The Externalization of the Hierarchy*, 1957, p. 685]).

[71] Ken Wilber, *The Marriage of Sense and Soul*, p. 206.

[72] Ken Wilber, *One Taste*, Shambhala Publications Boston, 1999, pp. 311, 345.

christelijke orthodoxie naar een louter 'spirituele gids' van de newagevariant.

We hebben reeds besproken hoe de feministische theologen van de hervormingsbeweging getracht hebben het christendom opnieuw uit te vinden: voor hen is Christus niet per se uniek, maar slechts een van de vele 'uitingen' of 'dienaren' van de godin Sofia.[73] Deze theologen vertegenwoordigen echter maar een enkel facet van de culturele trend om het christendom te denatureren.

Als, zoals het neoheidense standpunt luidt, wij en alles om ons heen slechts emanaties zijn van God, dan blijft er voor Christus niets anders over dan ons terug te geleiden naar de *gnosis* van wat wij al zijn. Dit is precies het idee dat vandaag de dag wordt gepromoot onder de schijn van het zogenaamd authentieke, esoterische onderricht van Christus. In werkelijkheid is het niets meer dan een heropleving van de eeuwenoude gnostische ketterij, gebaseerd op heidense filosofie, die terecht door de eerste vaders van de Orthodoxe Kerk werd afgekeurd. Deze boodschap van een gnostisch 'christendom' krijgt vandaag de dag bekendheid via de boeken en mediaoptredens van academici die een duidelijke vooringenomen mening hebben jegens het traditionele christendom. Een van de bekendste van deze academici is Elaine Pagels, auteur van *The Gnostic Gospels* en *Beyond Belief*. Dezelfde boodschap heeft recentelijk ook veel bekendheid gekregen via de quasi-historische roman *De Da Vinci Code* van Dan Brown: een godslasterlijke aanval op het traditionele christendom die wereldwijd meer dan twaalfmiljoen keer over de toonbank is gegaan sinds diens publicatie in 2003.

---

[73] Parker T. Williamson, 'Sophia Upstages Jesus at Re-imagining Revival', *The Presbyterian Layman*, 31:3, mei-juni 1998.

Ken Wilber spreekt over de lessen die worden 'herontdekt' in de eeuwenoude gnostische teksten: 'Uit deze teksten komt duidelijk naar voren dat Jezus' voornaamste religieuze activiteit zijn incarnatie *in* en *als* zijn volgers was, *niet* als de *enige* historische Zoon van God (een verwerpelijk idee), maar als een ware Spirituele Gids die ons allen helpt om zonen en dochters van God te worden.... Elaine Pagels benadrukt dat de boodschap van Christus uit drie essentiële onderdelen bestaat, zoals deze naar voren komen in de gnostische evangeliën: (1) "Zelfkennis is kennis van God; de [hoogste] zelf en het goddelijke zijn identiek aan elkaar"; (2) "De 'levende Jezus' in deze teksten spreekt over illusie en verlichting, niet van zonde en berouw"; (3) "Jezus wordt gepresenteerd niet als de Heere, maar als spirituele gids". Laat het voor ons duidelijk zijn dat dit exact de grondbeginselen zijn van het Dharmakaya-geloof.'[74]

Zo wordt een duidelijke schets gemaakt van het 'nieuwe christendom' dat gemakkelijk kan worden ondergebracht in de 'religie van de toekomst'–een christendom dat niet tot Christus leidt, maar dat dienst doet als inwijding tot de antichrist. Christus wordt hier gezien als een vaag concept van het ultieme Goed, het geloof in Hem als de eniggeboren Zoon van God wordt van de hand gewezen als een 'verwerpelijk idee' en het idee wordt aangedragen dat wij net zoals Hij kunnen zijn.[75] Dit is een cruciaal element van de 'religie van de

---

[74] Ken Wilber, *Up from Eden: A Transpersonal View of Human Evolution*, The Theosophical Publishing House, Wheaton, Illinois, 1981, p. 256; geciteerd uit Elaine Pagels, 'The Gnostic Gospels' Revelations', *New York Review of Books*, 26:16-19, 1979.

[75] Laten wij niet vergeten dat deze zelfde ideeën ook gevonden worden, al zij het in ietwat andere vorm, in het Woord van Geloof waaruit de 'heilig lachen-beweging' ontsproot.

toekomst', daar op basis hiervan de antichrist ervan overtuigd zal zijn dat hij daadwerkelijk een nieuwe incarnatie van de Zoon van God is.

In zekere zin zal de imitator van Christus zich voordoen als een soort verlosser, door met een oplossing te komen voor de economische en politieke problemen van de mens, en door aan de spirituele verlangens van de mens te voldoen met wat v. Serafim een 'smeltkroes' van wetenschap en wereldreligies noemde. Volgens het wereldbeeld van het 'nieuwe religieuze bewustzijn', echter, zal de ultieme verlosser de evolutie zelf zijn, doordat onze wereld middels een natuurlijke, evolutionaire ontwikkeling vanzelf zal uitgroeien tot het Koninkrijk Gods. De laatste grote misleider, die zich zal voordoen als Christus, zal gezien worden als slechts een van de vele voortreffelijke producten van de evolutie.

10. De vage verwachte komst van de 'nieuwe mens'

Als, zoals wij reeds hebben opgemerkt, het wereldbeeld van het 'nieuwe religieuze bewustzijn' inderdaad elk aspect van het menselijk denken zal binnentreden, wat zijn dan de tekenen waaraan men dit kan herkennen? Allereerst kan het gezien worden in het veelvoorkomende sentiment dat alle religies hetzelfde zijn en hetzelfde zeggen, maar op verschillende manieren. Op het eerste gezicht lijkt dit een aantrekkelijk idee, omdat zo iedereen een eerlijke kans lijkt te krijgen. Maar onder het oppervlak wordt duidelijk hoe met dit concept, onder het voorwendsel van het bemoedigen van 'eenheid in diversiteit', de diversiteit juist om zeep wordt geholpen. Wanneer een aanhanger van een bepaalde religie gelooft dat alle andere religies gelijkwaardig zijn aan de zijne, dan kan hij niet langer werkelijk vast blijven houden aan zijn religie; dan kan hij niet langer zijn wie hij is. In plaats daarvan, terwijl er wellicht wordt vastgehouden aan bepaalde externe culturele artefacten, verandert hij in essentie in een leeg canvas–een canvas dat gevuld wil worden met een nieuwe openbaring. Hij is zo leeg als eenieder die besmet raakt met dezelfde moderne mentaliteit, en derhalve is er niet langer sprake van enige echte eenheid *of* diversiteit, maar enkel van gelijkheid in leegte. Deze valse 'eenheid in leegte' is precies wat Satan in de laatste dagen zal gebruiken om de massageest te hypnotiseren. Zoals v. Serafim eens opmerkte in een van zijn lezingen: 'Zo een vaag iets is exact waar de duivel graag gebruik van maakt. In elke geloofsovertuiging kun je een fout maken, maar als je het op zijn minst met volledige overgave van hart en ziel doet, dan kan God elke fout vergeven. Wanneer je echter geen geloofsovertuiging hebt en je geeft je over aan een of ander vaag idee, dan zullen de demonen daar misbruik van maken.'[76]

De religieuze mentaliteit van de moderne mens begint met de dag vormlozer en vager te worden. Een peiling uit 2002 wees uit dat 33% van de Amerikaanse bevolking zichzelf als 'spiritueel maar niet religieus' beschouwt, wat wil zeggen dat zij zich niet identificeren met een georganiseerde religie, maar hun eigen, persoonlijke religie vormgeven. Volgens dezelfde peiling neemt dit aantal met meer dan tweemiljoen per jaar toe, terwijl het aantal dat zichzelf wel als religieus beschouwt met dezelfde snelheid afneemt.[77]

---

[76] V. Serafim Rose, 'Contemporary Signs of the End of the World' (een lezing die hij gaf aan de Universiteit van Californië, Santa Cruz, op 14 mei, 1981), in *The Orthodox Word*, n. 228, 203, p. 32.

[77] Peiling van *USA Today*/Gallup, 2002.

De hedendaagse nieuwe 'spirituele' mens kan een kijkje nemen in boekenwinkels of op het internet en daar elk religieus idee vinden dat hem aanspreekt, van westers tot oosters, van het soefisme tot het satanisme. Hoe meer informatie hij tot zich neemt, hoe vager zijn wereldbeeld wordt. Hij heeft verschillende religieuze interesses, maar gelooft in de kern dat alles relatief is: in andere woorden, 'Mijn waarheid is mijn waarheid, jouw waarheid is jouw waarheid'. Hij gelooft in alles tegelijkertijd, maar in niets gelooft hij met geheel zijn hart en zeker niet in iets waarvoor hij enige opoffering moet maken. Hij heeft niets om voor te sterven. Maar zijn voelsprieten staan te allen tijde paraat, op zoek naar iets nieuws dat hem aanspreekt, iets dat zijn vage onrust zal bevredigen zonder dat hij daarvoor eerlijk in de spiegel moet kijken en zichzelf moet veranderen, en zonder dat hij daarvoor zijn continue streven naar bevrediging hoeft te staken. Zijn interesse in spiritualiteit is nauw verbonden met zijn zoektocht naar persoonlijke bevrediging, en dus staat hij klaar om alles te ontvangen en omarmen dat hem dit gevoel van bevrediging zal kunnen geven. Hij is een homp klei in de handen van de geest van de antichrist die, zoals de apostel ons leert, *nu al in de wereld is* (1 Joh. 4:3). Hij is een kandidaat–of, beter gezegd, een doelwit–voor de 'religie van de toekomst' waarover v. Serafim in dit boek schreef.

Een treurige indicator van de spirituele staat van de hedendaagse mens wordt gezien in de enorme populariteit van de *Gesprekken met God*-boeken van Neale Donald Walsch, waarvan meer dan zevenmiljoen exemplaren over de toonbank zijn gevlogen sinds het eerste boek verscheen in 1995. Tijdens de topconferentie van de Associatie van Verenigde Religies in 1997, zei Walsch van zichzelf, 'Ik vertegenwoordig het nieuwe paradigma van een religieloze religie–een religie zonder structuur–een spiritualiteit die alle grenzen overschrijdt.' Walsch beweert een wezen te 'channelen' die hij 'God' noemt, en terwijl zijn lezers worden gevleid met het idee dat zij ook God zijn, worden zij door Walsch zijn 'God' verteld dat er niet zoiets bestaat als zonde en dat er geen reden is voor het tonen van berouw, omdat de 'oerzonde' in werkelijkheid de 'oerzegen' was–het verkrijgen van kennis.[78] Walsch zijn 'God' spreekt tot de lege geest van de nieuwe, 'spirituele' mens: 'Wellicht moet u de mogelijkheid in ogenschouw nemen dat wat momenteel voor de wereld werkt–gegeven wat de wereld zegt te willen ervaren, namelijk vrede en harmonie–een Nieuwe Spiritualiteit is gebaseerd op Nieuwe Openbaringen.... Een spiritualiteit die voortborduurt op georganiseerde religie in diens huidige vorm. Want het zijn veel van uw oude religies, met hun inherente beperkingen, die u ervan weerhouden om God te ervaren zoals God werkelijk is.... De wereld is hongerig, de wereld smacht, naar een nieuwe spirituele waarheid.'[79]

In deze openbaringen van Walsch zijn 'God' herkennen wij dezelfde standaard boodschap die al eerder 'gechanneld' werd door occultisten zoals Alice Bailey. Maar hoewel deze boodschap aansloeg bij slechts een relatief klein aantal occultisten in de tijd van Bailey, slaat het nu aan bij Jan Modaal en het opkomende 'globale bewustzijn'.

Als wij een rode draad kunnen opmerken die doorheen de generaties door zowel de occulte als newage-leringen

---

[78] Neale Donald Walsch, *Conversations with God: An Uncommon Dialogue*, boek 2, Hampton Roads Publishing Co., Inc., Charlottesville, Virginia, 1997, p. 57.

[79] Neale Donald Walsch, *The New Revelations: A Conversation with God*, Simon & Schuster, Atria Books, New York, 2002, pp. 142-43, 258.

heeft gelopen, dan is dat omdat het een enkele geest is die het vormen van het nieuwe religieuze bewustzijn overziet. Namelijk de geest van dezelfde gevallen engel die Adam en Eva verzocht in het Hof van Eden met de woorden: *u zult als God zijn* (Gen. 3:5). Maar hoewel de dienaar van het kwaad, de antichrist, voor enige tijd zal lijken te triomferen, zal het uiteindelijk hij zijn die *de Heere zal verteren door de Geest van Zijn mond en hem tenietdoen door de verschijning van Zijn komst* (2 Tess. 2:8).

11. Conclusie

Uit alles dat hierboven op papier is gezet, kan worden opgemaakt hoe, in de jaren na het publiceren van v. Serafims boek, het ontstaan van een werkelijke 'religie van de toekomst' steeds realistischer en geloofwaardiger is geworden. Vandaag de dag kunnen wij nóg duidelijker zien hoe de mensheid wordt klaargestoomd voor het 'demonisch pinksteren' dat v. Serafim voorspelde, waarmee het gros van de mensheid–inclusief zij die zichzelf christenen noemen–zal worden ingewijd in het domein van de demonen.

Enkel het orthodoxe christendom–met diens kerkvaderlijke basis voor het spirituele leven en diens zorgvuldig verfijnde leringen voor spiritueel inzicht–kan in een keer alle misleidingen van onze tijd doorbreken. Om deze reden ziet Satan het als zijn grootste vijand, en doet hij er alles aan om het te ondermijnen. Maar om dezelfde reden moeten wij er ook alles aan doen om eraan vast te houden, zoals v. Serafim ons vermaand.

'Hij die het Koninkrijk Gods niet binnen in hemzelf ervaart,' zo schrijft de heilige Ignatius Bryanchaninov, 'zal niet in staat zijn de antichrist te herkennen wanneer hij arriveert.'

In de orthodoxie aanschouwen wij de onvervalste Christus. Wij kunnen weten Wie Hij is en Zijn Koninkrijk binnen in ons herkennen, zonder fantasieën, hysterie, verhitte emotionele toestanden en zonder enige mentale beeltenissen. Met deze wetenschap zullen wij niet smachten naar een nieuwe spirituele waarheid, daar wij reeds de Waarheid gevonden hebben, niet als een idee, maar als Persoon–en wij nemen deel aan Hem via de heilige communie. Wij zullen niet een leeg canvas zijn dat wenst gevuld te worden, daar wij reeds gevuld zijn met *Christus, die alles is, en in alles* (Kol. 3:11). Met Christus' Koninkrijk binnen in ons, zullen wij het erven voor de eeuwigheid.

REGISTER

'3HO' 109, 117

Aarde-/natuuraanbidding. *Zie* Gaia (aarde) aanbidding
Abraham (de rechtschapen voorvader) 39–44
Absolutisme 61
Ademhalingsbeheersing 60, 82, 87
Advaita 48, 52, 62
Afrika 132, 198, 285
Al Montada 29
Albrecht, Mark
 – "Questioning Jonestown" 268n
Ambartsumyam, Victor 135
Ambrosius, starets v. Optina 189
Anatolius, monnik 161–62
Antonius de Grote, heilige 160
Anti-Trinitairen 40
Antichrist, de 105, 166, 168–69, 247, 249, 255–56, 258, 269, 301, 310–11, 315
 geest van 252, 313
    'grootse tekenen en wonderheden van' 243
    heerschappij van 249n, 262
    orthodoxe leer van 242, 255
    religie van 44, 172
    voorlopers op de 258

valse messias 242, 246
Apostasie 44, 237, 253, 255, 258, 280
Arnold, Kenneth 131
Arrupe, vader S. J. (generaal v.d. Jezuïetenorde) 69–70
Ashtavakra Samhita 46
Associatie van Verenigde Religies 26, 39, 313
Astraal reizen 113
Astrologie 113, 272–274
Atheïsme 266–67
Athenagoras, patriarch v. Constantinopel 25, 238
Augustinus, Gezegende 185
Aurobindo, Sri 71n
Averky (Tauschev), aartsbisschop v. Syracuse
  – *The apocalypse in the Teachings of Ancient Christianity* 247n
  – *Guide to the Study of the New Testament, Part II* 247n
Ayurvedische geneesmiddelen 273
Azië 132, 285

Babel, pastor 27
Bailey, Alice 297–301, 303–04, 306, 308n, 314
Baki (ritualistische magie) 55–57
Baptistenkerk 283, 287
Barsanuphius en Johannes, staretsen 218, 236n
Basilius de Grote, heilige 44, 247n
Berdjajev, Nikolaj 33–36, 191, 206, 240–42
Bezetenheid 22, 50, 159, 199, 217, 239, 274
  demonisch 96, 158, 189, 222, 228–29, 289–90
Bhagavad Gita 46, 62–63, 101
Bhajan, yogi, oprichter v. '3HO' 107–08
Bhaktivedanta, A. C., oprichter v. Hare Krishna-beweging 102
Bhashyananda, swami 65
Bijna-doodvisioenen 117

Biofeedback 116, 280, 281
Blackmore, Simon, A. S. J.
- *Spiritism Facts and Fraud* 192n, 222, 229n
Blake, Eugene, Carson, dr. 27
Blavatsky, Helena 193, 297–300, 306
Boeddha 113–15
   aard van ... in het individu 111
Boeddhisme. *Zie* Zenboeddhisme; Tibetaans boeddhisme
Bön, de (Tibetaans sjamanisme) 274
Bredesen, Harold 246n
Brown, Dan 309
Buitenaardse wezens 124, 130, 149, 153-55, 157, 159, 165, 292
Burdick, Donald W. 188n, 234
- *Tongues: To Speak or Not to Speak* 234
Burning Man-festival 279
Bykov, V. P.
- *Tikhie Priyuty* 189n

Caen, Herb 268n
Calvinisme 180
Cambodja 266, 269, 270
Campbell, Joseph 202
Campbell, v. Robert 65
Canadian UFO Report 157n
Catoe, Lynn G.
- *UFOs and Related Subjects: An Annotated Bibliography* 158n
Cerullo, Morris 286
Chadwick, Owen 210n
Chaffee, Paul 306
'Channelen' 272, 280, 281, 314
'Charismatische' beweging 13, 19, 37, 181, 194–209, 212–15, 230, 250–52, 257

Chiti, godin 290
Chopra, Deepak 273
Christendom, het
  een vervalst 252, 262
Christenson, Larry 180n, 187n, 213n
Christian Beacon 246
Christian Century 28
'Christelijke wetenschap' 116
Clarke, Arthur C.
  – *Childhood's End* 125
Clarke, Randy 285
Clinton, Bill 303, 307
Communion Letters, the 296
Communisme 128, 266–67
'Condon Rapport', het 134
Conference over de 'Goddelijke Gaven' 210
Connoly, aartsbisschop Thomas, van Seattle 245
Copeland, Kenneth 286
Corbett, Deborah
  – *The Trouble with Truth* 282n
  – *The Jungian Challenge to Modern Christianity* 282n
Cornelius de hoofdman 80
Corso, kol. Philip J. 293
Cosmas van Aetolia, heilige 251
Council on Foreign Relations 302
Covenant of the Goddess 276, 278, 305n
Crème, Benjamin 13, 290, 299
Crowley, Aleister 277
Cumbey, Constance E. 14n
  – *The Hidden Dangers of the Rainbow* 13
Cyprianus van Carthago, heilige 44, 160

Damascene (Christensen), hiëromonnik 17, 271
Daniël, profeet 42
Darwin, Charles 308
David, profeet en koning 42
Da Vinci Code, de 309
De Chardin, Teilhard 62, 69-72, 298, 304, 306-08
   'de nieuwe religie' van 70, 298, 304
   het nieuwe christendom van 70
   omegapunt 72
Dechanet, J. M.
   – *Christian Yoga* 82n, 85, 89
Deir, Costa 173
Diakonia 24n
Dichtbije ontmoetingen 137, 141-49, 152, 155-56, 159, 161
'Discipelen van Christus' 268
'Djwhal Khul' 300
'Deuren der waarneming' 117n, 160
Dogma 24, 47-48, 52-55, 66, 70, 227, 272, 283, 297, 307
'Doop van de Heilige Geest', de 175–76, 179, 195, 197–98, 200–02, 216, 219–20, 229–30, 239–40, 258
   extatische ervaringen van 221, 223
   meest voorkomende reacties op 201, 216, 221, 230, 237–40
   ontvangen zonder Christus 240
   overige fysieke reacties op 218
Dostojevski, Fjodor
   – *Boze geesten* 267
'Droomwerk' 272, 280
Druïdisme 274, 279
Du Plessis, David J. 179, 183n, 184, 228n
   – *The Spirit Bade Me Go* 235
Duddy, Neil
   – *Questioning Jonestown* 268n

Ecologie, 'diepe' 278
Efrem de Syriër, heilige 218
Efremov, Ivan 127
Elia, profeet 246, 252
Emilianos, metropoliet v.h. patriarchaat Constantinopel 27
Engel van licht 50, 58, 207
    de duivel die zich voordoet als 232
'Engelen' 160n, 161–62, 164–65, 208, 298, 308
    kwaadaardige geesten die zich voordoen als 212
    in Indonesië 254–55
Episcopalisme 176, 180, 281-82, 305
Equinoxriten 111
'Erhard Seminars Training' 116
E.T.: The Extra Terrestrial 292
Evolutie, evolutionisme 69-71, 124-25, 128, 145, 273, 291, 294-96, 298-99, 307-08, 311
'Exotheologie' 125
Exorcisme 212

Fakir 15, 75–78
    magiër - 75
'Fantasie' 232–234
    misleiding die bekendstaat als 232
tweede vorm van *prelest* 228
'Father Divine' 265
Father Seraphim Rose: His Life and Works 12n, 16
Fellowship of Crotona 277–78
Feminisme/feministische theologie 278, 283–84, 299n, 309
Ferguson, Marilyn
    – *The Aquarian Conspiracy* 281
Fetisjisme 64
Findhorn Foundation 281

Finsaas, Clarence 179
Fisher, David
 – *Tranquility Without Pills* 90n
Ford, J. Massingberd 226n
 – *The Pentecostal Experience* 235
Franciscus van Assisi 223
Full Gospel Business Men's Fellowhip International 178, 227
Fuller, John
 – *The Interrupted Journey* 150

Gaia (aarde) aanbidding 272, 275–79
Gardner, Gerald 277
Garrison, Jim 306
Gelb, Les 302
Gelpi, Donald L., S. J. 187n
 – *Pentecostalism, A Theological Viewpoint* 235
Genadekathedraal, San Francisco 282
Genocide, 'revolutionaire' 266
Georges (Khodre), metropoliet v. Libanon 28, 31, 32, 61n
'Gezondheid, rijkdom en voorspoed-evangelie', het 285
Ghandi, filosofie van 27
'Gitaarmissen' 179
Globalisme 301–06, 307, 313
Gnosticisme 274, 307–10
'Goddelijke Lichtmissie', de 103–04, 117
Godinverering 272, 275–79, 283
Godslastering 177, 213, 243, 255–56, 310
Gore, Al 307
Graham, Billy 249
  interpretatie van de openbaring 245
 – *World Aflame* 249n
Grebens, G. V.

– *Ivan Efremov's Theory of Soviet Science Fiction* 127n
Grieks-Orthodoxe Aartsdiocees van Noord- en Zuid-Amerika 26, 29, 91
Grieks-Orthodoxe Kerk 29, 173–74
Greenfield, Robert
– *The Spiritual Supermarket* 103–05
Gregerson, J. – 'Nicholas Berdyaev, Prophet of a New Age' 34n
Gregorius van Sinaï, heilige 50, 214, 247
Gregorius de Theoloog, heilige 247n
Goelag Archipel 266
Goeroes 46, 59, 68, 71n, 92–93, 99–100, 103, 273, 290

Hagar de Egyptenaar 41
Hagin, Kenneth 286
Haight-Ashbury, San Francisco 100
Handen opleggen 182, 186, 239
Hare Krishna-secte. *Zie* 'Krishna-bewustzijnsbeweging'
Harper, Michael
– *Life in the Holy Spirit* 235
Harry Potter-boeken 275–77
Heidendom 103, 241, 242, 274, 277, 282, 290
Heidense Federatie 277
'Heilig lachen'-beweging 285–91, *zie ook* Heilige Geest, 'gelach van'
Heilige communie, het sacrament van de 24, 316
Heilige doop, het sacrament van de 252
'Heilige hart' 18
Heiligenlevens 207, 212-13, 250
'Heiligheids'-lichamen 178
    pinkstersekte 193
Heksendokters 199

Hekserij 193, 274-78, 282, 305
Helderziendheid 189
Hellenic Chronicle 25
Herman van Alaska, heilige 202
  klooster 9-11,
Hickey, Marilyn 286
Himalaya's, de 56, 99
Hindoeïsme 26, 28, 31, 36, 45-72, 81-82, 91-96, 102, 110, 114-15, 127, 196, 199, 206, 273-74, 305
Hinn, Benny 286
Hippies 99, 109
Hoare, F. R. 162
  – *The Western Fathers* 162n
Holenklooster van Kiev 207
Howard-Browne, Rodney 286–87, 291
Hubbard, Barbara Marx 291
'Humanoïden' 144–55, 171
Huxley, Aldous 62
Hynek, dr. J. Allen 135-40, 145, 149, 154, 157, 293
  – *The Edge of Reality* 145n, 154
  – *The Hynek UFO Report* 138n
  – *The UFO Experience* 135n, 137, 140, 149(n),
Hypnose 150–52, 156, 189, 194, 272, 280
Hysterie 131, 217, 248, 316

Iakovos, aartsbisschop van New York 29, 251
Ifugao-magie 55–56
Ignatius Loyola 223
Illuministische sekten 40
Incarnatie, mysterie van de 42, 44
India 16, 52, 55, 60, 73, 91, 95–96, 102, 108–09
Indonesië, 'opleving' in 253–55

Inwijding
Inter-Church Renewal 180
Isaac, van het Holenklooster van Kiev, heilige 207-08
Isherwood, Christopher 62
Ismaël, zoon van Hagar 42
Islam 26, 38, 39, 40

Jakobus de apostel, heilige 46
Javers, Ron
 – *The Suicide Cult* 267n
Jeruzalem, tempel van 242, 245, 247
Jezus Christus
'Jezusbeweging' 204, 220, 243
Joachim van Fiore 35
Jodendom 29, 39-40
Joël, profeet 233
Johannes Cassianus, hielige 210
Johannes Climacus
 – *De geestelijke ladder* 213, 213n, 259
Johannes de apostel en theoloog, heilige
Johannes van Kronstadt, heilige 233, 251
 – *Mijn leven in Christus* 260
Johnston, William
 – *Christelijk Zen* 86, 90
Jones, Jim 264-68
Jonestown, Guyana 13, 264-70
Journal of Shasta Abbey, the 114, 114n
Jung, Carl G. 121, 282
 – *Flying Saucers: A Modern Myth of Things Seen in the Skies* 121

Kabbala 274
Kali, godin 55, 60, 61n

Katholicisme. *Zie* Rooms-Katholicisme
Keel, John A. 154n, 157, 170,
- *UFOs: Operation Trojan Horse* 153n, 168n
Kempis, Thomas à 208
Kennett, Jiyu
- *How to Grow a Lotus Blossom* 117n
'Kerken van God' 178
Kilduff, Marshall
- *The Suicide Cult* 267n
King, Pat 173n
Kireyevsky, Ivan 12
Klass, Philip J. 136, 137
- *UFOs Explained* 136n
Knox, Ronald A.
- *Enthusiasm, A Chapter in the History of Religion* 199n
Koch, Dr. Kurt 186, 188-89, 191, 199-01, 203, 235
- *The Strife of Tongues* 188
- *Occult Bondage and Deliverance* 190n, 191n, 193n, 222
- *Between Christ and Satan* 191n
- *Day X* 249n
- *The Revival in Indonesia* 254n
Kontzevich, I. M. 209
Koran 39
Krishna-bewustzijn, het 100-06, 117
Kuhlman, Kathryn 286

La Croix 38
La Foi Transmise 44
La Suisse 27
Lausiac-geschiedenis (Palladius) 259
LeMasters, Carol 279
Leviteren (zweven) 20, 96, 133, 139, 143, 196

Lewis, I. H.
- *Ecstatic Religion* 212n, 217n
Lilli, D. G.
- *Tongues under Fire* 235
Lindsay, Gordon
- *Israel's Destiny and the Coming Deliverer* 245n
Liturgische experimenten 179, 282-84
Logos (tijdschrift) 19, 35, 36, 173n, 174, 180, 182n, 183, 196, 213, 216, 224, 227, 231, 233, 235, 237, 239, 241, 245, 246, 248, 250
Look Magazine 150
Lucifer 54, 58, 282, 299, 300. *Zie ook Duivel; Satan*
'Luciferiaanse inwijding' 281
Lundy, Mary Ann 284
Lunn, Harry 239n
Lutheranisme 179, 188, 283

Macarius van Optina 221(n), 223
Macharius de Grote, heilige
- *Homiliën* 259
Mackintosh, C. H.
- *The Lord's Coming* 249n
Magie 56
afbakening tussen wetenschap en 127
Druïdisch 274
manifestatie van 191n
Magnetisch veld 291
spiritistisch 195
Maharaj-ji, goeroe 103-06
Maharishi Mahesh Yogi 97n, 103
'Maitreya' 300
Mantra's 59, 82, 94, 101, 107, 108

Punjabi 106
Sanskriet 57, 60, 93
Manuel, David Jr. 245
Martinus van Tours, heilige 160-61
Maugham, Somerset 62
McIntire, Carl 245
Meditatie 37, 82, 87-98, 103-06, 111-17, 213, 256-61, 273
  'christelijke' 83, 98, 257, 58
  muziek- 280
  oosters 86, 90, 280
  rooms-katholiek 85-86
  transcendente 90-92, 94-96, 117, 273
  zen- 21, 88, 90, 117
Mediamiek 158, 167, 189-91, 193-94, 196-98, 201, 204, 221-22, 240, 255
Merton, Thomas 26, 62
Methodisme 175, 193, 182-83, 287
'Millennium '73' 104-06
Mohammed 40
Monastiek
  ascetische geest van 34, 240
Monisme 63, 69
Monotheïsme 38, 40-1, 79
  oecumenisten verenigen zich op grond van 36
Motovilov, N. A.
  gesprek van v. Serafim met 252
Muktananda, Swami 290
Muller, Robert 304
  munbaki 55
  mukti (verlossing), leer van 54
'Mysterie van ongerechtigheid' 242

Nektarios van Egina, heilige 233
Neoheidendom 10, 45, 271, 273. *Zie ook heidendom*
Newage 13, 272, 279, 280-85, 285, 290-91, 297, 308-09, 314
    beweging 13, 272-73, 282, 285, 290, 297, 307
    inversie van het christendom 301
    plan voor een nieuwe wereldorde 298-99, 301
New Religious Consciousness, The 102n
Nicolaas, bisschop van Novgorod 207
'Nieuwe religieuze bewustzijn' 37, 98, 117-18, 120, 128, 258, 272, 281, 297, 308, 311, 315
Nieuwe wereldorde 13, 298, 302
Nilus van Sora, heilige, het leven van 162
Nilus, Sergei 163
    – *The Power of God and Man's Weakness* 163n
    – *Svyatynya pod Spudom* 171n
Niphon van Constantinopel, heilige 236

Occult 10, 96, 110, 113, 122-23, 126-28, 152-54, 156-59, 167, 190-91, 203, 210, 212, 215, 222, 238, 241, 274-77, 290, 292, 297, 314
Oecumenisme 18-40, 64, 179-83, 238, 246, 251, 261, 283-84
Oerzonde 70, 314
'Omegapunt' 262, 308
Onderscheidingsvermogen 80, 209–10, 212–13
Oosterse religies. *Zie* Religies, oosters
Openbaringen van de heilige Johannes de Theoloog 247
Ordo Anno Mundi 275
Ordo Templi Orientis 277-78
Ortega, Ruben 205, 220
    – *The Jesus People Speak Out* 235
Orthodoxe Kerk, de 20, 23, 29, 67, 79, 174, 182-83, 194, 207-08, 217, 231, 246-48, 251, 253, 255-56, 261, 289, 309

Orthodox Life 74
Orthodox Word, The 11, 19, 21, 117, 202, 276, 312
Orthodoxie 21, 24-25, 36, 47, 81, 86, 89, 240, 250, 253, 263, 309, 316
Ostrander, Sheila 124n
Oude van Dagen, de 42
Ouijabord 229(n)

Pagels, Elaine 309, 310
Paisios de Grote, heilige 260
Panchristendom 69
Pantheïsme, panentheïsme 272, 278, 283
Parapsychologie 127
Parham, Charles 175
Parlement van (Wereld)religies 304, 305
Paul VI, paus 38, 176
Pausdom 18
'Peoples Temple' 268
Philokalia 81, 86, 89, 114, 169
Pinkster-
    beweging 175, 178, 182, 197-98, 204, 255, 285, 287
    bijeenkomst 89, 215
    ervaring 89
    extremisten 2019
    geest 215
    kerk 20, 176, 182, 196, 246, 286
    profeet 183
    sekte 174, 184, 193, 209
    vernieuwing 179
Pinksteren 41, 185, 233
    demonisch 9
    nieuwe 262

planetair 291
　　universeel 32
　　zonder Christus 239-40
Planetaire inwijdingen 299
Poe, Edgar Allan 122
'Postchristelijke' tijdperk 110, 115, 120, 123, 129, 167, 176, 273
Prabuddha Bharata 66
Pranayama 60
Prelest 50-51, 58, 84, 206-07, 213, 228
Presbytarianisme 197, 200, 283-84
'Project Blue Book' 134-35, 142, 257
Profeten, valse 90, 243, 247, 262, 291
Psychedelische (hallucinogene) drugs 51, 87, 91, 94, 99, 272
Psychotechnologie 272

Radix 268n
Rahneesh, Bhagwan Shree 290
Ramakrishna 27
Ranaghan, Kevin & Dorothy 184, 196, 215-16, 219-20, 224-26, 230
　　– *Catholic Pentecostals* 235
Raudive, Konstantin 168n
Rebus 73
Reïncarnatie 268, 272
Regenboogbijeenkomsten 309
Religieuze Convocatie voor Wereldvrede 24
Religious News Service 28, 29
Remonstrantie 280
Robbins, Jhan
　　– *Tranquility without Pills* 90n
Roberts, Oral 193(n), 291

Robertson, Pat 289
Roerich, Nicholas 298
'Rolfing' 116
Rooms-katholicisme 18, 62, 65, 67, 81, 98, 282
Rowling, J. K. 275-76
'Ruimtebeschavingen', sovjetconferentie over 135
Ruppelt, kapitein Edward 134
- *Report on Unidentified Flying Objects* 134n
Rusland 9, 14-15, 20, 162-63, 289

Sabellius 40
Safran, groot-rabbi, dr. 39
Sakkas, v. Basile 44
Samadhi 52, 88
Samhain, offerritueel 279
Sanskriet 57, 60, 63, 93, 100-01, 105-06, 108
Satan 30, 55, 80, 166, 269, 299, 301, 312, 315
   aanbidders van 10
   communie met 209
   duidelijk en schaamteloos werk van 22
   fantasieën en illusies van 51
   heerschappij van 169
   koninkrijk van 258
   loslaten van 237, 258
Satanische
   geschriften 164
   mythe 300
   profetie 262
   uitbarsting van energie 269
Satanisme 203, 313
Scherbachev, Mikhail 15
Schroeder, Lynn

- *Psychic Discoveries Behind the Iron Curtain* 124n

Schweitzer, Albert 27

Sciencefiction 122-28

Scientology 116

Séances 282

Serafim van Sarov, heilige 223, 251

Shasta, Mount 10, 110

Shasta, Abbey 110, 112, 114, 117

Shelley, Mary Wollstonecraft
- *Frankenstein, or the Modern Prometheus* 122

Sherrill, John L., 184, 187, 195-96, 205, 215-16, 218, 226
- *They Speak with Other Tongues* 235

Shiri Guru Dev 93

Siddhis 58, 96

Sikh-religie 108-09

'Silva Mind Control' 116, 281

Siva 56-57

Smena 135

Sodom en Gomorra 124

Sofia, godin 283-84, 309

Sjamanisme 89, 188, 212, 274, 283

Soefisme 313

Spangler, David 281, 297, 300
- *Explorations: Emerging Aspects of the New Culture* 301n
- *Reflections on Christ* 299n

Spielberg, Steven 292

Spiritisme 116, 153, 191, 194, 198-99, 229, 255
 automatische geschriften 164
 elementen van bedrog in 204
 genezingen door 193
 mediamiek 158
 primitieve technieken van 193

vergelijking met charismatische beweging 238
Spiritual Counterfeits Project 158n, 288n
Spreken in tongen 175-77, 184-89, 192, 195, 197-205, 220, 224-28, 233, 237, 239
Sputnik 124n
Sri Lanka 74
Star Trek 123, 126
Star Wars 123
State of the World Forum 306-07
Steiger, Brad 157
Stephanou, v. Eusebius 19, 35, 173n, 174, 180, 182n, 216, 230, 233, 237, 248, 250, 251
Strieber, Whitley 292-96
Sulpucius Severus 160
Swedenborg, Emanuel 210
Swing, bisschop William 305-06
Simeon de Nieuwe Theoloog 169, 251
Symposium van Religies 65
Syncretisme 29, 61, 118
Syrisch-Antiochse aartsbisdom van New York 202

Talbott, Strobe 303
Tantra 60, 69, 107, 272
Tari, Mel
   – *Like a Mighty Wind* 254n
Telepathie 126
Tempel van Jeruzalem 245, 247
'Temple of Understanding, Inc.' 26, 27, 304
Theophan de Kluizenaar 182
   – *What is the Spiritual Life* 182n
Theosofische Genootschap 297(n)
Theosofie 193

Tibetaans boeddhisme 274
'Tijdperk van Maria', chiliastisch 245
'Toronto-zegen', de 287-88, 290
Transcendente meditatie (TM) 90-96, 103, 117, 273
Transpersoonlijke psychologie 280
Tovenarij 126, 191

UFO's 13, 15, 120-22, 129-71, 292-95
United Religions Initiative 305n
University of Creation Spirituality 281
Upanishads 46, 69
U.S. News and World Report 116

Vagevuur 18
Val van de mens, de 285, 299
Vallee, dr. Jacques 129, 130, 136, 146, 153-57, 165-66, 293
    – *Passport to Magonia* 155n
    – *The Edge of Reality* 145n
    – *The Invisible College* 152n
    – *UFOs in Space* 149n
Van Dusen, Wilson
    – *The Presence of Other Worlds* 212n
Vaticaan
    tweede concilie 81
Vedanta 48, 59-69
    advaita 54, 59, 63, 64
    boodschap van 62-64
    filosofie 48
    verenigingen 62
Verenigde Naties 26, 303-04
Vergaderingen van God 178
'Verlichting' 127, 163

het moderne tijdperk van 171
Verne, Jules 122
Vervoering, de 249(n)
Visualisatie 272, 280, 285
Vivekananda, swami 27, 54, 60-72
    boodschap 63-64
    machten achter 65-67
    missie 68
Von Däniken, Erich
    – *Chariots of the Gods* 124
    – *Gods from Outer Space* 124
'Vliegende schotel'. *Zie* UFO's
Vrijmetselarij 26, 272, 277, 278, 299

Waanvoorstellingen 49, 58
Waarzeggerij 153, 190–91, 227, 272
Walsch, Neale Donald 313-15
    – *Conversations with God* 314n
    – *The New Revelations* 314n
Ward, admiraal Charles 302
'Watermannatie', de 106
'Watermantijdperk', het 106, 109, 294
Wederkomst van Jezus 39, 245, 247, 249
Wederopleving, protestantse 248
Weldon, John
    – *Close Encounters: A Better Explanation* 158n
    – *UFOs: Is Science Fiction Coming True?* 158n
Welles, Orson 131
Wells, H. G. 122, 131, 298
    – *The War of the Worlds* 131
Wereldraad van Kerken 179, 283-84
Wicca 277-81, 305

Wilber, Ken 307-10
Williams, J. Rodman 195-98, 205, 226
- *The Era of the Spirit* 235
Wilson, Clifford
- *Close Encounters: A Better Explanation* 158n
- *UFOs: Is Science Fiction Coming True?* 158n
'Woord van Geloof', het 285–88, 310n
Wonderen 105, 166, 207, 224, 229-30
  ter voorbereiding op de valse messias 236, 238, 252-53
  van de antichrist 169, 174, 210, 242, 255, 258
  van God 185, 233

Yeti 167n
Yoga 81-87, 91-95, 102, 106-09, 117-18, 272-74, 280
  bhakti 102
  christelijk 83, 85, 86-92
  doelstellingen van 82, 87
  hatha 83
  hindoeïstisch 81
  Indisch 87, 91
  kundalini 106
  meesters 93
  oosters 90
  tantra 107, 272
Yogi Bhajan. *Zie* Bhajan, yogi
Yonggi Cho, Paul 286

Zaitsev, dr. Vyacheslav
- *Visitors from Outer Space* 124n
Zelfmoord 47, 96, 153, 170, 208, 232, 264, 267
Zenboeddhisme 81, 110-15, 194, 274
Ziegel, dr. Felix U. 135-36

Zoroastrianisme 31, 64
Zuid-Amerika 26, 251, 264, 285
Zwarte magie 55, 58, 170

Uitgeverij Orthodox Logos

- *De Orthodoxe Kerk: Verleden en heden* – Jean Meyendorff
- *Biecht en communie* – Alexander Schmemann
- *Verliefd Zijn op het Leven* – Samensteller: Maxim Hodak
- *De Orthodoxe Kerk* – Aartspriester Sergei Hackel
- *De mensenrechten in het licht van het Evangelie* – Nicolas Lossky
- *Geboren in Haat Herboren in Liefde* – Klaus Kenneth
- *Hegoumena Thaissia van Leouchino: brieven aan een novice*
- *Het Jezusgebed* – Een monnik van de oosterse kerk
- *Gebedenboek Voor Kinderen: Volgens De Orthodox Christelijke Traditie*
- *Dagboek Van Keizerin Alexandra* – Keizerin Alexandra
- *Mijn ontmoeting met Archimandriet Sophrony* – Aartspriester Silouan Osseel
- *Stap voor stap veranderen* – Vader Meletios Webber
- *De Weg Naar Binnen* – Metropoliet Anthony (Bloom) Van Sourozh
- *Geraakt door God's liefde* – Klooster van de Levenschenkende Bron Chania
- *De Heilige Silouan de Athoniet* – Archimandrite Sophrony
- *The Beatitudes: A Pathway to Theosis* – Christopher J. Mertens
- *De Kracht van de Naam* – Metropoliet Kallistos van Diokleia
- *De Orthodoxe Weg* – Metropoliet Kallistos van Diokleia
- *Serafim van Sarov* – Irina Goraïnoff
- *Feesten van de Orthodoxe Kerk – een Leerzaam Kleurboek*
- *Catechetisch Woord over het Gebed van het Hart* – Aartspreiester Silouan Osseel
- *Naar de Eenheid?* – Leonide Ouspensky
- *Bidden Met Ikonen* – Jim Forest
- *Onze Gedachten Bepalen Ons Leven* – Vader Thaddeus Van Vitovnica
- *Alledaagse Heiligen En Andere Verhalen* – Archimandriet Tichon (Sjevkoenov)

- *Geestelijke Brieven* – Vader Jozef De Hesychast
- *Nihilisme* – Vader Serafim Rose
- *Gods Openbaring Aan Het Menselijk Hart* – Vader Serafim Rose
- *In De Kaukazus* – Monnik Merkurius
- *Terugkeer* – Archimandriet Nektarios Antonopoulos
- *Weest ook gij uitgebreid* – Archimandriet Zacharias (Zacharou)
- *Orthodoxie en de religie van de toekomst* – Vader Serafim Rose

- *Our Orthodox Holy Family* – Deacon David Lochbihler, J.D.
- *Prayers to Our Lady East and West* – Deacon David Lochbihler, J.D.
- *The Joy of Orthodoxy* – Deacon David Lochbihler, J.D.
- *The Inner Cohesion between the Bible and the Fathers in Byzantine Tradition* – S.M. Roye
- *St. Germanus of Auxerre* – Howard Huws
- *Elder Anthimos Of Saint Anne's* – Dr. Charalambos M. Bousias
- *Orthodox Preaching as the Oral Icon of Christ* – James Kenneth Hamrick
- *The Final Kingdom* – Pyotr Volkov

UITGEVERIJ ORTHODOX LOGOS
www.orthodoxlogos.com

www.ingramcontent.com/pod-product-compliance
Lightning Source LLC
Chambersburg PA
CBHW060549080526
44585CB00013B/504